权利理论前提的法哲学批判

张洪新

著

辽宁人民出版社

图书在版编目（CIP）数据

权利理论前提的法哲学批判 / 张洪新著 . — 沈阳：
辽宁人民出版社, 2024. 7. — ISBN 978-7-205-11228-8

Ⅰ . D90

中国国家版本馆 CIP 数据核字第 2024UT4136 号

出版发行：辽宁人民出版社
　　　　　地址：沈阳市和平区十一纬路 25 号　　邮编：110003
　　　　　电话：024-23284321（邮　购）　024-23284324（发行部）
　　　　　传真：024-23284191（发行部）　024-23284304（办公室）
　　　　　http://www.lnpph.com.cn
印　　刷：辽宁新华印务有限公司
幅面尺寸：170mm×240mm
印　　张：18.25
字　　数：245 千字
出版时间：2024 年 7 月第 1 版
印刷时间：2024 年 7 月第 1 次印刷
责任编辑：高　丹
装帧设计：丁末末
责任校对：吴艳杰
书　　号：ISBN 978-7-205-11228-8

定　　价：78.00 元

批判目光流盼于"人的创世纪"

有人把权利谓之"法律的皇冠",把人权谓之"法律皇冠上的明珠",这虽是一种修辞表达,但也深刻地揭示了权利在法律中的地位。比这更重要的是,权利自来就不被法律和法学所垄断,也不是其能够垄断的产品和概念。因其关涉人之为人所必备(所谓"天赋人权"),故当人权战胜了形形色色的神权、君权而获得"人的创世纪"时,支撑它的规范基础,就是人生而平等的权利诉求和规范预设。

近代以来,人类断续推进的文明进化史,无不以落实这种平等的权利观念为旨归。举凡为了消除信仰不平等而展开的宗教改革运动,为了消除种族不平等而展开的黑人运动,为了消除性别不平等而展开的女权运动,为了消除种族及文化不平等而展开的殖民地解放运动,以及"新文化运动"以来在我国所发生的波澜壮阔的巨大社会变革,等等,无不围绕着对平等的权利追求而展开——尽管人们所追求的平等权利,每每大有区别。

改革开放作为我国重要的时间单元,被人们作为一个时代来书写。这一时间单元,如今依然在延续着。但放眼这一时间单元,一个突出的特征是从权力集中到扩散授权(权利)的转变。从起初的农民对土地承包经营自主权,到其后法人制度、股份制度、民事主体制度、行政诉讼制度等的建立,无一不围绕着供给人们日益增长的权利的需要而展开。在这一现实需要的诱导下,我国法学理论上有关权利的研究,也得以迅速成长。

这尤其表现在权利本位与义务中心，以及权利与权力、人权与权力关系的争论上。这场可谓旷日持久的学术争论，一方面，在我国学术研究曾因故遭遇普遍挫折的背景下，其成为人文社科领域最耀眼的学术论战；另一方面，这一论战在一定意义上直接推动了我国在此前后立法的权利走向，迈向了一个"权利的时代"；再一方面，直到目前，这一论战的余韵还在，其中特别是对权利与权力关系的深层思考，仍在学术进程中。

饶是如此，我国法学理论界对权利的学术研究，主要侧重于其基本概念、逻辑分类、社会价值等领域，故其深入程度仍待加强，特别是有关权利研究，以及权利与相关概念研究的法哲学前提问题的辩证和追问，更是需要特别予以推进的方面，因为任何概念，尤其那些涉及众多概念得以展开和成立的基础性概念，弄清其所建立的理论前提更为必要和重要，因为这些概念及其关系是相关理论的立基，故其所建立的前提，是一种理论得以成长、建立并体系化的基础之基础。

张洪新博士的这部专著，正是对近现代以来政治社会领域和自由、民主、平等、博爱、法治相并列的权利（人权）理论前提的学术反思和法哲学批判。如果说自由是奴役的对称、民主是专制的对称、平等是特权的对称、博爱是偏爱的对称、法治是人治的对称的话，那么，人权（权利）就是神权的对称。近现代以来政治社会领域的这六大观念，无所例外地都是对前现代社会既有观念的"反动"和革命。其基本的实践根据是人的解放或者"人的创世纪"，是人在摆脱了奴役、专制、特权、偏爱、人治和神权之后的存在样态、交往状态、生活情态。其中权利赋予了个人以自由、政治以民主、交往以平等、社会以博爱、制序以法治，因此，权利可谓诸观念得以展开的逻辑原点、理论前提和体系扭结。由此更可见对权利理论展开深入的学术反思、认真的法哲学批判之必要。

如果把权利理论二分为权利的元理论和权利的相关理论的话，那么，洪新在本书的研究着眼于后者。该著除了"引论：法治时代的权利理论景观"和"结语：权利理论研究方法的转型"外，分别对权利与义务关系前提、权利与权力关系前提、权利与权利关系前提、权利与利益（意志）关系前提、权利与正义关系前提以及权利与善关系前提展开了严肃的法哲学审思和批判。相较于权利的元理论，如上这些关系，是权利元理论由点到面再到体的延伸、扩展和提升。一种权利理论，如果只限于对权利本身前提的法哲学反思，固然不失其深刻，但倘若没有对权利相关理论前提的反思，则权利元理论的内在机理、言说范围、社会功能、价值根据、制约机制等便无所伸展。

在我看来，这正是洪新本书研究的意义所在。他所选取的权利相关理论的六个方面，无论权利与义务、权利与权力、权利与权利、权利与利益、权利与正义还是权利与善，都既可谓是老生常谈的话题，也可说是常谈常新的话题。权利与义务，常被视为相互依存的两个方面，但我更看重义务对权利的边界限定功能。义务存在之于权利的法哲学前提，是对边界内的权利（应然）予以肯定，对边界外的权利（滥用）予以否定，进而为合法权利的保障与权利滥用的制裁创造规范依据。权利与权力，常被人视为此消彼长的两种力量，两者在量上构成反比例关系。且不论这种观点是否成立，但权力作为权利的保障机制，自来就是权力合法性的基础，也是权利与权力关系的法哲学前提。权力不能保障权利，权力的合法性便不存，两者关系的合法性照例不存。权利与权利的关系，是权利内部分配和保障的一个话题，尤其在权利冲突时，如何认定和选择优先性，更是权利体系内部及其运行合法性的基础，如弱者权利优先、公共利益优先、紧急法益优先等。这些优先性判断的不存，会导致即使权利体系再严谨博大，于权利的分配、运行和保障而言，也无济于事。

至于权利相关理论中的权利与利益、权利与正义、权利与善，尽管都属于权利合法性的价值范畴，是权利合法性的价值判准，但三者在权利安排、运行中的位阶、意义并不相同。在我看来，利益以及意志，是权利的基本价值判准，权利不表达利益，不表现意志，其存在的合法性就堪虞。正义是权利的最高价值判准，权利的目的，最终指向正义。权利如果不能兑现对正义的承诺，其合法性前提就需要考问和怀疑。权利的正义追求，恰恰表明论者强调权利是个个人主义概念时，其结论的局限性和不完全性。权利与正义的内相关性，表明它不但是个人的，而且是社会的；不但是私人的，而且是公共的。而作为权利的另一价值标准，善虽然与利益、正义息息相关，但无论利益还是正义，抑或利益与正义的结合，都不能取代善——尽管它们理应是善的。所以，权利所指向的善，很多时候是一种同情、怜悯的结果，而不是权衡的结果。它是透过法律的人同此心、心同此理来实现的。例如，不虐待囚犯、不虐待俘虏等规定，对囚犯和俘虏的管理者而言，是种义务，但对囚犯、俘虏而言，是种根据善、同情、怜悯而得的权利，尽管之前的囚犯、俘虏可能残酷无道、杀人如麻。

当然，对权利相关理论合法性前提之探讨，不能局限于权利与前述每个概念之间分割性、单面性的前提探究上。其实，上述权利的关联范畴之间，也是密切地内在关联的。除前面有关权利与诸价值之间的关联外，即使在权利与其他规范关系的前提或合法性上，也能够和权利与价值关系的前提或合法性上形成关联。例如权利与权利之间冲突时的优先性选择，实质上也有善、正义和利益的价值考量；权力在权利面前合法性的根据，照例隐含着权力的正义基础。这正是能够以权利为纽带，检讨、审视和建构权利相关理论体系的原因。

当然，洪新对权利理论前提的法哲学检视，并不局限于我前文中所提及的这些内容，甚至有时并未照顾到我所提及的上述内容。故以上我的这些看法，作为一得之见，仅供其参考。洪新的新著，尽管对权利相关理论中最主要的几对范畴做了省察，但百密一疏，忽略了对权利与自由前提的法哲学审思和批判。在我看来，权利关联理论中，它和自由的关系最重要，也最直接。权利就是自由的规范形式，自由则是权利的规范内容和本质。这正如在义务关联理论中，义务与秩序的关系一样。因此，如果将来有机会补上这一部分，对更完善、更全面地展示权利相关理论前提的法哲学批判而言，并非无关紧要。

作者张洪新博士，是我在中南大学的合作博士后。他勤奋好学，学养厚实，才思敏捷。与所有有才华的学子一样，他有时候也容易产生些固执之念。但想想，如果一个人不能坚持自己的见解，势必容易随波逐流、人云亦云。那种情形，自然不是学者应秉有的性格。反而在认真研究和思考基础之上，能坚持己见，不左右逢源，才是一位学人应有的性格甚至人格。期待洪新能一如既往，坚持不懈，产出更好的学术作品！

如上内容，只是我在阅读洪新书稿时的一孔之见，寥寥数语，权为之序。

陇右天水学士　谢　晖
2024年6月27日于西宁

批判目光流盼于『人的创世纪』

目 录
C O N T E N T S

引论　法治时代的权利理论景观

一、权利理论研究的发展脉络

逻辑上，一种成熟学科必然存在着若干概念、范畴、话语体系与研究方法。源自法哲学构造的"权利本位"已然越过了法理学而进入到部门法学，乃至进入到伦理学、道德学、政治学等学科，形成了一种"以权利为基础"（right-based）的理论。①从研究视域上看，当前以权利为基础的理论研究主要是在"权利与××"的关系框架下论证权利在价值上的本位地位或优先地位。总体来说，当前我国权利的理论研究主要在"权利与义务""权利与权力""权利与权利""权利与正义""权利（正当）与善"等关系框架中展开。

---

① "right-based"通常被翻译为"以权利为基础"，不过就理论的价值取向来看，更为准确的翻译应为"权利本位"，而这与英美学者如罗尔斯、诺齐克与德沃金的理论追求是一致的，都旨在捍卫权利而非功利、权力、义务在道德、政治与法哲学中的优先地位。对此分析，参见黄文艺：《权利本位论新解——以中西比较为视角》，《法律科学》2014年第5期。有关权利理论及其应用的更多分析，参见朱振等编译：《权利理论》，上海三联书店2020年版。夏勇把当代有关权利研究的理论分为三大类：一是权利的分析理论，讨论权利的概念内涵问题；二是权利的价值理论，讨论权利的价值地位问题；三是权利的社会理论，讨论权利的社会保护问题。从研讨主题来看，以权利为基础的理论属于权利的价值理论，而不是一种无所不包的权利理论。参见夏勇：《权利哲学的基本问题》，《法学研究》2004年第3期。

第一，权利与义务的关系研究。权利与义务之间的关系是权利理论研究的首要主题。在20世纪80年代末90年代初，我国法理学者内部关于权利与义务何者是法的本位问题展开了激烈讨论，即分别存在着张文显、郑成良为代表的"权利本位论"与张恒山提倡的"义务先行论"两种观点。[1]依据权利本位论，权利是义务的目的，义务作为权利的理由和正当性依据；而依据义务先行论，义务在时间上早于权利，理解权利必须以义务为出发点，从义务开始。在权利和义务关系的论争中，最终权利本位论取得了更多学者的认同和支持，并上升到法哲学研究范式的高度。[2]

可以说，作为法哲学研究范式的权利本位论对于中国法学及其法律实践的影响是深远和全面的。一方面，为法本体论提供了一种新的理解系统，为法律发展的精神转换、体系重构与制度变迁提供了全景式的法哲学视窗，从其中可以看到权利构成现代社会法律实践的实质与鲜明特征；另一方面，作为法哲学研究范式的权利本位论也为法学研究者提供了用现代法学思维和现代法律精神审视和批判现存法学理

---

[1] 中国学者在权利与义务关系问题的研究比西方学者深入得多，参见张文显：《二十世纪西方法哲学思潮研究》，法律出版社2006年版，第505-507页。"权利本位论"的分析，参见张文显：《从义务本位到权利本位是法的发展规律》，《社会科学战线》1990年第3期；郑成良：《权利本位论——兼与封日贤同志商榷》，《中国法学》1991年第1期。"义务先行论"的分析，参见北岳（张恒山）：《关于义务与权利的随想》（上、下），《法学论坛》1994年第8、9期。有关"权利本位论"与"义务先行论"的论争，参见孙笑侠：《"权利本位说"的基点、方法与理念——兼评"法本位"论战三方观点与方法》，《中国法学》1991年第4期；有关权利与义务关系的其他观点，参见童之伟：《对权利与义务关系的不同看法》，《法商研究》1998年第6期；李步云、杨松才：《权利与义务的辩证统一》，《广东社会科学》2003年第4期。

[2] 参见张文显、于宁：《当代中国法哲学研究范式的转换——从阶级斗争范式到权利本位范式》，《中国法学》2001年第1期。

论和法律制度的武器，①为正在形成的"权利的中国学派"提供了理论背景和理论框架，建立起了中国的权利话语。

第二，权利与权力的关系研究。在"权利本位论"与"义务先行论"的论争过程中，在20世纪90年代末，童之伟对两者论争的狭隘性做出了重要批评。他指出，受权利义务分析框架的限制，权利的理论研究基本上将权利与权力的关系排除出法理学的视野，在逻辑上不能做一国法律体系的本位，只能做其中一部分法的本位。②特别是进入21世纪后，2004年我国宪法修正案将"国家尊重与保障人权"写进宪法，权利与权力之间的关系随之成为权利理论研究的一重要主题和热点。权利的理论研究由传统的法理学转向宪法、行政法等公法领域。相应地，汉语法学的基本研究对象与核心范畴应该由"权利"转向具有更多指涉内容的"权"为基本研究对象，并采用绝对方法形成以"法权"为核心的基本范畴体系。③

在公法领域，尤其是当前占主导地位的自由主义者看来，政府权力天生易被滥用且具有侵害性，为了维护个人所珍视的自由、尊严和自治地位，必须树立个人权利以某种独特的规范地位，权利必须在概念上独立于政府权力，在实践中个人权利作为阻却民主多数政治的一

---

① 参见郭道晖：《论权利推定》，《中国社会科学》1991年第4期；公丕祥：《权利现象的逻辑》，山东人民出版社2002年版；赵明：《近代中国的自然权利观》，山东人民出版社2003年版；张文显、姚建宗：《权利时代的理论景象》，《法制与社会发展》2005年第5期。

② 参见童之伟：《论法理学的核心范畴、基本范畴》，《法学》1999年第6期；童之伟：《权利本位说再评议》，《中国法学》2000年第6期。

③ 童之伟指出，"权"可同时表述权力、权利、剩余权以及它们体现的全部利益和相应财产内容的基础性法学概念。参见童之伟：《"权"字向中文法学基础性范畴的跨越》，《法学》2021年第11期。

种外在有效约束手段。[1]权利研究之所以成为我国当前法学研究的主题和热点，虽然根源于物质文明、政治文明的发展，但直接原因在于1978年开展的"实践是检验真理的唯一标准"的大讨论所引发的有关个人观念的转变。在真理标准大讨论的鼓舞下，法学界冲破了"两个凡是"和个人崇拜的长期禁锢，打破了思想僵化、教条主义的沉重枷锁，为维护个人所珍视的自由、尊严和自治地位，必须树立个人权利以某种独特的规范地位，防止政府权力对个人权利的不正当侵害。

第三，权利与权利的关系研究。权利与义务、权力的研究构成早期权利研究的两项核心主题，虽然开创了权利研究的热潮，但仍然是站在外部视角研究权利，未深入到权利问题的内部。权利与权利的关系研究则是对权利研究的推进，从内部视角理解权利自身的复杂性。对内部视角研究权利，集中体现在对权利冲突的研究。[2]从权利内部研究权利，学者注意到如果没有公共财力的支持，所有权利都不可能得到保护或强制执行，权利的界定和保护必然对公共资源和财力提出要求，权利本身就是一种公共资源的分配方式。在可支配资源给定的前提下，所有权利得到充分界定和有效保护是不可能的，在此权利和权利之间必然存在着相互冲突。而且，受到立法者的有限理性、社会的变动性以及法律语言的模糊性等多重因素的影响，某些情形下权利的

---

[1] 参见徐显明：《人权法原理》，中国政法大学出版社2008年版；汪进元：《基本权利的保护范围：构成、限制及其合宪性》，法律出版社2013年版；韩大元、王建学：《基本权利与宪法判例》，中国人民大学出版社2013年版；刘志强：《人权法国家义务研究》，法律出版社2015年版；秦奥蕾：《基本权利场域：理论、规范、生活》，知识产权出版社2016年版；张翔：《基本权利的规范建构》，法律出版社2017年版。

[2] 参见刘作翔：《权利冲突的几个理论问题》，《中国法学》2002年第2期；刘作翔：《权利冲突：一个应该重视的法律现象》，《法学》2002年第3期；王克金：《权利冲突论——一个法律实证主义的分析》，《法制与社会发展》2004年第2期；郭明瑞：《权利冲突的研究现状、基本类型与处理原则》，《法学论坛》2006年第1期；张翔：《基本权利冲突的规范结构与解决模式》，《法商研究》2006年第4期。

边界未被立法者清晰界定，并由此引发法定权利之间的冲突。

权利冲突的存在尤其是法定权利之间的冲突导致了法律适用的难题，为解决权利冲突，学者提出了两种主要解决方案：一是依据权利所指涉利益的重要性，确立权利保护的优先次序，确立权利位阶制度，或者诉诸比例原则，在法官对权利作客观和理性的法益衡量时予以最大限度地缩小法官的裁量余地；[1]二是借鉴经济学中的科斯定理，在权利冲突的情况下，将权利分配给能够带来财富最大化的一方。[2]权利冲突论的研究本意在于从内部增加权利的理解，然而，对权利冲突解决方案的找寻却在某种程度上超越了法律，到了法律之外。这在法律经济分析学者那里表现得尤为明显，其认为"权利话语"本身无法解决权利自身的问题，需要借助于社科法学的方法。与此同时，权利的理论研究也较多地体现为法律与经济学、社会学的交叉学科研究。

第四，权利与正义的关系研究。权利冲突尤其是法定权利冲突的研究触发了学者从一般的意义上研究权利与正义之间的关系，涉及如何在不同的权利主张中确定真正的权利。因为正义的原初内涵是"得其应得"，无法与权利相分。在法哲学中，如何构建权利与正义之间的适当关系，对此存在着两种相互竞争以及冲突的方法，即理想主义的以及非理想主义的方法。[3]根据理想主义的权利界定，权利是由某种抽象的道德价值所派生出来的，在这里，对权利的任何一种界定，应该

---

[1] 参见林来梵、张卓明：《论权利冲突中的权利位阶——规范法学视角下的透析》，《浙江大学学报》（人文社会科学版）2003年第6期；梁迎修：《权利冲突的司法化解》，《法学研究》2014年第2期；胡玉鸿：《论我国宪法中基本权利的"级差"与"殊相"》，《法律科学》2017年第4期；于柏华：《比例原则的权利内置论》，《法商研究》2020年4期。

[2] 参见苏力：《〈秋菊打官司〉案、邱氏鼠药案和言论自由》，《法学研究》1996年第3期；桑本谦：《理论法学的迷雾：以轰动案件为素材》，法律出版社2015年版，第21-22页。

[3] 对这两种方法的一般性介绍，参见R. Goodin, "Political Ideals and Political Practice", 35 *British Journal of Political Science* 37, 37-56（1995）.

括置现存的制度以及实践对正义原则的影响，现存制度仅仅在权利原则的实施方面发生作用。①在权利理想主义的批评者看来，权利虽然存在多重形态，但权利尤其是法定权利要想避免冗余，要想在实践中发挥规范作用，就必须将霍菲尔德式的规范状态作为权利分析的基础。

权利概念在规范的意义上是有限的，更是特指的。对此，陈景辉提出，应该将霍菲尔德式法律权利模型作为研究权利概念的典范。②在霍菲尔德状态中，主张被认为是构成权利的核心，这个核心地位判定哪个人享有什么权利，决定权利的形式以及如何将几项要素整合为一项权利。相关要素的作用，就是通过权利核心授予权利持有者各种自由和控制。通过对权利概念的语义分析，能够有助于解决许多关于法律和道德权利问题的现实争论。从方法角度看，任何一种有用的权利理论必须能阐释大量制度性和道德权利所依据事物的本质。这在语义上是真实的，因为任何权利的基础是其存在的理由。当且仅当有充分的依据赋予权利持有者特定的权利时，该权利才能被必然地推理为真正的权利。

第五，权利（正当）与善的关系研究。权利（正当）与善的关系是自由主义者与社群主义者之间论争的主要议题之一，在西方伦理学、政治哲学发展史上表现出十分复杂的情形。③坚持"权利优先于善"的自由主义者认为，权利提供的是一个社会成员参与社会组织所必备的

---

① See Andrea Sangiovanni, "Justice and the Priority of Politics to Morality", 16 *Journal of Political Philosophy* 137, 138-164（2008）.

② 参见陈景辉：《法律权利的性质：它与道德权利必然相关吗?》，《浙江社会科学》2018年第10期；陈景辉：《权利的规范力：一个对利益论的批判》，《中外法学》2019年3期。

③ 参见李兰芬、李西杰：《"权利优先于善"的自由主义政治伦理观》，《道德与文明》2003年第6期；詹世友：《"权利优先于善"的价值学理据》，《天津社会科学》2004年第5期；韩升：《权利话语的道德本体论——查尔斯·泰勒对后权利时代的"善"的构思》，《哲学动态》2010年第8期；姚大志：《桑德尔：权利与善》，《理论探讨》2012年第6期；范进学：《权利是否优先于善——论新自由主义与社群主义理论之争》，《政法论丛》2016年第3期。

平等的道德人格和政治资格。在现代社会，基本的平等权利应该而且必须优先于善，个人对自己的"善"的追求必须在尊重平等权利的基础上才能获得正当性，权利不能为了某些特定"善"被忽视甚至被牺牲。在坚持"善优先于权利"的社群主义者看来，权利优先于善的哲学前提——康德的道义论自由主义和先验自我观念，是虚假的，个体拥有何种权利离不开共同体，共同体的"善"界定并限制了个体拥有的权利种类和范围。

与西方学界对权利与善之间关系的大量研究不同，大多数中国权利理论学者并未把功利主义看成是对权利保障的巨大威胁，对权利与善之间关系的研究大多侧重于引介西方学者的相关研究，而未能在权利与善的关系维度上实质上推进权利的理论研究。

总体来说，当前的权利理论研究，既有抽象宏观方面的法哲学建构，又有具体微观层面的现实关照；既有法学单一学科内的理论内涵深挖，又有法学与经济学、社会学等交叉学科的论题边界拓展；既有向后看对权利经典论题的注解和推进，又有向前看对新兴权利现象的阐释和省察。可以说，权利研究成为法治时代最为耀眼的理论景观。

二、权利理论研究的影响与问题

可以说，有关权利的这些学说，对增强我国公民的权利观念有着重大作用。伴随着权利观念的启蒙，无论是学者还是普通民众，都越来越习惯于从权利的角度来理解法律问题，权利成为一种思考和解决社会问题的方法。目前有一个越来越明显的趋势，就是任一乃至全部政治和道德议题都涉及权利的讨论。很多人为权利话语扩张感到遗憾，但很少有人主张用令人信服的标准区分真正或真实的权利和虚假或虚幻的权利。权利的现代语法提供了一种几乎表达实践理性的所有要求的途径。

虽然说权利的当前研究取得了大量研究成果，然而，从研究方法视角，当前权利研究仍然存在着值得推进的地方。特别是，在权利理论研究中，论者由于对理论本身所内在的前提预设鲜有保持清醒认识和自觉，以至于对权利概念及其结构的理解存在着认知上的偏差，对权利的所指与能指，对权利在实践中发挥作用的方式及其限度，都存在一定的问题，从而失去了权利的本真性。

第一，就权利和义务的关系而言，权利本位论与义务先行论依赖一个共同的前提，即权利和义务之间存在着相关性。问题在于，权利及其义务的相关性这个命题能够成立吗？在权利和义务存在相关性的意义上，权利所相关的义务是何种意义上的义务？权利要想是可执行的，权利所相关的义务就必须是完全义务吗？支持真正权利的依据又是什么？权利要想避免成为一种政治上的修辞，可主张、可执行是不是权利的必要性特征？显然，有关权利与义务关系的问题，并非仅仅涉及权利的价值问题，而是涉及权利在实践中发挥的功能，权利源自人类的经验与历史，权利应该是培养和建构的，而非自然而然的结果。

第二，就权利与权力之间的关系而言，虽然权利的个人主义图景具有道德上的吸引力，但不能由此认为权利的个人主义图景在理论上没有问题，在实践中是一个无害的观念。个人权利与政府权力之间可能存在着更为复杂和深刻的相互关系，权利不仅不先于权力，相反，权利有可能是权力生发的基础，权力和权利是同构的。①脱离了经验基础上的有关权利意识和权利主张的理论，无法理解权利在一个社会系统中真实运作的方式及其后果，也不可能理解最简单的权利功能。

第三，就权利与权利之间的关系而言，权利冲突论虽然正确地认识到权利对公共资源的依赖性，但并没有指出权利冲突问题所存在和发生的层面，是权利的界定还是权利的保护，还是两者兼而有之？实

---

① See John Finnis, *Natural Law and Natural Rights* (2d ed.), Oxford: Oxford University Press, 2011, pp.198-200.

际上，权利究竟是否存在冲突也受到了学界的批判和质疑。就"权利冲突"的解决方案而言，学界未注意到相应解决方案与法律其他制度的融贯性问题，如权利的位阶制度就可能与权利的平等保护原则相冲突，运用科斯定理解决权利冲突则可能忽视了科斯定理得以提出的语境和适用范围，而将财富最大化作为法律权利冲突的解决方案可能存在着是否充分、是否与法律的制度性事实相违背的问题。[①]显然，权利与权利之间的关系要复杂得多，只有深入权利问题生发的内核，方可理解权利自身的复杂结构。

第四，就权利与正义之间的关系而言，坚持权利先于立法的权利论者，虽然提出了权利存在着多种形态，但却没有回答何种权利形态是真正的权利。真正的权利，如果存在的话，又包含哪些必要特征？同样地，就霍菲尔德式的法律权利作为权利研究的范式而言，权利论者并没有回答哪些霍菲尔德式的状态组合构成法律权利，因为构成法律权利的元素种类不是确定不变的，它是非确定的霍菲尔德要素体系。将主张作为权利的核心，更忽视了法律推理的特定特征。"严格来说，不是权利持有者的法律地位意味着相关要素隐含在所享有的权利之中；而是在法律规范中隐含着多样的法律状态，于是通过法律授予主体法律权益。"[②]因而，法律权利不是固定量的霍菲尔德要素组成的，叙述一个权利是非确定的体系仅仅阐述什么不是权利。我们需要构建确定的一种权利理论模型，使人们能够判定在任何给定的权利中包含哪些法律状态（legal position）以及解释为什么权利的构成是多变的。法律权利不仅仅是霍菲尔德状态的功能系统，而且也是一个逻辑体系，法律状态意味着在不同的情况下，任何与赋予权利持有者权益的相关性

---

① See Charles L. Barzun and Michael D. Gilbert, "Conflict Avoidance in Constitutional Law", 107 *Virginia Law Review* 1, 53–56（2021）.

② ［美］卡尔·威尔曼：《真正的权利》，刘振宇等译，商务印书馆2015年版，第12页。

的要素都是必要的。因此，权利具有动态特性，在逻辑上优先于相关要素。

第五，就权利与善之间的关系而言，无论是坚持"权利优先于善"还是主张"善优先于权利"，在权利的理论研究中必须回答的一个前提性问题是"优先"究竟是在何种意义上界定和使用的，有没有这样一种可能性，即"权利"与"善"在逻辑上处于同等的地位。"权利"与"善"的这种同等地位，并非意味着两者之间的隔阂和分立，而是要在某种相互关系中得到充分界定和实现。也因而，权利与善之间的关系就并非简单的非此即彼的问题，自由主义者和社群主义者各自包含着某种重要的真理。如果是这样，探究自由主义者和社群主义者各自所内含的真理和正确的部分，对于理解权利和善，理解权利在实践中的功能和作用，就显得极为必要。

总而言之，在当前中国，有关权利的理论研究成果虽然很多，但对"什么是权利"这一问题的回答仍然是模棱两可的。特别是，当前中国学者对西方权利内部的某些争论并没有参与其中，例如，权利利益论与意志论的论争。①对权利内部发展脉络及其论争的忽视，使得学者更多基于自身的偏好和价值取向而选择某种权利理论作为自己研究相关问题的依据，而没有反思该种权利理论的前提预设以及是否适用于当前问题的研究。此种理论不自觉所造成的结果便是，依据某种解释，这是在分析权利的概念；按照另一种解释，这是在解释权利的内容；按照其他解释，这是在解释权利拥有力量的原因。这些问题是相

---

① 值得注意的是，有关权利利益论与意志论的论争，并没有受到法理学界的充分重视，相反，我国民法学者彭诚信作出了系统分析。不过，彭诚信对此问题的分析却并非澄清利益论与意志论论争的主题，而是梳理两种理论所各自存在的问题，旨在建构一种程序性的权利理论，参见彭诚信：《现代权利理论研究》，法律出版社2017年版，第185-208页。

关的，但并不是同样的。①因而，需要对某种权利理论参与实践的方式以及适当性保持敏感，因为我们对在以权利之名的实践中各个参与者"权利断言"的实际推论方式感兴趣。我们想理解这些所谓的"权利"在政治、社会生活的规范话语中是怎样运转的。是否应该接受权利作为我们采取行动的原因这一主张，是一个更深层次的问题。然而，我们不能清晰地思考这个更深层次的问题，除非首先理解某种权利理论的内在逻辑和发展脉络。

三、一种理论前提批判的视角

虽然当前的权利理论研究存在着种种问题，不过，在根本处，我们仍然摆脱不了权利的理论研究需求。之所以如此，是因为权利无法像客观自然物那样被发现，权利主要是一种话语，作为一种塞尔意义上的"制度性事实"，②是一种地位功能，是源自集体承认的地位的道义性权力；权利也无法逻辑地从外在现实演绎出来或从论证中建构出来，因为赖以进行演绎或建构的前提本身，是不断变动的经验与知觉的产物。从发生学意义上，权利必须由人类基于经验发明而出，特别是我们长久以来从自己创造的恶行中产生的集体经验。③在权利需要一种理论的意义上，权利必须在彼此竞争的观念市场中得到拥护。那么，面对着存量的权利理论研究，我们应该如何推进权利的理论研究？在本书看来，当前的权利理论研究迫切地需要一种理论前提的法哲学批判。那么，什么是理论前提的法哲学批判？权利理论前提的法哲学批判能够为权利理论研究贡献什么？

---

① 参见［美］查尔斯·贝兹：《人权的理念》，高景柱译，江苏人民出版社2018年版，第116页。

② 参见［美］约翰·塞尔：《人类文明的结构：社会世界的构造》，文学平、盈俐译，中国人民大学出版社2015年版，第186页。

③ 参见［美］艾伦·德肖维茨：《你的权利从哪里来？》，黄煜文译，北京大学出版社2014年版，第73页。

（一）理论思维的前提批判

在理论前提的法哲学批判层面，所谓理论研究便是对理论自身的前提预设进行揭示、解释、澄清和批判。理论是一套相互关联的命题，是由概念以及概念间的联结或关系构成，为事件的发生方式提供说明。一旦假设得到检验，出现了新关系，理论就构筑起来了。①从科学方法视角，任何一种理论建构都有自己的前提预设、问题模式、概念框架与话语体系。只有在共有的前提预设基础之上，理论之间才能够开展有效的对话；也只有厘清了各自理论的前提预设，才能够理解诸种理论之间的论争；对理论前提预设的反思和批判，更是理论得以发展、科学得以进步的重要契机。

可以说，"若无必要，勿增前设"是对奥卡姆剃刀的最好解释。②对理论前提预设的批判性反思，也为经典马克思主义哲学的"意识形态批判"程序所例示。③意识形态批判程序"揭穿"某个理论的、宗教的或其他的宏大建筑的假面具，其揭穿假面具的方式是使我们"看穿它"，使我们从中看出表象，看到某些隐藏机制的表达效果。因而，意识形态批判程序寄身于纯粹的否定运动。"为了实现从设置的反思到外

① 参见［美］托德·多纳（Todd Donovan）、肯尼斯·赫文（Kenneth Hoover）：《社会科学研究：从思维开始》（原书第11版），潘磊等译，重庆大学出版社2020年版，第33-35页。

② 参见［英］拉里·西登托普：《发明个体：人在古典时代与中世纪的地位》，贺晴川译，广西师范大学出版社2021年版，第399页。

③ 我国马克思主义哲学学者孙正聿认为，辩证法进而一般意义上的哲学研究，其根本都是对构成思想和理论的前提进行批判，前提批判是哲学本身存在的方式。参见孙正聿：《理论思维的前提批判：论辩证法的批判本性》（第2版），中国人民大学出版社2010年版，第16-21页；孙正聿：《哲学：思想的前提批判》，中国社会科学出版社2016年版，第2-10页。批判性思维的核心是通过评估一个陈述的理由来判断这个陈述是否为真。当然，批判性思维不是到处去批判，去拒绝各种事物，也不是对其他人持批判态度，而是要对各种各样陈述的理据做出评估。参见［瑞典］奥萨·维克福什：《另类事实：知识及其敌人》，汪思涵译，中信出版集团2021年版，第224-225页。

在的反思的过渡，反思运动必须做的只是留意，反思运动总是受到某些既定的、外在的预设的束缚，这些既定的、外在的预设随后通过反思运动的否定性活动被调停，被扬弃。简言之，设置之活动（activity of positing）要留意它自己的预设，它自己的预设恰恰处于反思活动之外。"①在这个意义上，除非权利理论研究者已经知道了绝对预设，否则，对于权利的任何一种理论探究来说，论证是不可能的，分析也是不完整的。

基于此，权利的理论前提的法哲学批判研究并非一种整合的权利理论，能够对权利的所有问题给出一种一劳永逸的回答。"理论不提供固定配方。理论不是厨艺，不等于方法和技巧。恰恰相反，其目的就是要质疑一切配方，通过反思弃如敝履。"②作为一种宽泛意义上的理论，权利的理论前提的法哲学批判研究并非一种对特定权利的概念指涉、本质特征、逻辑结构与规范功能等问题的理论阐释，权利的理论前提的法哲学批判研究更多是一种方法论，是对既有权利理论研究的反思和批判，并在此基础之上，在可能的地方对权利理论研究进行建构。有关权利的理论前提的法哲学批判研究可视为一个论证，支持一种过程导向、倡导性的权利取向。如德肖维茨所说：

> 一边行使权利，一边倡导权利化的持续进程——在自然法与实在法之外探索可能的权利来源，并发明与落实新的权利，这是一个不断往前进展的工作——这与如下的认知是一致的：我们可能永远无法设计出完美的权利理论。在无完美理论的情况下倡导权利，远胜于沉默地接受恶行直到权利理

---

① ［斯洛文尼亚］斯拉沃热·齐泽克：《意识形态的崇高客体》，季广茂译，中央编译出版社2017年版，第321—322页。

② ［法］安托万·孔帕尼翁：《理论的幽灵：文学与常识》，吴泓缈、汪捷宇译，南京大学出版社2017年版，第17页。

论甄于完美。①

可以说，正是在反思和批判的过程中，理论研究者才可能建构起一种新的研究权利问题的理论方案。简单来说，权利的理论前提的法哲学批判反思的是任何一种权利理论所赖以存在的前提预设、所要回答的问题以及给出的解决方案，批判的是传统权利理论研究的前提预设是否立得住脚、所要回答的问题是何种层面的问题以及所给出的解决方案是否充分、融贯以及符合证成性要求。在需要建构的地方，理论前提的法哲学批判认为任何一种对"权利"的理论建构都需要符合"权利"的"本真含义""通常理解"和"正当期待"。符合"本真含义"是指理论研究要"发现或揭示""一项权利"这一表达的本来和真切含义，而不是"赋予或给予"权利概念以某种含义；符合"通常理解"是指理论研究要发现或揭示一项权利已经隐含在日常使用和反思之中的理解的意义，旨在恢复权利的普通和日常理解，而不是屈服于某种有争议的道德或法理理论；符合"正当期待"是指理论研究者虽然可以自由地规定"权利"一词在其理论中的含义，但这并不因此而减少一种权利理论在规范上的证成性要求，一种权利理论如何在规范上承诺某物，都需要进行一种正当性的论证，一种强有力和符合人们预期的规范性论证。权利理论构建的这三个方面需要有机地结合在一起，有时甚至发生不可避免的冲突，但正因如此我们才发现权利及其理论研究所具有的不可简化的复杂性。

（二）权利理论前提法哲学批判的贡献

权利研究需要某种理论，然而权利的多种理论之间的分歧和论争，却使得权利本来的面目和含义变得含混不清。不过，仍然需要指出的

---

① ［美］艾伦·德肖维茨：《你的权利从哪里来？》，黄煜文译，北京大学出版社2014年版，第78-79页。

是，当前有关权利的诸种争论是在好心的人们之间发生的争论，然而，一个人在道德关切方面的好心并不能使争论的哲学基础或者它的道德主张更为含混。这是理论研究的使命和意义之所在。作为一种反思和批判的方法，权利的理论前提的法哲学批判能够借由对权利已有理论的反思和批判，而对权利及其研究有着理论和实践两个层面的可能贡献。

第一，权利研究需要在理论前提的法哲学批判层面予以推进，是因为权利观念的理论依赖性决定了必须采用一种反思和批判理论前提预设的哲学方法。在哲学上，

> 需要一种能够超越经验去寻找构成经验之所以可能的在先条件的形而上学来探究权利问题，以便确立起这样一种权利理念：虽然人们既没有在历史现实中发现一种普遍自由权，也没有在现实经验中享受到这种普遍自由权，甚至连在心灵里都从未闪过有关这种普遍权利的念头，但是，我们却可以在理论上发现并论证，作为人这种存在者存在，我们每个人自身便拥有与所有其他人一样的自由权。通过权利形而上学确立起这种权利理念，实质上也就是通过这种权利形而上学达成对普遍自由权的一种自觉。而唯有基于这种自觉，人们也才会且必然会启动实践上的要求：实现历史上与现实中没有的东西。①

在这个意义上，权利如果没有理论前提的法哲学批判层面的超越性，权利就永远无法获得驱动其上升的力量和途径，而有关权利的理想主义计划和规范性承诺将可能被搁浅。

---

① 黄裕生：《权利的形而上学》，商务印书馆2019年版，第3页。

第二，权利理论前提的法哲学批判研究之所以绝对不可少，不仅因为在理论方面要探讨超乎经验而存在于理性内的实践原理之来源，而且因为假如研究者没有那种线索和最高原理，可以正确地作道德判断，那么，权利自身就很容易腐化。权利以各种形态存在着，现实的与理想的、真实的与虚假的、可得的与预期的，但权利归根结底是"正当的"。我们要否定"事实即正当"的观点，"我们应该以形而上学的正当性为基石，来建造我们的房屋。如果不能顺应一个观念上的理想，那么事情就不是真实的，行为也不是正当的——如果我们能重新明白这一点，那么我们就能击败功利主义和实用主义"①。

第三，权利理论前提的法哲学批判研究可以把握权利在实践中的作用和限度，防止将过多的主张和要求加诸权利之上，从而维护权利的本真性。当前，权利实践的重要特点是当人们要捍卫一些事实、利益或行为，或者要落实一些主张、要求或资格时，往往将其贴上"权利"的标签。对他们而言，"权利"的依据是什么似乎并不重要，关键是"权利"所指向的那些事物，"权利泛化"现象严重。权利观念和权利话语也遭受到促进了不现实的期待、加剧社会冲突、漠视责任以及有碍于法治实现等指责。②从理论视角，当任何事物都可以诉诸权利时，权利话语和观念也便随之丧失了解释力。然而，权利的问题不仅是"享有"的问题，更首先是"拥有"的问题，"权利泛化"本身反映了"拥有权利"的时代人们追求某种生活方式的努力，权利的泛化是

---

① [美]理查德·M. 维沃：《思想的后果》，王珀译，江西人民出版社2015年版，第134页。

② 参见罗豪才、宋功德：《人权法的失衡与平衡》，《中国社会科学》2011年第3期；陈林林：《反思中国法治进程中的权利泛化》，《法学研究》2014年第1期；吕明：《刚性维权与动态维稳——"权利本位说"在维稳时代所遭遇的挑战》，《法律科学》2011年第4期。

一种争取权利的现象，深刻地体现了现代人的生存方式。①本书认为，要想解决"权利泛化"的这种两难问题，必须在概念层面剖析权利不断变动的合理内核，从权利观念形成的历史及法律对权利加以承认和保障的实践方面解析权利的内在伦理，从权利正当性方面深入到对权利的辩护结构中，从而维护权利概念的本真性。

第四，权利理论前提的法哲学批判研究可以厘清权利理论的发展脉络，增进权利的概念性理解。一种理论建构旨在解决某种问题，然而理论解决问题的能力、充分性与可持续性，除理论本身的科学性与否，还端赖理论内置的前提预设是否与常识、现实相符合，正是对前提预设的批判性检讨，构成了理论发展的动力。如巴塔耶所言：

> 如果认知没有被瓦解，我们将无法达到认知的最终对象，认知要把这一对象重新归于从属之物、被使用之物。关于知识的问题与消耗问题相同。谁也不能在认知的同时而不被摧毁，谁也不能既消耗又增长财富。②

从自然权利、政治权利、人权、新兴（新型）权利的理论发展无不体现了理论发展的这种内在逻辑。于此而言，权利理论前提的法哲学批判研究可以对权利理论的发展脉络有着更为自觉的理解，而对权利理论的未来发展也有着更为稳定的预期，并在某种意义上指示了权利理论研究的未来方向，最终增进了权利概念的丰富内涵。

虽然权利理论前提的法哲学批判研究有理论意义与实践重要性，

---

① 参见汪太贤：《权利泛化与现代人的权利生存》，《法学研究》2014年第1期；张曦：《"权利泛化"与权利辩护》，《华东政法大学学报》2016年第3期；王方玉：《权利的内在伦理解析——基于新兴权利引发权利泛化现象的反思》，《法商研究》2018年第4期。

② ［法］乔治·巴塔耶：《被诅咒的部分》，刘云虹、胡陈尧译，南京大学出版社2019年版，第129页。

但需要承认的是，本书研究仍然可能存在着如下两个难点：首先，对诸种权利观念和理论界说进行批评性的反思和重构，本书所采用的方法是形而上学的哲学方法。然而，由于形而上学本身在哲学上也是一个极其有争议的题目，因而准确地概括究竟何谓形而上学存在着巨大困难，采取任何一种概念界定，不可避免地具有主观的色彩。尽管如此，由于论证需要，本书主要采纳柯林武德的界定，即形而上学主要是一种哲学方法，是对理论前提和预设的揭示和批评性反思。①

其次，学者有关权利的理论界说，有时候在论述中并没有对理论所依据的前提和预设做出明确的说明，这也为本书的研究增加了一定的困难。但是，通过仔细阅读相关的理论文本，各种权利理论所赖以为基础的前提和预设总是能够予以呈现的。当然，某种权利理论的前提和预设是否就是理论学者所同意的，显然是一个可以争论的问题。从科学研究的角度，（权利）理论学者各自就（权利）理论所赖以为基础的前提和预设进行争论，本身就是在进行权利思考。权利的生命力在于思考，而非闲置；在于积极主张，而非消极沉默。

尽管存在如上困难，仍然需要值得强调的是，权利的理论前提批判能够使得我们对权利问题保持清醒的认识。一方面，在权利与其他概念关系的各种理论讨论中，当前形成了诸种以权利为根本、主要与优先的理论言说。这种以权利为本、要与先的传统理论言说，提高了权利的地位，但在很大程度上也遮蔽了权利话语得以生发和权利问题得以解决的复杂性。另一方面，在权利理论需要不断推进的意义上，一种有关权利的元分析就是极其有必要的，权利的这种元分析可以告诉我们：有关权利的言说究竟是在何种关系框架和语境中进行的，理论言说得以建构的前提和预设是什么，实践中有关权利界定的关键利

_____

① 形而上学关系到绝对预设，柯林伍德认为，形而上学是对命题预设和前提的阐释和批判。参见［英］柯林武德：《形而上学论》，宫睿译，北京大学出版社2007年版，第21-32页。

害有什么，权利话语能够解决何种问题，在解决问题的过程中又忽视或者遮蔽了什么其他我们同等或者更为重要的东西，等等。

四、本书的研究框架

本书主要就权利和义务、权力、权利、正义、善等基本法律和政治概念之间的关系以及权利在社会实践中的运作方式进行批判性分析，以增进对权利这个事物的概念性体认。本书的研究框架和内容如下安排。

第一章是对权利和义务关系的批判性研究。无论权利的意志论还是利益论，其依赖的一个共同前提是权利和义务之间存在着相关性。问题是，如何理解权利和义务之间的这种相关性？由于日常生活实践中存在着大量权利和义务相互分离的情形，准确理解权利和义务之间的相关性，就具有重要理论和实践意义。就权利和义务的关系而言，本书将论证权利及其义务的相关性是一个必须予以接受的命题。要准确地理解相关性命题，必须区分相关性的不同版本。虽然实践中可能存在着没有义务的权利，某些权利是不可执行的，但存在的例外情形并非推翻，而只是限定了相关性命题的范围。不同于偶然性的相关性命题，本质性的相关性论题将相关性作为权利性质的一种主张，它认为权利和义务存在相关性是权利得以区别于其他概念的关键所在。权利及其相关的义务，在重要的意义上，必须是概念上相互独立的。相关的义务或者权利，不能仅仅凭借权利或者义务的存在本身得以理解，还必须借助于其他方式，增加其他一些内容。

第二章是对权利与权力关系的批判性研究。在传统理论中，权利外在于权力，个人权利构成政府权力运作的一项约束性条件。尽管就树立权利所内含的规范性地位而言，传统的权利个人主义图景必不可少，但本书将论证构想权利的这种个人主义视角存在着双重困难：在概念上，权利的个人主义图景是不融贯的，因为权利不仅仅构成政府权力的外在的消极约束手段，在积极意义上权利也可以成为政府权力的来源，政府有充分的激励和理由去保护而不是侵害权利；在实践中，诉诸权利个人主义图景保护权利会造成悖谬结果，有损而不是有利于个人权利实现。由于权利个人主义图景存在着概念和实践上的双重困难，本书论证需要一种新的权利图景，在其中不应该将个人权利当成受到恰当界定的政府权力的对立物。在概念上，个人权利与政府权力是相互依赖的，两者之间存在着系统而复杂的相互关系。权利既是民主制衡体系中最重要的要素，也是政府权力正当与合法运作过程中的产物。

第三章批判性地检视了权利与权利关系的传统理论，特别是法律经济分析者在运用"科斯定理"作为研究权利冲突时所存在的问题。以"选择"为基础，本书将论证法律经济分析在诉诸"科斯定理"时忽视了科斯本人在立论时的预设和语境。经济学意义上的选择总是在稀缺约束下，然而，法哲学批判视域下的"选择"具有更为丰富的理论意涵。实际上，通常理解的科斯定理之所以能够提出，是因为"损害具有相互性"这个新的分析角度和前提预设。准确来说，科斯为权利冲突时的权利界定难题提供了一个有用的分析思路。然而，仅以财富最大化为准据太冷酷，更非充分。法律人要想正确理解科斯，必须重视"企业的性质"所提出的方法，即必须将选择的前提预设——比较制度分析，纳入权利界定的分析框架之中。

第四章反思的是权利与利益（意志）之间的关系问题，对权利意志论与利益论的理论论争进行了批判性省察。权利的理论解说虽然存在着两种相互竞争的理论，但厘清在何种意义上、何种议题之上两种理论是冲突的却尤为重要。本书将论证权利的意志论与利益论的争点在于权利的概念方面，而不是权利的证成方面。权利的概念和证成是两个不同的问题。权利的概念问的是权利是什么，而权利的证成旨在回答的是一个规范性问题，即为什么一种权利会被授予，因而指示了权利的内容。权利的利益论确实假定了权利的一种证成，但意志论并不必然如此。虽然权利的利益论提供了一种权利证成路径，但这种证成是不充分的。规范性的事物只能用规范语词予以证成。权利是正当的事物，在权利需要证成的意义上，本书尝试提出了一种规范性权利理论的构成要素。

第五章是对权利和正义关系的批判性研究。权利和义务具有相关性，然而，传统权利理论却很少批判性地检视权利所相关的义务类型。正义的一个基本理念是"应当意味着能够"，权利所相关的义务理应是具有可行性的完全义务。本书将挑战权利所相关义务必须是切实可行的完全义务这一传统观点，即义务必须是能够确定义务人是谁、义务履行的时机和方式。在权利的可行性概念看来，权利要想避免空洞的指责，真正的权利就必须是在实践中切实可行的、能够有效实现的。通过分析支持权利可行性概念的依据和预设，本书将论证可行性概念并不具有直觉上的信服力，它掩盖了建立正义优先性的困难，权利也并非总是与完全义务相关，更忽视了权利在实践中所发生作用的层次和方式。在与正义的关系中，权利首先表达的是一种道德判断，即一种利益或者自由是否足够重要和充分以至于我们应该将它们称为权利，以及为了实现这种利益或者自由我们必须做些什么。在这里，利益或者自由在逻辑上处于优先地位。在公共理性的审思过程当中，特别是在义务的界定以及分配中，义务的可行性仅仅是公共理性考虑的一个方面，其他考虑因素还包括公平、程序等。

第六章以权利与善之间的关系为切入点，进一步省察了权利在实践中发挥作用的方式。本书将论证除了个人所珍视的自由、尊严和自治地位，权利还具有结构性功能。由于权利具有结构性功能，权利最好被理解为实现某种公共善的工具，或者建构着某种领域中拥有独特特质的政治文化，权利的内容必然需要诉诸这些因素得到具体界定。权利保护个人利益，但权利概念并非仅局限于个人方面。实践中，必须将个人权利本身看作是一种公共善，与政府所提供的其他善和公共物品本质上并没有区别。权利界定需要在政府有义务实现的某种公共善的过程中进行，权利并非政府权力运作的一种消极外在约束，权利也能够内在建构某种公共善。

在结语部分，本书还对权利理论研究的未来前景进行了展望。权利理论前提的法哲学批判虽然对于权利的本真性理解必不可少，但权利概念性认识，特别是用以思考社会问题和法律现象的权利概念，需要理论的深入转型。对于权利理论研究的持续推进，由于当前中国的权利理论更多地停留于中国学者内部、学科布局主要停留于法学与部门法学的交叉以及理论体系的构建，权利理论的研究方法需要进行一种范式转型。

第一章　权利和义务关系前提的
法哲学批判：为权利的相关性命题申辩

　　在权利概念的逻辑地理格局中，经常存在的地理坐标是义务概念。也正是从与义务的某种关系中，建构一种规范性的权利理论才是必要的。因而，一个值得追问的问题是：权利和义务之间的关系是怎样的？权利是否必然与义务存在某种关联？如果存在，这种关联的性质是什么？对此问题的回答，将我们带入传统权利分析中的一个经典论题中，即如何理解权利及其义务的相关性命题。

第一节　权利义务论争中疏漏的前提

　　众所周知，关于权利和义务及其之间逻辑关系的学术讨论，曾经是我国20世纪八九十年代法学领域中最为显著的学术事件之一。[①]关于权利和义务之间的关系，虽然存在着"权利本位"以及"义务本位"

---

　　① "文化大革命"之后，随着"以阶级斗争为纲"被否定，"凡是论"的思维定式被打破，特别是经济体制改革和法制建设的实践为法学研究提供了丰富的认知素材，我国学者提出法学应以"权利义务"为自己的特殊对象，以权利和义务分析单元代之以罪和罚分析单元。学者们还呼吁"以权利和义务为基本范畴重构法学理论"，并对此进行了系统而深刻的论述，一场权利义务研究热就这样在中国法学界兴起。参见张文显：《二十世纪西方法哲学思潮研究》，法律出版社2006年版，第426-427页。

这两种相互冲突、对立以及竞争的学说，①但这两种观点却分享着一个共同的逻辑前提，即权利和义务之间存在着相关性。然而，权利和义务是否存在着相关性却并不是一个没有问题的逻辑出发点。这并非无关紧要。一方面，如果权利和义务根本就不存在相关性，那么在逻辑上我们可以说关于权利和义务之间关系所存在的各种主张和观点就是错误的，或者至少说不可能是没有问题的。另一方面，如果我们承认权利和义务存在着相关性，但是不同的学者却采取不同的相关性主张，就是说在关于权利和义务之间关系的讨论中，不同的学者选择了不同的逻辑出发点，那么关于权利和义务之间的关系存在着不同的主张和观点，就是自然而然的事情。进一步，如果不同的学者就权利和义务的相关性存在着不同的理解和选择，那么关于权利和义务之间关系的讨论当中，它们究竟是关于同一种事物的两者相互冲突、竞争的观点，还是根本上仅仅是关于两种不同的事物之间的不同主张，就显得尤为重要了。

在这个意义上，弄清权利和义务是否存在着相关性以及如果存在的话又是在何种意义上相关，就具有理论意义了。然而，关于权利和

①"权利本位"是试图解决权利和义务关系的一种探索性思路，将权利作为主导概念并不否认义务和其他概念的重要性，"只是标识权利在逻辑上先于义务，义务问题根本上取决于权利问题，义务概念只有根据权利概念才能理解"。参见张文显：《法哲学范畴研究》（修订版），中国政法大学出版社2001年版，第356页以下。而在"义务本位"的支持者看来，"义务来自于权利人的要求。这是对义务的依据所作的缺乏深思的解释之一。……问题在于，权利人作为与义务人平等的个人，为什么能够向义务人提出要求并对义务人有约束力？如果说权利人是根据权利向义务提出要求的话，那么，权利人的权利是哪儿来的？权利人的权利的依据是什么？实际上，权利的依据就是遵守基本的义务规则和履行基本义务。这样，说义务来自权利人的要求就是倒因为果，这就使权利本身成为无法解释、无法捉摸的幽灵"。张恒山：《法理要论》，北京大学出版社2002年版，第286页；张恒山：《义务先定论》，山东人民出版社1999年版，第11—24页。有关权利本位与义务重心论之间的论争，简要分析参见王岩云：《当代中国权利问题研究检视：一个学术史的考察》，法律出版社2012年版，第112—129页。

义务之间关系的学术讨论中，权利和义务之间关系的相关性这个前提性的问题，在很大程度上却被学者所忽视了。不过，陈景辉在《权利和义务是对应的吗?》一文弥补了分析权利和义务关系时被学者所忽视的这一前提性的问题。[①]在作者看来，权利和义务存在着相关性的命题，在根本的意义上是错误的。因为可以将相关性命题分解为以下三个子命题：(1)相互相关性论题，它主张有权利就有义务，且有义务就有权利；(2)分析性的相关性论题，它主张有权利就有义务，或者有义务就有权利这两种命题；(3)道德的相关性论题，这一道德的相关性论题认为不存在没有权利的义务，也不存在没有义务的权利，承担义务要以享有权利为条件，同时享有权利也必须以承担义务为前提。在此基础之上，作者认为，对于相互相关性命题而言，由于存在着许多对世义务，例如我们不得残忍地对待动物以及在公共汽车上有给老人让座的义务，这些对世义务并不必然蕴含着权利，他们无法向我们做出具体的主张和要求，因此该命题必然是错误的。通过对霍菲尔德权利类型的改组和重造，作者认为作为主张的权利与义务存在着对应性，但是作为二阶权利的特权、权力和豁免并不存在着相应的义务，因此分析性的相关性命题同样也是错误的。对于道德相关性命题而言，以言论自由为例，作者认为通常的拥有权利并不必然以拥有承担义务为正当化的条件，承担义务为权利的必要条件实际上是关于权利范围的问题，旨在避免权利的滥用，由权利滥用所生发的义务是由权利冲突所赋予的，而不是权利本身，因此道德相关性论题也是错误的。

如果作者关于权利和义务相关性命题的上述诊断和分析是正确的话，那么相关性命题就是一个应该予以舍弃的主张。可是，如果因此而全盘舍弃相关性命题的话，那么就会存在着许多难以解决的理论上

---

① 参见陈景辉：《权利和义务是对应的吗?》，《法制与社会发展》2014年第4期。

以及实践上的难题。一方面，舍弃相关性命题意味着分析权利和义务关系的各种观点必然是错误的，因为权利和义务关系的讨论是以两者存在相关性为逻辑出发点，出发点错结论则一定错。另一方面，舍弃相关性论题也无法解释实践中存在的许多现象，即权利和义务在许多情况下是相互关联的，更无法解释权利在实践中和义务所发生作用的方式和层次。在这个意义上，本章将依次分析作者在诊断和分析相关性命题时所存在的错误和问题，并捍卫相关性命题本身。从逻辑上，如果反对某种论题而又没有提出相应替代论题的话，那么，一个可取的策略是做出修改和限定来接受原先的论题，尽管在吹毛求疵的反对者看来仍然有缺陷和不足。在这里，有要比无好。对此正确的立场是，我们需要舍弃的不是相关性命题本身，而是某种版本的相关性主张。当然，如果我们的目的是想增进对于权利的概念性理解以及厘清权利在实践中的所发生作用的方式和层次的话，权利及其相关性就是一个我们不得不相信的真理。

第二节　相关性命题的性质与范围

从科学方法上讲，要坚持或者反对某种命题，有两个问题需要事先予以解决。一是某种命题的性质是什么，它解决的是该命题的内涵，即该命题是什么。二是某种命题的范围是什么，它解决的是该命题的外延，即什么（不）是该命题，具体而言，什么是该命题所主张的，或者说什么又是该命题所切实反对的。在这个意义上，关于相关性命题，相应地我们也有两个问题需要事先解释，即相关性命题的性质以及相关性命题的范围。

一、相关性命题的含义

从表面上分析，所谓权利的相关性命题就是关于权利和义务关系的一种陈述和断言，即权利和义务存在着相关性，在权利存在的地方，便有义务的存在；在有义务存在的地方，也存在着相应的权利。权利始终是相对于某人的权利，"权利陈述的逻辑形式总是蕴涵着其他人的相应义务"。[1]在权利和义务相关的意义上，相关性命题就是关于权利以及义务的特征和性质的一种主张和判断。实际上，权利和义务存在着相关性也为日常实践中的权利话语所证实。当我们说特定的主体（P）拥有一项权利（R）时，究竟意味着什么呢？通常认为，无论是在理论上还是实践上，P拥有R这一陈述意味着另外一个人享有一种义务（D）。[2]权利的这项特征看起来如此明显，以至于它的许多重要理论以及实践的含意都被忽视了。

当然，应该承认的是，诉诸日常权利话语实践来坚持权利和义务存在相关性命题，所存在的第一个反对意见是：应该如何解释在实践中权利和义务两者经常出现的分离情形呢？在某些方面，仅仅诉诸直觉和经验，就不加反思地完全接受相关性命题是难以理解的。因为有时直觉和经验应该成为反思和批判的对象，而不是没有问题的逻辑出发点。就此而言，同样是经验和直觉告诉我们，在实践中有些"权利"并不蕴含义务，例如我有权说我是一名画家，并没有蕴含其他人的任何义务；同样，有些"义务"也并不蕴含相应权利，例如虽然我有保存而不是任意地毁坏凡·高画作的义务，但并不意味着其他人有要求

---

① ［美］约翰·塞尔：《人类文明的结构：社会世界的构造》，文学平、盈俐译，中国人民大学出版社2015年版，第187页。

② See N. E. Simmonds, "Rights at the Cutting Edge", in M. Kramer, N. E. Simmonds, and H. Steine (ed.), *A Debate over Rights*, Oxford: Oxford University Press, 1998, pp.113-232.

我做或者不做这种义务的权利。因而，捍卫权利的相关性命题，首先需要解释实践中存在的权利和义务相分离的这些反例对相关性命题造成何种意义上的影响。当然，如果有这种影响的话。

权利和义务相分离的这些反例意味着对相关性命题，或者说对于任何命题的理解必定存在着某种偏差和误解。但实践中所存在的反例（姑且假设这些反例是可以成立的）并不能证伪相关性论题本身，而只是说规定了相关性论题，限定了相关性论题的适用范围。相关性论题本身仍然具有意义。从科学方法上讲，任何一种没有约束条件和适用范围的论题和主张，在根本的意义上都是不存在的。[1]在实践中，我们并不因为某种实例的偶尔出现，就因此彻底放弃了某种具有解释力的规则本身。正如法伊尔阿本德所言："一个理论所以可能同证据不一致，并非因为它不正确，而是因为证据是已被污染了的。"[2]据此可以说，在通常情况下水需要100摄氏度才能烧开，并不因为同样的水在喜马拉雅山脉却在100摄氏度之下就沸腾这一事实，就否定了前者作为一般规则的适用性和解释力。相反，"水需要100摄氏度才能沸腾"这一命题仍然有意义。只不过，需要强调的是，这一命题的意义需要"在通常情况下"这个限定条件。

总之，相关性论题是一个性质上的主张和判断，是一种必然的判断，对此只能给出"是"与"否"的回答；而在实践中"权利和义务经常出现分离"是一种程度上的经验性陈述，对于经验程度上的陈述，只能给出"多大程度上"是如此的回答。逻辑上，既然已经承认权利和义务之间的相关性是一种性质上的判断，那么，对理解权利和义务的这种相关性判断究竟意味着什么，就不能仅以权利和义务在实践中

---

[1] 参见［美］托马斯·库恩：《科学革命的结构》，金吾伦、胡新和译，北京大学出版社2012年版，第43页以下。

[2] ［美］保罗·法伊尔阿本德：《反对方法：无政府主义知识论纲要》，周昌忠译，上海译文出版社2007年版，第23页。

的存在形态和关联方式，来证伪或证实相关性的具体含义和主张。对于相关性论题的具体范围，只能进行概念上的分析。在这里作者的分析论证出现明显的矛盾。在作者看来，"在日常经验中，相关性主张（必然的，权利和义务具有相关性）通常被表达为下面两个耳熟能详的短语：其一，有权利就有义务，有义务就有权利；其二，不存在无权利的义务，也不存在无义务的权利"。[①]以此为依据，作者分解了相关性命题的三个子命题，即相互相关性命题、分析性相关性命题以及道德相关性命题，并因此对相关性命题进行了批评和否定，但作者所没有意识到的是其所分解的三个子命题，从科学方法上讲并非是相关性命题内容的全部，相关性命题也并非一定要采用以上三种子命题的任何一种，仍然存在着其他相关性命题的形式。

因而，这里不可避免地涉及相关性命题的第二个问题，即相关性命题的范围。究竟在何种意义上，相关性论题限定了"权利和义务存在相关性"这一主张呢？或者说，相关性论题的具体范围究竟包括哪些内容？由于传统相关性论题的主张者以及反对者并没有对此作出明确区分和界定，这就使得相关性论题最终所要支持或者反对什么都变得模糊不清。[②]

---

① 陈景辉：《权利和义务是对应的吗？》，《法制与社会发展》2014年第3期，第36页。

② 在传统理解中所谓相关性通常指的是结构上相关关系，即权利和义务两者是相互关联的，存在对立与统一的关系。权利与义务分别表征着利益与负担，一个主动，另一个被动，它们都是法这一事物中两个分离的、相反的成分和因素，是两个相互排斥的对立面。同时，权利和义务又是相互依存、相互贯通的，即不可能孤立地存在和发展，都必须以另一方的存在和发展为条件。参见张文显：《权利与人权》，法律出版社2011年版，第55-56页。由于传统相关性理解局限于法律，从法律的整体出发理解相关性命题，并没有指出一般意义上的相关性命题能否成立，也没有从相关性内部区分不同的含义，在很大程度上削弱了相关性主张的解释力和接受性。

二、相关性命题的范围

从概念分析的意义上，相关性命题的范围和内容可以有哪些呢？[①]
本书以为，相关性命题的范围可以分为半（half）相关性命题、相反
（converse）相关性命题以及完全（full）相关性命题三种。具体而言，
半相关性命题主张每种权利相关一种义务，义务并不必然相关于某种
权利；相反相关性命题主张每种义务相关于一种权利，并不是所有的
权利都相关于某种义务，因为某些权利并不存在相应的义务；完全相
关性命题，即通常意义上所说的相互相关性命题，主张每种权利相关
一种义务，同时每种义务相关一种权利。很显然，完全相关性命题是
相关性命题中最为强硬的，它的成立依赖于其他两种相关性命题的成
立。同样，完全相关性命题的失败并不意味着其他两种相关性命题的
失败。半相关性命题以及相反相关性命题其中之一仍然可能是正确的，
或两者都可能是错误的。

既然相关性命题本身是关于权利的特征以及性质的一种主张和断
言，仅由上述三种相关性命题仍然不能知道权利和义务究竟在何种意
义上是或者不是相关的，还必须深入地分析三种相关性命题的具体内
容。既然承认相关性命题是关于权利特征及其性质的一种主张和断言，
判断某种命题陈述是否属于相关性命题，就有一个基本判断标准，那
就是该种命题陈述必须具有理论含义以及实践重要性。所谓理论含义
是指采取某种相关性命题是否能够对增进权利概念的理解以及进而构
建某种权利理论具有启发或指导意义，这是由于相关性命题是关于权

[①] 有关相关性命题含义的更多分析，参见 Eugene Schlossberger, *A holistic
approach to rights*: *affirmative action*, *reproductive rights*, *censorship*, *and future
generations*, Lanham, MD: University Press of America, 2008, pp.110-111。对相
关性命题性质及其范围的理解，此处分析受益于作者的论述，尽管作者本人对权
利相关性命题也是持否定态度的。

利特征的一种陈述，出发点就不应该是事先采取某种权利定义，来支持或者反对某种或某些相关性命题。毋宁说，所采取的正确理论姿态应该是，通过深入地分析相关性论题本身来加深对权利这个事物的概念性认识。所谓相关性命题同时必须具有实践重要性，是指采取或不采取某种相关性命题，如果对于实践的进行并没有多大改变的话，那么，某种相关性命题就是无足轻重的。相反，如果坚持某种相关性命题具有重要的实践意义，特别是规范和指导实践活动的进行，那么，该种相关性命题就是应该予以坚持和捍卫的。

在这个意义上，相关性论题还可以进一步区分为本质上的（essential）相关性断言和偶然性的（accidental）相关性断言。本质上的相关性论题将相关性作为权利性质和特征的一种主张，它认为权利和义务存在相关性是权利得以区别于其他概念（特别是价值、福利、利益或者自由等）的关键所在。①任何一种权利所相关的义务构成权利之为权利的内在属性，尽管对于义务存在着理解上的分歧和界定方面的困难，但义务的存在本身是权利概念的构成性要素。在这里，权利和义务之间的关系体现为一种对称性关系，权利和义务是对方所以存在的条件。②假如一种权利没有对应的义务，它就不再是权利，而变成了特权；同样，假如一种义务没有对应的权利，它就不再是义务，而变成了奴役。特别重要的是，本质上相关性论题认为，一旦声称特定（P）拥有一项权利（R）时，某些人（Q）在某些时候（S）就因此有某种义务（D）。尽管这种义务（D）不必是具体和特定的，但有某种义务的存在却是关于权利一般性思考的关键所在。根据这种相关性论题，我们通常称为"权利"的东西，它们在法律和道德思考中的全部作用，

---

① 参见［英］戴维·罗斯：《正当与善》，菲利普·斯特拉顿－莱克编，林南译，上海译文出版社2008年版，第76-77页。

② 参见赵汀阳：《坏世界研究：作为第一哲学的政治哲学》，中国人民大学出版社2009年版，第241页。

都可以转化成以义务的形式得到分析。

相反，偶然性的相关性命题认为，相关性仅仅是权利的一种随机的、偶然的特征，而不是一种必然性的真理。这是因为在实践中，权利有时和义务相关，有时和义务不相关，而且即便在权利和义务存在相关性的意义上，权利所相关的也并非是义务，还可以是救济、责任、权力之类的事物。[①]因此，在实践中，偶然性的相关性命题虽然承认其他事物通常也可以称为"权利"，它们在法律和道德思考中同样也是不可或缺的，但它们不能够用相关性论题所称谓的"权利"形式得到分析。由于相关性命题是关于权利的特征及其性质的一项判断，因此偶然性的相关性论题就是自相矛盾的。即是说，在权利的道德和法律思考当中，有意义的相关性命题必然是本质上的，即关于权利的主张都可以也必然能够有意义地转化为相应的义务主张。权利在相应义务框架内得到定位和实现，义务则在相关权利的范围内得到理解和证成。

进一步，关于权利和义务得以理解的方式上，相关性论题还可以是不重要的（trivial）或强硬的（robust）。一方面，不重要的相关性论题允许权利相关的义务或义务相关联的权利，除了它们相关联的权利或者义务以外，并没有实质性的含义。例如，当我们说一个人对某物拥有权利时，其他的人就必须有一种显见的义务，即不得侵犯那种权利的义务。尽管这种义务没有实质性的含义，但它仍然是权利所相关联的义务。在这里，权利和义务仅仅是看待同一件事物的不同角度而

---

① See J. Quong, "Rights", In F. D'Agostino and G. Gaus (Ed.) *The Rout-ledge Companion to Social and Political Philosophy*, New York and London: Rout-ledge, 2013, pp.618–628.

已，权利和义务在概念上分不开。①

另一方面，强硬的相关性论题认为，相关的权利和义务，在重要的意义上，必须是概念上相互独立的。相关的义务或权利，不能仅凭借权利或义务的存在本身得以理解，还必须借助于其他方式增加其他一些内容。由于相关性命题是关于权利和义务之间关系的一种主张和判断，因此权利和义务这两个概念必须首先是相互独立的，有意义的相关性命题一定是强硬的。然而，对于深入地理解相关性命题的内容所增加的东西，概念分析并不能提供更多的东西。在此处，在概念分析停止的地方，其他因素就应该及时地切入到相关性命题之中，为权利和义务概念提供更为丰富的内容。

如果上述分析可以成立，那么，对于相关性命题的理解和捍卫，问题并不在于实践中的某种情形证成或证伪了相关性命题本身，而在于权利和义务概念在实践中需要借助于何种版本的相关性命题得到相互理解和界定。当然，这里的意思并不是说相关性命题是理解权利和义务概念的唯一路径，而只是说相关性为我们增进权利和义务的概念性认识，特别是理解它们在实践中的功能和作用提供了一个切入点。进一步，由于命题需要有理论含义以及实践重要性这两项判断标准，有意义的相关性命题就一定是本质上的、强硬意义上的，即在道德和法律的思考过程中，有关权利的主张通常都可以转换成某种形式的义务类型得到分析，义务同样需要在权利的框架内得以展开和理解。就此而言，对于相关性命题的正确理解和界定，需要依次回答的问题是能够蕴含权利的义务包括哪些义务类型以及权利主张所蕴含的义务的

---

① 当然，这并不表示不重要的相关性命题是没有意义的，显见的义务仍然是义务，其所对应的权利也仍然是权利。只是对于理解更为丰富和饱满的权利内容和含义，这种显见的义务并不能为我们提供更多的启示和引导。尽管如此，如下文指出，显见的义务和权利仍然为彼此理解提供了一个指示和参照，是权利概念发展的逻辑起点。

具体内容是什么。

第三节　蕴含权利的义务类型

诉诸日常经验，陈景辉将相关性命题分解为相互相关性命题、分析性相关性命题以及道德相关性命题三个子命题。在作者看来，由于道德相关性命题涉及辩护/道德的问题，并不涉及权利的概念理论，因此相关性命题的定性判断的性质决定了有意义的相关性命题一定是相互相关性命题以及分析性相关性命题，根据前者相关性的内容是不仅权利与义务相关且义务与权利也相关，根据后者，相关性的内容是有权利就有义务、有义务就有权利。在作者看来，如果我们能够证明"义务并不必然蕴含权利"以及"权利并不必然蕴含义务"这两项分别独立的主张，相关性命题就一定是错误的。让我们首先看一下陈景辉对于前者的"证明"。

义务并不必然蕴含着权利，这显然是一个没有多大争议的理论命题，或者说是一项客观的社会事实。例如，哈特认为刑法所课加的义务不是相对义务，并不能指向任何确定的第二方的义务。[①]道德哲学中慈善的义务也并不指向任何特定的人。实际上，义务可以有多种来源和依据，例如习俗礼节、伦理道德、法律制度都可以基于各种原因赋予个人许多对世义务。"在全部义务中，有一部分是与权利相对应的，另一部分则与权力相对应，与权力相对应的这部分义务并不与权利相对应，因而就是与权利分离的义务。这部分义务名副其实地是无权利

---

① See H.L.A. Hart, "Legal Rights", in his *Essays on Bentham: Jurisprudence and Political Theory*, Oxford: Clarendon Press, 1982, pp.182-186.

的义务，亦可称为有权力的义务。"①因此，义务并不必然蕴含着权利，不可能错。对这种不可能错的客观社会事实，显然不可能构成对某种命题本身的证明或者证伪。存在并不蕴含权利的义务这项社会事实并不能证伪相关性命题，而只是限定了相关性命题的范围。因此，问题就在于何种义务蕴含着权利，又蕴含着何种权利，这种"权利"又是否是所谓的真正的（genuine）权利。

一、完全义务与权利概念的多元性

通常来说，对"义务并不必然蕴含权利"这一断言，可以进行如下解释：义务虽然并不必然蕴含着权利，但有部分义务却蕴含着权利。在这个意义上，问题便是能蕴含权利的义务是些什么样的义务类型呢？事实上，以此为依据我们会发现陈景辉的论证是有问题的，即作者所诉诸的能蕴含权利的义务所蕴含的权利概念不仅与我们对权利概念的常识理解存在着冲突，而且对权利相关的义务理解存在着偏差。那么，能蕴含权利的义务是些什么义务呢，或者说权利所蕴含的义务又是什么样的？

在陈景辉看来，尽管某个主体（P）有在公共汽车上给年长者让座的义务，并不意味着年长者有"权利"（R）要求P让座；同样，虽然某个主体（P）有不得残忍地对待动物的道德义务，但动物并没有因此有"权利"要求P不得残忍地对待它们。在作者看来，这里虽然存在着这两种对世义务，但由于并不存在着能要求义务履行的特定人，因此没有权利。具体而言，虽然我们有在公共汽车上给老人Q让座的义务，但并不意味着某个特定的老人Q拥有一项权利以要求P有让座的义务，而且即便是年长者Q拥有一项要求P让座的义务，那也是来自该项

---

① 童之伟：《对权利与义务关系的不同看法》，《法商研究》1998年第6期，第26页。

义务之外有其他原因的加入所促成，例如某个18岁的P正坐在年长者专座上。①同时，这项针对特定人的义务与在公共汽车上给老人Q让座的义务是两种不同的权利类型，后者保持对世义务的性质，指向不特定大多数人。就我们有不得残忍地对待动物义务而言，动物并没有权利要求我们不得残忍地对待它们，而且即便是有权利要求的话，在根本的意义上那也是动物的主人有相应的要求，但动物的主人也并不是权利的所有人，就好像监护人并不认为自己是权利人一样，他的全部行为都在于保护被监护人的权利。

陈景辉对对世义务与权利要求的这一分析意味着什么呢？很显然，这意味着能蕴含权利的义务必须是直接义务，同时义务所蕴含的权利必须是特定的，能够为某个特定具体的人要求和主张。换言之，如果某种权利所对应的义务是不具体的，那么这种权利就不是真正的权利，也就不存在所谓的相关性。之所以如此，是因为：

> 最常被使用的权利（right）概念其实就是所谓的主张（claim），即要求他人履行特定的作为义务或者不作为义务，因此作为主张的权利一定会与特定的作为义务或不作为义务之间形成对应关系。仅此而言，我们必须承认权利和义务存在对应关系，即有（作为主张的）权利即有义务。也是在这个意义上，人们通常将"主张"叫作真正的权利（real right），并且将于主张对应的义务叫作直接义务（directed

---

① 如果真是这样的话，促成对世义务转化成作者所谓的直接义务的额外因素就不是P正坐在年长者专座上这一事实，在本书看来这种情形显然是侵犯了年长者的权利，而是年长者上公共汽车的这一事实，同时车上又没有其他的空座以及P正好处在离老人最近的座位等因素的加入所促成的。当然，如下面的分析所表明，这里牵涉到对于这种与他人相关的对世义务性质的理解。

duty）。①

即是说，除非权利持有者能确定义务承担者是谁，否则拥有权利的主张就是废话。如果不能具体确定要求定位于何处，为谁放弃要求，或可以对谁施加要求，就不能要求任何东西。

在这个意义上，权利必须是可主张的。因而，权利断言就表现为以下两种等值的逻辑形式，即如果A有做φ的权利，那么，这意味着A有关于B做φ的权利。一旦缺乏B这个相对的特定义务人，在日常权利断言中，权利人也就无法提出特定主张。权利必须是霍菲尔德意义上的主张权（claim-right）。否则的话，在逻辑上，作为主张的权利与作为特权的权利、作为权力的权利以及作为豁免的权利，就无法进行有效区分。②然而，将权利和义务之间的相关性限定在霍菲尔德意义上的主张权（claim-right）要想成立，在根本意义上却有一个重要的预设前提，那就是在日常实践中，为了支持某种权利所采用的权利断言只能采取上述两种形式之一，特别是"A有关于B做φ的权利"这种断言形式。问题在于，这一预设是正确的吗？在权利话语的日常实践中，这种权利断言形式是否穷尽了权利概念在实践中发挥作用的方式和层次？在提出这个问题的时候，可以发现理论学者在形成自己结论时多么严

① 陈景辉：《权利和义务是对应的吗？》，《法制与社会发展》2014年第4期，第42页。

② 参见陈景辉：《权利和义务是对应的吗？》，《法制与社会发展》2014年第3期。

重依赖讨论问题所预先设定的某种背景模式。①在定义某种语词时，米尔斯强调应该区分讨论这种语词的两种方式：一是当考虑语词能够代表什么时，我们涉及的是它的语义学的一面；二是当在它与其他词的关系中考虑它时，我们涉及的是它的句法学的一面。米尔斯强调，抽象的宏大理论迷恋于句法意义，却对语义的关联性缺乏想象力：

> 它的实践者们并不真正理解：当我们定义一个词语时，我们只是欢迎其他人以我们所喜欢的它被运用的方式来运用它；定义的目的是让争论能集中于事实上，好的定义的应有结果是把对学术的争论转变为对事实的不同看法，从而掀起进一步研究所需的争论。②

于此而言，对权利概念及分类体系的任何一种构造，应该努力系统地，也就是用清楚而有序的方式定义手中的问题，并指引我们解决这些问题。

实际上，大多数学者在分析权利和义务的关系时，都自觉或不自觉地套用特定 A 享有权利，与之相对应的 B 则承担义务这种关系模式

---

① 在通常意义上，"权利"指称的是一些要求，它们呼唤着可实现的权利，尤其是呼唤着还没有被认可的权利。然而，在此应该区别开较弱意义上权利和较强意义上的权利。较弱意义上的权利只是要求对一个美好的事物进行未来的保护，而较强意义上的权利则是对这一事物的实际保护，可以通过诉诸法院而获得它。正如博比奥所强调，"权利"是一个道义概念但也是一个法律规范术语，是处理各种行为规范的语言的一部分。不管是在强的还是弱的意义上，一项权利的存在总是暗示着一个规范体系的存在。此处"存在"既可以被阐释为"历史权利或当前权利的纯粹外部现实性"，也可以被阐释为"对作为个人行为指导的一套规范的认可"。参见［意］诺伯托·博比奥：《权利的时代》，沙志利译，西北大学出版社2016年版，第74页。

② ［美］C. 赖特·米尔斯：《社会学的想象力》，陈强、张永强译，生活·读书·新知三联书店2016年版，第38页。

作为支持或反对相关性论题的背景模式。然而，在权利话语的实践中，这种模式也只是权利义务关系的一种特定形式，而不是权利义务关系的全部内容。在宽泛的意义上，通常权利话语至少存在着以下四种不同的权利概念，[①]它们都可以被有意义地称为权利。

首先，权利的概念可以是一种权利的否定概念（the negative concept of a right），尤其是涉及传统意义上的生命权和自由权，即一种洛克式的公民权利。根据权利的否定概念，我们拥有对于X的否定权利，即是说我们拥有或者做X并非是错误的，同时其他人有不得干预的义务。在逻辑上，可以说所有权利都有这种否定特征。权利的否定概念体现了权利的绝对性特质，使得权利能够自成一类。说存在着一种权利，如果其他人能够轻易地侵犯，即便能够得到事后的救济，这没有概念上的意义。从权利发生学的角度，一个将所有权利都看作是有这种否定特征的社会，可以说已经初步掌握了权利概念，尽管没有理解权利其他丰富和饱满的概念。

其次，权利的概念还可以表现为现代意义上的权利的积极概念（the positive concept of a right），即享有以某种方式行动的道德权力，类似于自然法下的自然权利。[②]依据权利的这种积极概念，所谓拥有一种权利就是拥有一种以某种方式行为的道德权威或道德资格。这种积极的权利概念通常解释为对他人的一种正当的要求。我们解释和正当化对他人的要求，是以拥有一种权利，即拥有一种以某种方式行为的积极道德资格，是这种资格使得我们的要求免于干涉的自由。可以说，自启蒙运动以来，以自然法为依据所产生的权利便是这种类型的权利，如寻求真理的权利、保存自身的权利。权利的这种积极概念是以自由

① 参见［美］加里·R.赫伯特：《权利哲学史》，黄涛、王涛译，华东师范大学出版社2020年版，第431-434页。

② See H. J. McCloskey, "Rights", 15 *Philosophical Quarterly* 115, 120-127 (1965).

与平等的自治道德主体为承诺，权利使得个人的一种道德自治生活成为可能。权利的积极概念允诺了一种正当的有意义的个人生活方式。

再次，除了权利的否定和积极概念，权利还可以呈现为权利的福利概念（the welfare concept of a right）。权利的这种福利概念更为积极、丰满和详尽。权利的这种福利概念不仅是一种做某事或者拥有某物的道德资格，而且还是其他人努力的资格，或要求其他人帮助以及提升我们追寻或享有某种善的道德资格。在这里，确保某种善享有的切实提升进入到权利的概念之中。尊重这种意义上的权利，不仅意味着消除对于享有某种善的人为障碍，还包括自然的阻碍。有关福利立法的论辩，通常诉诸的就是权利的这种概念。"大多数福利权的问题在于，它们被认为是对某物的资格，例如带薪假，但是这种权利仅仅对于下述这些人才有意义，即那些生活在人们可以成为带薪雇员的共同体中的人。"①确实，如果权利的这种概念被否定具有重要性的话，那么，当代关于权利的很多争议都变得没有意义。在现代意义上的风险社会当中，权利的福利概念使得一种有尊严的并且具有实质意义上的可行能力的生活成为可能。

最后，权利概念还可以呈现为特殊权利（special rights）。所谓特殊权利，也就是通常所理解的是一种针对某人的权利（rights against P）。在实践中，这种特殊权利的形成和实现，通常起源于某种自愿合意的私人关系而产生的对某个特定义务人的主张。实际上，大部分学者支持或反对相关性论题所诉诸的权利和义务关系都是以这种特殊权利为背景模式。可以说，特殊权利在所有的权利种类中是最为确定和具体的，虽然存在权利侵犯和具体实现的问题，但作为一般意义上的理论问题通常并不存在。由此来支持或者反对相关性命题显然没有实

---

① ［美］加里·R.赫伯特：《权利哲学史》，黄涛、王涛译，华东师范大学出版社2020年版，第433页。

践的重要性，这是由于特殊权利的形成和实现取决于特定主体之间的自愿和合意。存在或者不存在当事人之间的合意，对于当事人之外的其他主体和社会关系并不发生实践方面的改变。另一方面，依据定义，特殊权利的效力范围仅局限于特定的主体之间，因而特殊权利虽然存在着确定的相关性，但这种相关性对于增加权利概念的理解方面并没有帮助。

由此可见，权利的否定概念、积极概念、福利概念与特殊概念，都可以构成维特根斯坦意义的"权利家族"或者"权利类型"。[1]由于权利存在着不同程度的一般性，没有理由否认与之相对应义务不存在具体、特定程度的差别。在义务和权利相关的意义上，以上四种权利概念都是权利。主张权利必须存在相应义务并不意味着无论权利要求什么，在逻辑上必须有充分义务来满足它，义务供应存在缺陷并不影响权利的存在本身。换言之，在逻辑上，权利和义务是也不可能是等值的。

二、非完全义务蕴含权利的情形

对于以上论证，可能仍然存在一种观点反驳说：我们并不是否认在权利实践中，权利话语可能存在多种方式和层次，与之相对应存在不同种类义务，相反，我们反对的是权利要想有意义，是真正的权利，而不是空洞的修辞，必须将存在相应特定义务的可主张性作为权利的界定性特征。依据这种观点，能蕴含权利的义务仍然是直接（directed）义务、完全（perfect）义务，[2]指向特定义务承担者和权利享有者，权

---

① 参见［英］维特根斯坦：《哲学研究》，陈嘉映译，上海人民出版社2001年版，第80页以下。

② 直接义务或者说完全义务，并不存在根本意义上的区别，它们都是关于义务的指向性问题，此处将不加区别地予以使用。

利必须具有可行性。①对这一反驳，应如何予以回应呢？

对此，如果我们能够论证通常完全义务所蕴含的权利相关的义务类型不仅仅是完全义务，也存在不完全义务的问题，而且非完全义务也存在着得以变成完全义务的可能性，那么就可以进一步削弱仅完全义务能蕴含权利这一论证。不过，在回答这个问题之前，让我们首先对完全义务以及不完全义务的含义做出初步的解释和说明。

在哲学上，完全义务与不完全义务之间的区分由于密尔、康德等哲学家的使用而变得众所周知。②然而，究竟以何种标准来区分它们以及这种区分意味着什么则远非没有争议，但我们可以通过这两个范畴的日常使用概括出它们各自的一些可辨识的特征。一般认为，完全义务具有以下两个明显的特征，即存在具体的履行以及可识别的接受者。例如，不得伤害他人的义务以及遵守承诺的义务可以被认为是两种典型的完全义务。不得伤害的义务指明了义务的承担者所履行的具体行为，即不得伤害他人，义务的接受者则是义务承担者之外的所有人。

不同于完全义务，不完全义务则复杂得多，包含着诸种类型的不完全义务，例如自我完善的义务、爱的义务、仁慈的义务、对他人的尊敬的义务等。然而，没有争议的是与权利有意义的主要是一些与他人相关的不完全义务。这里将主要关注于以帮助他人特别是有迫切需要人的这种不完全义务的可辨识性特征。应该注意的是，这种意义上的不完全义务作为一种道德范畴，特别是有道德约束力的范畴，并不意味着没有义务，也并不意味着像圣人或者英雄般的超越职责之外的行为，不完全义务所缺少的只是完全义务的那种确定以及具体。可以

---

① 参见［英］奥诺拉·奥尼尔：《迈向正义与美德：实践推理的建构性解释》，应奇等译，东方出版社2009年版，第138页以下。当然，权利的可行性概念本身有着重要的哲学基础，但能否将其作为权利概念的典型，则并非没有争议。对权利可行性概念的批判性探讨是本书第五章的主题，在此不表。

② 参见［德］康德：《纯然理性界限内的宗教道德形而上学》，李秋零主编：《康德著作全集》（第6卷），中国人民大学出版社2007年版，第249-251页。

借助"纬度"来理解不完全义务的一般结构。[①]与完全义务相反，如果一种义务在以下三个维度上缺少其中之一就可以称为不完全义务：（1）不确定的行为，即是说究竟应该何种行为最终被履行，不完全义务给承担者留下了一定的余地，例如救助一个正在溺水者的不完全义务，它并不一定要求你下水，你也可以选择扔给他一个游泳圈。（2）不完全义务的义务履行的场合和时机是不确定的，这一点不能被理解为没有义务，例如如果我从来没有给需要的人以帮助，那么我肯定违反了这种不完全义务。（3）不完全义务不存在确定的接受者，因为可能存在着许多需要帮助的人，在某种条件或某种关系没有确定的情况下，我们不清楚究竟谁是不完全义务的接受者。

进一步，虽然原则上可以区分完全义务与不完全义务，但这两者之间的界限是模糊的，更存在着相互转化的可能性。一方面，依据定义，虽然完全义务必然产生于某种关系之中，但当我们一旦进入更复杂的人类关系、社会制度及其实践中时，将其纳入视野之中，究竟是何种人类关系产生了某种完全义务，或者说某种完全义务究竟以何种人类关系为条件或者背景，答案就变得含混起来。完全义务就又成了某种意义上的不完全义务。在我们当代世界，社会制度及其实践、人类联合互动关系都是异常复杂和多元的，这就决定了某种程度上我们无法避免和决定我们的行为所能够产生影响的深度以及方式，这也就造成我们很难将侵犯某种普遍自由权利的某种行为确切地归结到某个特定的行为人。而且，即便是能够归结到某种特定的行为主体，也有可能这个行为主体过于庞大，例如整个西方国家，从而使问题变得没有意义。

另一方面，不完全义务存在着诸种转化成完全义务的可能性，完

---

① See George Rainbolt, "Perfect and imperfect obligations", 98 *Philosophical Studies* 233 （2000）.

全义务也必然是以某些不完全的义务作为背景模式。例如，不得伤害他人的义务以及遵守承诺的义务可以被认为是两种典型的相关义务。不得伤害的义务指明了义务的承担者所履行的具体行为，即不得伤害他人，义务的接受者则是义务承担者之外的所有人。然而，这种不得伤害之类的普遍相关义务之所以可能，实则需要某种深层次的信任、互惠的人类关系作为背景和支撑。遵守承诺的这种特殊相关义务的内容则具体界定了如何、向谁、什么时候这种义务应该被履行。当某种特殊的关系得以产生和存在的时候，某种特殊的相关义务才得以产生，存在的这种关系约束着相应的主体。相关义务的关键特质就在于以某种关系的存在为条件或者背景，确立某种关系我们就可以确定何种行为以及谁是接受人。

在完全义务以及不完全义务做出如此界定之后，可以发现蕴含完全义务的所谓普遍自由权也面临着义务的不完全性问题，非义务也可能蕴含某些权利类型。例如瓦尔德龙就认为，一旦涉及权利保护，每一种权利最好不应该被看作是相关于一种特定义务，而应该看作是产生一系列的义务束。这些义务有些是疏忽义务，有些是委任义务，还有一些义务太复杂以致不能归类于以上两种义务类型之中。[①]例如，免遭酷刑的权利可以产生任何人不得屈打的义务，也可以产生调查酷刑申诉的义务，还可以产生涉及有关监督机构的义务，等等。同时，由于将可主张性作为真正权利的必要存在条件，权利可主张性的切实可行就不是仅仅由某种关系所生发的某一完全义务所能够单独保证的，毋宁是诸种关系所合力形成的义务束保证权利的可主张性。"如果不同权利持有者的空间耗尽了所有可以利用的领土范围，那就不会有不完

---

① See Jeremy Waldron, *Liberal Rights*, Cambridge: Cambridge University Press, 1993, pp.25–28.

全的义务。"①因而，没有理由认为某种单独关系中的完全义务就一定能够达到切实履行，总是有义务没有得到履行的可能。在实践中普遍的自由权也会存在义务的不完全性的问题，或者说权利所相关的诸种义务不能够得到完全清楚的列举和说明，虽然存在着某些确定性的完全义务是没有疑问的。只不过，这里应该强调的是，权利所相关的义务的不完全性，并不是权利本身的缺点，反而是权利得以保有生命力的关键所在，相关于不完全义务的普遍福利权利构成了"永恒的权利可能，权利生长的自然之种"。②

对于这一论证，反对者仍然可能会做出以下回应：当然，在实践中，任何权利都可能会有义务的不完全性问题，但问题不在于此，而在于是否有某种使不完全义务得以确定的协调性的制度机构的存在，这种制度机构具体分配指定了义务的履行方式、对象以及时机。对此，奥尼尔指出，通常所谓的普遍福利权与普遍自由权存在着不对称性，特别是普遍福利权需要制度结构来执行，除非把行动者指派给接受者的体制建立起来，否则就不可以要求或放弃所谓的福利权。

> 不关注使制度制度化和确立制度的必要——这些制度可以确定相应的职责承担者——反而声称普遍的物品权或服务权，这似乎是对贫困者的痛苦嘲讽，因为在他们看来，这些权利很重要。当人权的拥护者宣称普遍的食物权、工作权或福利权时，仍然不能说明谁拥有相应的职责，或把权利或救济的主张落到何处，他们的做法后果难以预料。③

---

① ［英］奥诺拉·奥尼尔：《理性的建构：康德实践哲学探究》，林晖、吴树博译，复旦大学出版社2013年版，第250页。

② Joel Feinberg, Rights, *Justice, and the Bounds of Liberty*, Princeton, NJ: Princeton University Press, 1980, p.153.

③ ［英］奥诺拉·奥尼尔：《迈向正义与美德：实践推理的建构性解释》，应奇等译，东方出版社2009年版，第138页。

针对这一回应，如果可以进一步论证这种协调性的制度机构的存在并不是不完全义务得以变成完全义务的必要条件，即是说还存在着不完全义务的其他途径，那么权利的可行性概念就是应该予以舍弃的，或者至少是应该予以修正的。

实际上，针对奥尼尔所主张的普遍福利权利，例如全球范围内的免于极端贫困的权利，必须有某种协调性的制度结构的存在，有学者认为某种义务是不完全的以及没有协调义务履行的制度机构的存在本身都不是使得某种权利成为可主张的障碍。因为可以追问为什么我们不允许权利的所有人从没有采取合理的措施履行他不完全义务的人那里要求获得帮助。既然不完全义务并非没有义务，如果不完全义务人总是没有采取合理措施，而又没有相关的人可以对此提出某种主张的话，那么这就会使不完全义务变成没有义务。[1]因此，当不完全义务承担者在某种特定的时间内没有采取合理的措施以致力于帮助某些权利享有者，如果我们允许权利所有者能够选择某个义务承担者，某种特定的关系得以产生。在这里，所缺失的不是某种协调性制度结构的存在，而只是政治意志。以庇护权为例，虽然目前并不存在系统性的全球机制来分配责任以履行庇护的义务。但在全球层面，缺乏系统的中介机构也并不意味着不能形成特殊的关系。例如，当某一寻求庇护的人进入到能够提供保护的特定国家的管辖区域时，某种特殊关系就可以说已经产生。事实上，当一个人当前到一个特定的国家寻求庇护，他或她通常就可以说在"主张庇护"。在这种情形下，与庇护权相关的

---

[1] See Zofia Stemplowska, "On the Real World Duties Imposed on us by Human Rights", 40 *Journal of Social Philosophy* 466, 487（2009）.

不完全义务就得以确定。①当然，在实践中，某种具体情形是否成就一种显见的关系类型，进而可以将不完全义务得以完全化，并不总是非常清楚、没有争议的。②例如，当寻求庇护的人进入到某个特定国家时，我们会说某种关系得以产生，然而不清楚的是，这里的"进入"应该如何理解，何时算进入到一个国家、有没有时间的限制、有没有同时进入到两个以上国家的可能等，这些因素在实践中都远非没有争议。

由此可见，就权利能够相关于某种义务而言，完全义务以及涉及他人的不完全义务就并非两种义务类型。在实践中不仅通常所谓的福利权会面对义务的不完全性，普遍的自由权也会面临着义务的不完全性的问题，实践中的权利所相关义务的这种不完全性是权利存在的常态，而不是例外。虽然权利相关义务的不完全性是实践中常见的存在形态，但并不意味着这种义务不存在完全的可能性。实践中存在着诸种不完全义务得以转变成完全义务的方式以及情势，而不仅仅协调性制度机构的存在这一种途径。当实践中的某种情势使某种关系得以形成，进而在这种关系之中，权利得到指定，义务得到分配。

始终应该记住的是，不完全义务不等于没有义务。如果一种不完全义务从来没有履行的可能，或者这种义务从来没有履行过，那么这

---

① See Jaakko Kuosmanen, "Perfecting Imperfect Duties: The Institutionalisation of a Universal Right to Asylum", 21 *The Journal of Political Philosophy* 24, 43 (2013).

② 参见陈景辉：《实践权威能够创造义务吗?》，《法制与社会发展》2019年4期。

种义务就不是不完全义务，而是没有义务。[①]因此，虽然义务并不蕴含权利这一命题是可以成立的，但诉诸公共汽车上给年长者让座的义务、不得残忍地对待动物的道德义务来论证这一命题，进而主张将相关性论题仅限定在霍菲尔德意义上的主张权，实则是失败的。因为公共汽车上给年长者让座之类的义务并非是对世义务，实则是能够予以转化成完全义务的不完全义务。具体而言，在此情景中，是特定的老人Q上车这一事实、车上没有空余的座位以及特定的P离老人Q最近等因素，共同促成了某种关系的形成，不完全义务变成了完全特定的义务。在上述情形下，如果我们从来没有在公共汽车上给老人让过座，那么，这种义务就不是不完全义务，而是没有义务。

总之，能蕴含权利的义务不一定是完全义务，不完全义务特别是涉及他人的不完全义务同样可以蕴含一些权利。在实践中，蕴含权利的以上两种义务，并不存在着本质上的区别，只是义务的具体程度存在着不同。它们是一种，都是积极义务，即需要积极地去做或不去做某种行为，而不仅是不得干预以及不得侵犯的这种纯粹消极义务。

---

① 在《路加福音》中，拿撒勒的耶稣就与一个律法师关于我们对谁负有义务这一问题进行辩论，讲述了一个好心的撒玛利亚人的故事。故事是这样的：一个受伤的以色列人躺在路边，之前祭司和利未人不仅拒绝施以援助，反而走到街道的另一边，最后是好心的撒玛利亚人给予他帮助。为了理解耶稣所要表达的观点，我们需要记住的是，撒玛利亚人不仅住得较远，而且也为以色列人所鄙视和厌恶。实际上，撒玛利亚人与受伤的以色列人之间的权利和义务关系是通过这个事件本身联系起来的：撒玛利亚人发现了伤者，看到他需要帮助就提供了帮助，然后与这个伤者建立了关系。这位撒玛利亚人究竟是受到了慈善心理、"正义感"，还是某种更深层的"平等待人的公平感"的驱使，这并不重要。重要的是，一旦他发现自己处于这种情形之下，他就位于一个新的"邻里"关系中。

第四节　作为义务来源的权利

当然，逻辑上承认不完全义务可以蕴含着权利，实践中仍然存在问题是如果权利所对应的这种义务，即如果特定的P就是不履行义务，坚持不让座，特定的老人Q该怎么办？这里，就涉及反对相关性命题的第二种理由，即"权利并不必然蕴含义务"。对此，必须追问权利所蕴含的义务是些什么义务。

由于已经论证，完全义务以及涉及他人的不完全义务可以蕴含权利，如果说这两类积极义务能蕴含着相应权利，是否因此可以说权利相关的义务一定是积极义务？关于权利的常识性观念告诉我们，对此回答显然是否定的。因为权利，特别是一些消极权利，它们要想有意义，就必须包含着权利人之外的所有人有一种不得干涉、不得侵犯其权利的对世义务。对此，应该没有多大争议。但，所存在的是对于这种对世义务的解释和理解。①在这里，对不得侵犯他人，进而不得侵犯他人权利这种对世义务，一种可取解释是我们拥有不得侵犯的权利。不得侵犯权利和不得侵犯他人义务是一回事，两者分不开。这当然是一种同义反复，是套套逻辑。但重要的是，套套逻辑为分析和理解事

---

① 对于不得干涉、不得侵犯其权利的对世义务，陈景辉认为权利相关的这种义务不应该从权利的角度理解，而应该从社会合作的角度理解。参见陈景辉：《权利和义务是对应的吗?》，《法制与社会发展》2014年第3期。问题在于，以社会合作来解释对世义务不在于它说不通，而在于它总是说得通，不存在错误的可能。在这里，问题就来了。一个能解释所有社会现象的理论根本不是理论，也不是解释，而仅仅在陈述一种客观事实，更没有解释赋予这些对世义务价值的究竟是什么。

物提供了一个角度。①在这里，是权利给予他人不得侵犯义务予以价值和意义。

事实上，我们之所以愿意或能承担对于我们要求更多的积极义务，在其中有一个逻辑上优先的问题，即只有在理解和履行不侵犯他人、尊重他人的权利（义务）基础之上，才能选择承担更多积极义务。是这种消极义务/权利给予了积极义务/权利予以依据和正当性证明。在这个意义上，权利是对义务的一种证成，权利和义务的相关关系是证成关系。权利是义务的来源。当然，从哲学上看，什么构成权利基础和理由的真正辩护，在此必须接受我们拥有不同的、相互竞争的概念和观念。然而，辩护的这种最终不确定性不应该成为放弃可辩护的要求提供论据。相反，现代意义上的权利观念是基于以下这个假定，即对权利承载者来说，对自由的任何限制需要被辩护，任何义务也必须被辩护。在德国著名权利学者格奥尔格·罗曼看来，现代权利观念根植于对每个人自我规定能力的文化上的称赞，这是第二次世界大战以来人类尊严概念的重要构成性特征。权利的规范性要求和与之相伴随的义务必须诉诸"人的尊严"这个前法律或者前宪法概念而辩护。②

这里应该强调的是，与创造权利的义务所形成的权利和义务相关关系所不同，作为义务来源的权利所形成的这种权利和义务关系是证成的。权利和义务的这两种相关关系是不同的，证成性的关系不能包

---

① 关于套套逻辑的含义及其意义，参见张五常：《科学说需求》，中信出版社2010年版，第50-69页。

② 格奥尔格·罗曼强调，"人的尊严"必须给理解和规定为法律、政治和道德三个维度，"作为一个法律概念，人尊严允许每个人相同的自尊和自我尊重，这是因为所有人拥有平等的法律地位。作为一个政治术语，它代表着每个人的要求，即不仅要作为人权的持有人，也要作为权利的制定者而行动。作为一个道德观念，人的尊严代表了普遍的考虑，即在他的慎思的自我决定的，身体的和精神的生活中是可行的"。［德］格奥尔格·罗曼：《论人权》，李宏昀、周爱民译，上海人民出版社2018年版，第100页。

含前者。对于权利的理解，证成性相关关系有着自己独特的贡献。即是说，要想成为权利，它们的客体必须是某种善，满足某种特定的人类利益，这在逻辑顺序上优先并区别于义务人对于它们的具体执行。对权利的思考首先需要对权利内涵或促进的某种善做出道德判断，"每个人在道德上都应该将他人的善视作自己的善，除非当他出于不偏不倚的观点做出判断，认为他人的善更小、更不确知或是更不易获得"。①在根本的意义上，这种权利概念界定的思考方式，不同于狭义的相关性论题所限定的作为主张的权利。权利在实践中所特有的属性在于，权利的存在本身足以使人们必须承担某种义务这一事实表达出来。因而，关于权利及其义务的说明是为了厘清权利在实践中的作用和功能，而不是为了使这些理论变成无用的废话。权利构成义务的基础，是义务的理由，强加一项义务是为了满足某种重要的利益或者自由。如威尔曼指出："权利的基础就是其存在的理由。"②法定权利基于权威性法律渊源和其适用的事实，而道德权利则基于某种特殊的道德理由和其适用的事实。

在这里，权利在逻辑上优先于义务，为了理解权利对以权利为来源的义务的优先性，需要注意以下三点。首先，人们可能知道某种权利的存在以及这种权利所以存在的理由，但却仍然不知道究竟是谁受到以这种权利为基础的义务的限制，或不知道这样义务是什么。例如，一个人可能知道每个孩子都有受教育的权利，但他对于是父母首先应该承担起义务，还是国家或社会承担义务并不十分清楚，这是因为关于义务的问题涉及一系列的责任原则。在某种意义上，这种不知晓表明那个人有关享受教育权利的确切内容的知识是不完整的，但这仅意

①　［澳］彼得·辛格：《行最大的善：实效利他主义改变我们的生活》，陈玮、姜雪竹译，生活·读书·新知三联书店2019年版，第97-98页。

②　［美］卡尔·威尔曼：《真正的权利》，刘振宇等译，商务印书馆2015年版，第10页。

味着他/她不知道受教育权利的全部含义，并不意味着他/她不理解每个孩子都有权利接受这一陈述。

其次，一种权利的含义，如接受教育的权利以及以这种权利为基础的义务，取决于其他附加前提，而这些通常不可能全部都是事先决定的。如森所强调的那样，

> 关于各种不同人权的权重关系如何，其各自要素之间如何协调统一，以及如何将人权主张与也应引起我们道德关注的其他主张结合起来，也存在争议。即使接受了一揽子人权，这仍然会为进一步的讨论和辩论留下空间，事实上那正是这一问题的本质。①

正因为这一点，权利才被认为具有某种动态特征，不仅是现有义务的基础，而且随着环境的改变，权利也能产生以原有权利为基础的新义务。权利这一有生命力方面，即它们创造新义务的能力，是在实践思想中理解它们的本质和功能的基础。令人遗憾的是，大多数相关性论题的反对者甚至是支持者的表述，都忽略了权利的这一有生命力的方面。它们都假定，权利定义及其内容可以通过那些已经确定的义务得到毫无遗漏的陈述。

最后，权利对义务的规范性作用无法进行普遍性怀疑，权利能够对行为产生影响，即起到引领行为的作用，因为权利作为一种真正的实际理由，是一种"规范的导向性知识"。②依据哲学界的共识性观点，理论理由涉及信念，实际理由涉及行为，只要理性不局限于认识观，

---

① ［印］阿马蒂亚·森：《正义的理念》，王磊、李航译，中国人民大学出版社2012年版，第357页。

② 参见［德］尤利安·尼达-鲁莫林：《哲学与生活形式》，沈国琴、王鸳嘉译，商务印书馆2019年版，第177页。

并且实际理由被视为非理性愿望的结果，实际理由就能够被赋予一种以行为为导向的力量。一种生活行为不仅表达了描述性信念，也表达了规范性信念。行为位于这两个领域的衔接处，即体现在一种决策论的语言中。一种构成生活形式的行为链体现了两种评估函数：一是人们把评估函数当作主观概率的主观意谓的表征，并把这一表征表述为认识的价值函数；二是人们把评估函数当作意动的价值函数主观价值观的表征。①由于我们用行为表达信念，因而一种普遍怀疑不可能是务实的。可以说，个体的意动观和认识观的组合产生具体的行为，合理的决策论则提供了一种概念框架，在其中可以使权利所表征和相关的理性行为描述为使期望值最大化的行为。在这种生活世界中，权利作为一种规范的导向性知识受到一种特别的理性审视，即它们是否适合于如此引领行为，从而使行为顺应一种理性的生活形式。

第五节　小结

权利和义务之间的相关性论题是一种性质上的断言。实践中，存在着诸多不蕴含权利的义务，义务也有其他的根据和来源。这些情形的存在本身并不能证伪相关性论题，而仅限定了相关性论题的范围。从概念层面，坚持权利和义务存在相关性，然后，权利在其中获得位置，这点却很重要。因为通过相关性论题将权利和义务捆绑在一起，在实践中有一个好处，那就是不再仅仅关心权利在形式上的拥有，重要的是权利得到真切的实现。由于权利总是意味着某种有价值的事物，在义务存在的地方，而不是假定在这里不存在任何义务，权利如何实

---

① 参见［德］尤利安·尼达-鲁莫林：《哲学与生活形式》，沈国琴、王鸳嘉译，商务印书馆2019年版，第184—185页。

现就成为理论关注的焦点。

　　特别是，如果在实践中权利和义务经常相互关联，那么，就有理由在理论上将权利和义务捆绑在一起。因为在边际情形，坚持权利的相关性命题存有一种绝对不可予以忽视的制度收益。所谓边际情形是指如果权利和义务相互关联的定性判断，存在着模棱两可的不确定性，既可以说存在相关性，也可以否定相关性，这时最好坚持权利和义务存在相关性。换言之，如果一个人真诚地相信权利和义务之间存在着相关性，但在某种情况下，他/她并不确定这种相关性是否存在。这时，如果某个人对他/她说存在着相关性，那么在权利构成一种生活方式的意义上，在他/她的生活方式部分由他/她所面对的特定人所形塑的范围内，他/她就倾向于履行义务，以保障某个人的权利得到实现。

第二章 权利与权力关系前提的法哲学批判：对权利个人主义的一种祛魅

在实践中构想权利，也许最为重要的就是要认识到权利话语本身兴起于政治秩序特征发生了根本转变之时，国家存在的目的并不仅仅在于实现相对有限的集体目标，即一种亚里士多德意义上的将政治社会理解为基于个人概念的有序组织体，而是也要保障与保护公民的基本权利。在权利话语发生的地方，对权利与权力之间关系的反思构成理解权利丰富涵义最为重要的切入点。因为权利话语在本质上是政治话语的形式，"权利话语的力量来源于经政治同意建立的复杂而不确定的过程之中"。①本章便是对权利和权力关系的理论前提的法哲学批判。

第一节 问题的提出

现代权利话语肇始于启蒙时期的自然权利学说。如施特劳斯指出："自然权利观念的出现，是以权威受到质疑为前提。"②如果政府权力及其权威本身未受到质疑，或者只要某些关于何种存在物的一般性陈述

---

① ［英］马丁·洛克林：《剑与天平：法律与政治关系的省察》，高秦伟译，北京大学出版社2011年版，第234页。
② ［美］列奥·施特劳斯：《自然权利与历史》，彭刚译，生活·读书·新知三联书店2016年版，第85页。

仍然为人们所信赖，初始事物和正确方式就不会成为询问的对象，成为哲学追问的主题，自然权利观念也就不会被发现。尽管存在着边沁对自然权利的激烈批评，但到了20世纪后半叶，不断增长的"权利话语"使现代政治及其运作过程发生了重大变化。①除了权利主张的政治本质特征，其中特别值得注意的是，表达政治主张的语言类型已经发生了重大变化。一方面，自由转变成了权利、特许变成了应有的权利、政府权力转变成了义务以及进一步伴随着复杂的权利主张所保障的范围急剧扩张，确认和保证这些权利并使其制度化变成了法律问题。②另一方面，各种版本的"权利宣言"，不仅仅试图为政府组织设立特定的原则，它们更试图在国家和个人之间划定界限。③依据这些"权利宣言"，个人并不是通过政府的同意才成为权利的所有者，而是依据其自身的自然天性拥有不可分离和不可取消的权利。④可以说，权利话语所持续产生的这些现象，很大程度上由个人权利与政府权力之间关系的某种理解所决定的。

这种理解便是由西方启蒙运动以降占主导地位的自由主义传统所孕育的权利个人主义图景。在整个18和19世纪，有关权利的讨论都笼罩在启蒙运动的自由主义与自然法学说之下。"事实上，说权利的观念形成了西方自由主义的核心并不过分。"⑤从在当前占主导地位的自由

---

① See N. E. Simmonds, "The Puzzle of Rights", 65 *The American Journal of Jurisprudence* 181, 201 (2020).

② 参见［英］马丁·洛克林：《剑与天平：法律与政治关系的省察》，高秦伟译，北京大学出版社2011年版，第222-227页；李季璇：《从权利到权力：洛克自然法思想研究》，江苏人民出版社2017年版，第125-134页。

③ 参见李海平：《论基本权利私人间效力的范式转型》，《中国法学》2022年第2期。

④ 参见［德］格奥尔格·耶里内克：《〈人权与公民权利宣言〉：现代宪法史论》，李锦辉译，商务印书馆2012年版，第21页。

⑤ ［美］史蒂芬·B. 史密斯：《黑格尔的自由主义批判：语境中的权利》，杨陈译，华东师范大学出版社2020年版，第126页。

主义者看来，政府权力天生易被滥用且具有侵害性，为了维护个人所珍视的自由、尊严和自治地位，必须树立个人权利以某种独特的规范地位，防止政府权力对个人权利的不正当侵害。由于权利的这种构想方式是以享有自由、尊严和自治地位的个人为证成依据，可以将之称为权利的个人主义图景。权利的个人主义图景所允诺权利的这种规范地位，可以体现于罗尔斯意义上的"权利优先于善"，[①]或者诺奇克意义上的"边界约束"，[②]或者德沃金所强调的权利作为"王牌"。[③]尽管自由主义者就个人享有何种权利存在巨大的分歧，但他们所共同赞成的是个人权利必须在概念上独立于政府权力，在实践中个人权利作为阻却民主多数政治的一种外在的有效约束手段。[④]只有这样，才能够确保权利免受功利主义的侵蚀，保护脆弱、易受伤害群体的权利。

尽管就树立权利所内含的某种规范性地位而言，权利的个人主义图景必不可少，但这里将作出论证构想权利的这种个人主义视角存在着双重的困难：在概念上，权利的个人主义图景是不融贯的，因为权利不仅仅构成政府权力的外在消极约束手段，在积极的意义上，权利

---

① See John Rawls, *A Theory of Justice*, Cambridge, MA：Harvard University Press，1971，p.31.

② See Robert Nozick, *Anarchy*, *State*, *and Utopia*, New York：Basic Books，1974，pp.28-35.

③ See Ronald Dworkin, *Take Rights Seriously*, Cambridge, MA：Harvard University Press，1971，pp.184-205.

④ 由于权利的个人主义图景主要由自由主义者所提出，对于权利个人主义图景的批评，必然受到自由主义者的主要理论竞争对手社群主义者来自相反方向的批评。参见［美］迈克尔·J.桑德尔：《自由主义与正义的局限》，万俊人等译，译林出版社2011年版，第211页以下；［加］查尔斯·泰勒：《自我的根源：现代认同的形成》，韩震等译，译林出版社2001年版，第134页以下；［美］麦金太尔：《追寻美德：伦理理论研究》，宋继杰译，译林出版社2003年版，第50页以下。应该指出的是，社群主义者对权利个人主义图景的批评是为了强调社会中无处不在的各种有价值的依附、传统与道德义务，而不是为了增进权利概念的本真性理解，因而与社群主义者对个人主义权利图景的纯粹批评不同，此处对权利个人主义图景的批评并非否定个人权利本身，而是为了找到构想权利的一种新方式。

也可以成为政府权力的来源，政府有充分的激励和理由去保护而不是侵害权利；在实践中，诉诸权利个人主义图景保护权利会造成悖谬的结果，有损而不是有利于个人权利的实现，而且错误地描述了权利在实践中所发挥的真实作用。由于权利个人主义图景存在着概念和实践上的双重困难，构想一种新的权利图景就是必要的。在其中，必须从结构而不是个人的视角构想权利，①个人权利和政府权力必须被看作是在概念上相互依赖的。特别是，权利的这种结构功能图景能够有助于准确理解权利在实践中所发挥作用的方式及其限度。尽管新的权利图景存在着新的困境，但其能帮助学者提出正确的权利问题。在有关权利（rights）的诸问题上，提出正确（right）的问题尤其重要。

第二节　权利个人主义图景的含义

个人享有权利，政府追求善。权利与善之间的关系，是传统权利

---

① 当然，从结构而非个人的视角构想权利，并非是一种新的思考方式。权利的结构功能也为很多学者所指出，本章分析受益于包括但不限于以下文献：Akhil Reed Amar, "The Bill of Rights as a Constitution", 100 *Yale Law Journal* 1131 (1991)；Matthew D. Adler, "Rights Against Rules: The Moral Structure of American Constitutional Law", 97 *Michigan Law Review* 1 (1998)；Kurt T. Lash, "The Lost Original Meaning of the Ninth Amendment", 83 *Texas Law Review 331* (2004)；Richard H. Pildes, "Why Rights Are Not Trumps: Social Meanings, Expressive Harms, and Constitutionalism", 27 *Journal of Legal Studies* 725 (1998)；Ashutosh Bhagwat, "Associational Speech", 120 *Yale Law Journal* 978, 982 (2011)；Nathan S. Chapman & Michael W. McConnell, "Due Process as Separation of Powers", 121 *Yale Law Journal* 1672 (2012)；Ozan O. Varol, "Structural Rights", 105 *Georgetown Law Journal* 1001 (2017)；Hiba Hafiz, "Structural Labor Rights", 119 *Michigan Law Review* 651 (2021)。尽管有这么多的类似文献，但本章不同于这些文献的地方在于，本章并非仅仅论证权利概念有着结构性方面，而且分析了权利结构概念在实践中发挥的真实作用以及进一步需要面对和处理的新困难。

理论关注的重要问题。因为"权利是作为理解人们与其政府之间关系的关键概念而变得重要的"。[①]有关权利的思考必须回答一个前提性问题，即权利从何而来？德肖维茨指出，权利并非来自造物主、自然、逻辑、法律，而是来源于人类经验，特别是不正义的经验。[②]有关人类不正义的经验中，首要的便是政府权力的恶，尤其是民主多数决策带来的暴政。在通常理解中，权利由个人享有，政府则通过妥协、权衡的政治过程追求公共善。维护权利的规范地位，必须赋予权利某种专断效力，即体现于罗尔斯意义上的"权利优先于善"，[③]或者德沃金意义上的权利作为"王牌"，[④]或者诺奇克意义上的"边界约束"，[⑤]以构成对政府权力运行的一项外在约束条件。权利与善，在概念上不相容。权利不能被功利主义的结果所算计，权利更不能被善所权衡和牺牲。

可以说，政府权力天生具有侵害性、易被滥用，已成为描述政治权力特征时的一种老生常谈。不仅在理论上如此，在实践中，民主政治过程至少通过以下两种方式来侵犯个人权利：首先，民主过程可能未能充分包容，因而未能对所有人的利益与偏好给予同等的分量；其次，即便是在所有人都同等接近民主过程并且每个人的偏好具有同等分量的地方，有些人可能赞成不宽容或有偏见的偏好。因而，民主可能自身背离其所内涵的自由平等的道德理想，为了避免民主政治运作

---

① ［英］约瑟夫·拉兹：《公共领域中的伦理学》，葛四友译，江苏人民出版社2013年版，第36页。

② 德肖维茨指出，权利既非来自逻辑，毋宁来自于人类不正义的经验。参见［美］艾伦·德肖维茨：《你的权利从哪里来？》，黄煜文译，北京大学出版社2014年版，第8页。

③ See John Rawls, *A Theory of Justice*, Cambridge, MA: Harvard University Press, 1971, p.31.

④ See Ronald Dworkin, *Take Rights Seriously*, Cambridge, MA: Harvard University Press, 1971, pp.184-205.

⑤ See Robert Nozick, *Anarchy, State, and Utopia*, New York: Basic Books, 1974, pp.28-35.

过程可能产生的上述两种"恶行",自由主义的政治理论学者认为树立权利的某种规范地位就是必要的。"在民主制度下,权利可以给政府压力,使政府改变航向、谨慎航行并避免轻率废止重要而持久的价值——记住过去的教诲与避免前人的恶行。"①在民主制度下确立权利,其效果在于让某些议题不受当下多数民主的控制。个人权利不能为了普遍利益而被牺牲,被确立的权利将处于多数民主的范围之外。

然而,如果说权利并非神圣、自然或永恒,而是民主政治经验与历史相关联,那么就必须证明权利的反民主特质有其合理性。毕竟,在没有更好的政治体制构造模式出现之前,民主可以被认为是一种政治和道德理想,而且权利是一种正当的事物,其本身也需要一种规范性的证成。由于效用主义对权利证成存在着众所周知的困难,可以说当前对权利的最有力辩护是由康德式的自由主义者所提供。而且,从理论发生脉络意义上讲,康德式自由主义者的权利证成所面对的主要理论对手也是效用主义。②

在康德式自由主义者看来,对权利的康德式证成可以说真正地切中要害,因为现代社会境况在根本意义上由价值多元所塑造。概括而言,对权利的康德式证成不仅不必基于效用主义,而且必须不取决于任何特定的善的观念,也不必预设某种生活方式优于其他的生活方式,只有这样才能够使得自由平等的公民同胞之间民主的社会合作成为可能,并且是公正的。③那么,这会是一种什么样的权利证成呢?自由主义者指出,要想理解权利是什么必须回答这样一个先决问题,即成为道德主体意味着什么。对此,吉登斯指出,启蒙运动以来所确立的道

---

① [美]艾伦·德肖维茨:《你的权利从哪里来?》,黄煜文译,北京大学出版社2014年版,第139页。

② See Mark Tushnet, "An essay on Rights", 62 *Texas Law Review* 1363 (1984).

③ 参见 [美]约翰·罗尔斯:《政治自由主义》,万俊人译,译林出版社2011年版,第13-16页。

德个人主义理想，不仅能促进道德多样化，而且能直接促进其发展，

> 对个人的尊重和与之相伴的对平等的要求，这两者成了
> 道德命令，就其本身而言，这意味着，社会上每个成员的福
> 利和自我实现应该得到满足。人类的生活不应该再包含传统
> 社会之中强制而狭隘的限制。依据天赋与能力进行职业功能
> 的专业化划分是（具体的）个人实现自我的主要方式。[1]

在这里，有关权利主体的两种道德观念是必需的：（1）权利中的主体需要被看作是自由选择、独立的个体，对主体人格的尊重并非是主体选择的目的，而是选择目的的能力；（2）自由主义权利主体的形象是具有平等的尊严的人，主体的权利资格不应该取决于他们的成就、德行和外在偶然因素，因为这些因素从道德的观点来看是任意的。[2]权利尊重人作为人的意义，维护个人依据他们选择的生活来生活的平等尊严。

实际上，在经历过文艺复兴和启蒙运动的西方国家，所承受的一个共同遗产便是将人看成是自由、平等尊严和自决的个体，并将这种观念吸纳进现行法律体制之中。[3]对于主体性、能力或者特定群体平等的确认，既是政治选举也是权利承认的必要条件。在康德式自由主义者看来，授予某人以权利就是承认该人具有超然于道德审议和自主决

---

① ［英］安东尼·吉登斯：《政治学、社会学与社会理论：经典理论与当代思潮的碰撞》，何雪松、赵方杜译，格致出版社2014年版，第93页。

② See John Rawls, *A Theory of Justice*, Cambridge, MA: Harvard University Press, 1971, pp.231-240.

③ 参见［美］玛丽·安·格伦顿：《权利话语——穷途末路的政治言辞》，周威译，北京大学出版社2006年版，第93页。

策的能力。①因而，权利之所以具有道德力量，是因为其对个人允诺了一种拥有自由、平等尊严和自治地位的社会生活，并且使之可能。"人从存在于'个人'和'国民国家'之间的中间团体的解放，是将人权作为其重要组成部分的近代法律、政治理论和运动的中心课题。如果人权将集合性存在作为主体，就会被认为是背道而驰。"②实践中，特别是旨在要求政府承认一种新的个人权利时，当事人经常诉诸的语词和话语是自由、平等与尊严。例如，在美国承认同性婚姻权利的奥贝尔格费尔案（Obergefell v. Hodges）中，联邦法院的裁判语言中就充斥着类似的话语。在联邦法院看来，原告"要求的是法律眼中的平等尊严。宪法授予他们那种权利"。③可以说，在一种正当的民主政治体制之中，权利能够要求并寻求一种框架以确保个人作为自由道德主体的能力，并且与他人享有同样的自由。由于权利的这种构思方式是以抽象的个人道德理想为出发点和最终目的，可以将其称为权利的个人主义图景。

如果说构想权利的这种个人主义图景在理论上是可以成立的，那么依据其逻辑可以得出以下两个实践方面的含义。一方面，个人权利成为政府权力合法性的判断标准。一种新的"权利"是否应当得到承认，应该诉诸权利自身所赖以为基础的道德观念。在个人权利存在的地方，也是政府权力必须和应当停止的地方。当政府权力侵犯个人权利时，必须受到严格的司法审查。④由严格司法审查所保护的权利，使

---

① See Daryl J. Levinson, "Rights and Votes", 121 *Yale Law Journal* 1286, 1354（2012）.

② ［日］大沼保昭：《人权、国家与文明：从普遍主义的人权观到文明相容的人权观》，王志安译，生活·读书·新知三联书店2003年版，第227页。

③ Obergefell v. Hodges, 135 *S. Ct.*2584, 2608（2015）.

④ See Richard H. Fallon, Jr., "Strict Judicial Scrutiny", 54 *UCLA Law Review* 1267, 1300-1303（2007）; Don R. Willett & Aaron Gordon, "Rights, Structure, and Remediation", 131 *Yale Law Review* 2126, 2193-2197（2022）.

得权利能够豁免于结果主义的算计。例如，依据严格审查，即便能够带来结果总量上的增进，恶意的种族歧视也是被禁止的。当然，严格审查不是说权利是绝对的，而只是说如果没有紧急情况下具有压倒性的政府利益，在个人权利存在的地方，任何政府权力之运用必然被宣布为违法。①

在这里，如果个人权利被看作是政治机构结果主义决策的一种外在独立约束条件，那么个人权利能够为"反多数"的司法审查提供一种证成依据，即如果奉行结果主义的政府没有充分地保护个人权利，那么尽管存在着反多数困难，非后果主义的法院在纠正政治机构的错误时就能够得到证成。在这个意义上，依据权利中的平等对待和尊严，种族隔离或者宗教信仰的限制在根本上是错误的，司法审查之权力的运用也容易被证成。当政府没有尊重公民的平等权利，那么逻辑上法院就有正当权力干预来保护这些公民权利。

另一方面，政府有权力提供各种善和公共物品，从而为个人权利之享有和实现提供物质条件和制度的支持。但是，在提供各种公共善的时候，政府有义务在各种善之间保持中立。②政府应该在目的间持中立的主张，可以在美国联邦最高法院霍姆斯大法官在洛克纳案中的著名异议找到清楚的说明。霍姆斯大法官指出，美国联邦宪法本身并未承认任何特定的经济理论，而是在各种相互竞争的信条之间保持中立：

第十四条修正案并非扮演赫伯特·斯宾塞先生社会静力学的角色……宪法并非倾向于体现某种特定的经济理论，无

---

① 权利个人主义图景的这种理论意涵也暗含在大陆法系中"主观公权利"概念之中，一种体系化的公法权利观对于整体公法能够产生一种统摄，划定了国家权力运作边界。参见赵宏：《主观公权利的历史嬗变与当代价值》，《中外法学》2019年第3期。

② See W. Kymlicka, "Liberal Individualism and Liberal Neutrality", 99 *Ethics* 883, 885–890 (1989).

论是主张公民与国家之间是家长制和有机关系，还是主张自由放任。它是为在看法上存在根本性差异的人民而制定的。①

因而，宪法在各种目的间持守中立的理论意味着宪法本身不能偏袒任何具体的经济或伦理信条，由此政府可以自由地颁布它所选择的任何信条。此外，宪法也肯定了"权利优先于善"的理念，即宪法要求政府在其公民所持的目的间保持中立，并依据政府在良善生活的观念间保持中立的要求来界定权利的内容。

第三节　权利个人主义图景的双重问题

虽然权利的个人主义图景具有道德上的吸引力，但不能由此认为权利的个人主义图景是没有问题的，在实践中是一个无害的观念。②实际上，权利的个人主义图景不仅存在着概念上的不融贯，实践中一味地坚持权利的个人主义图景更可能会出现损害而非保护权利的悖谬结果。权利个人主义图景所存在的双重问题意味着，权利要想仍然是可欲之物，就需要一种构想权利的新方式。这种新的权利图景，不仅在概念上要融贯，而且能捕捉到权利在实践中所发挥的真实作用。

---

① Lochner v. New York, 198 *U.U.* 45, 75-76 (1905).

② 应该强调的是，仅仅诉诸实践本身并不能说明权利的个人主义图景是有问题的。因为权利作为一种规范之物，权利的个人主义图景认为实践应该成为规范和批评的对象，而不是判断某种权利概念正当与否的标准。然而，实践之所以与权利的概念界定存在相关性，是在以下两种意义上说的：首先，如果坚持个人主义权利图景，在实践中会产生错误有时是危险的后果，这与个人主义权利图景的规范性承诺不相符合；其次，权利概念的具体内容和丰富含义需要在实践中予以不断的展现，因而实践能够在一定程度上作为反思权利概念合理与否的参考。

一、概念上的不融贯

依据权利个人主义图景的观点，个人权利和政府权力在概念上是不相容的，权利构成政府权力运用的一项消极意义上的约束条件。从逻辑上讲，如果能够证明个人权利可以在积极的意义上成为政府权力的源泉，那么，就可以在概念上部分地削弱权利个人主义图景的解释力。由于实践中存在着个人权利与政府权力得以相互作用的其他方式，一种新的构想权利概念的方式就是必要的。

首先，权利可以成为政府权力的重要源泉。在这里，权利能够作为政府权力产生的源泉不是在理论假设意义上说的，也不是说权利构成抽象意义上的政府权力存在的合法性判断标准，而是在具体实践中如果没有某种权利，某些政府权力就根本不会存在和产生。换句话说，权利能够授予其旨在约束的某些政治机构以权力，权利有时构成加强而非限制政府权力的基础。[①]不仅如此，某些权利更构成政府权力扩张的基础。考虑一下社会经济方面的权利，如教育权进入到各国的宪法条款中，就在某种程度上授权或者要求政府可以通过税收建立和维持公共教育机构和设施，一方面使得政府有权力诉诸教育发挥再分配的功能，另一方面使得政府能够进入到传统的私人社会和经济生活中，将教育从家庭责任转移到政府权力当中。[②]

[①] 在论述中国现代国家起源的独特性和本土性时，美国著名汉学者孔飞力指出，由于传统帝制国家政治体制的容量远远及不上有着很高教育程度的人们的数量，无法吸收他们的才干和想法，国家富强和文人更为广泛的政治投入和参与构成中国现代国家转型的根本性议程的题中之义。至少就中国现代国家起源处看，政治参与的扩展可以并应当同国家权力的加强自然地结合在一起。参见［美］孔飞力：《中国现代国家的起源》，陈兼、陈之宏译，生活·读书·新知三联书店2013年版，第41—49页。

[②] See Derek W. Black, "The Fundamental Right to Education", 94 *Notre Dame Law Review* 1059（2019）.

当然，社会经济方面的权利在有限经济资源的国家中，可能面临着是否具有可执行性的问题，进而引发其本身是否为权利的争论。但在拥有执行能力的国家之中，社会经济方面的权利存在使得某些政府机构在政治生活中发挥着强有力的能动角色。①考虑一下印度最高法院，对社会经济权利的司法执行已经使得印度最高法院成为世界上除了美国联邦法院以外最为能动和有权势的政治机构。特别是，在食物政策方面，印度最高法院表现得尤为能动。利用健康、住所和教育等方面的社会经济权利，印度最高法院甚至要求地方政府必须为儿童提供最低量的食物供应，在饥荒时期必须为贫困家庭分发定量的食物。②没有权利，显然无法想象印度最高法院的这些行为如何能够取得其他政治机构的认可和支持。

其次，某些权利对于政治权力的有效运作是必不可少的。例如，长时期得到学者普遍承认的是，如果没有一种强健的政治言论自由方面的权利，有意义的民主参与是不可能的。③反歧视的权利也是如此，如果少数群体、脆弱易伤害群体受到社会普遍意义上的歧视，那么他们运用政治权力的能力也会受到削减。④正因为如此，以程序理论为代表的学者才有力地指出，针对孤立而分散的少数群体的"偏见"，可能严重地削弱了通常用来保护少数的政治进程，阻碍了他们正常而有效地行使政治权力，因而应该被视作是选举权的剥夺，是民主运作功能

---

① See James A. Gardner, "Illiberalism and Authoritarianism in the American States", 70 *American University Law Review* 829, 908-912（2021）.

② See David Landau, "The Reality of Social Rights Enforcement", 53 *Harvard International Law Journal* 189, 204-207（2012）.

③ 参见［美］亚历山大·米克尔约翰：《表达自由的法律限度》，侯健译，贵州人民出版社2003年版，第12-20页。

④ United States v. Carolene Products Company, 304 *U. S.* 144, 152 n.4（1938）.

的紊乱。①在这个意义上，为了润滑民主过程、疏通政治变革的通道，一系列的权利特别是保障实质政治自由与平等参与的权利，就必须赋予受到先前社会偏见影响的弱势社会群体。②

基于此，可以说如果一种权利的价值更多地来源于其在增强政治效能方面的工具性效用，那么传统意义上的个人权利就可以部分地视为政治（选举）权力的一种形式。例如，如果言论自由的价值主要在于便利政治参与，那么言论自由权利就更好地被理解为等同于选举。因而，所谓（个人）权利与（政府）权力就并非体现为传统理解的非此即彼的严格二分，权利也可以发挥政治结构方面的功能。

再次，权利话语吹响了社会动员的"集结号"。实践中，权利是追求承认一种新的权利时经常诉诸的话语策略。③权利唤醒了希望，提供了一种可用于申诉侵害的法律语言，并因而有助于社会运动。正如麦卡恩（McCann）指出，权利可以在社会动员的四个阶段发生作用，即运动筹划、在官方政策上要求正式变革的斗争、对实际政策改革控制力的争夺以及有效法律行动的最终开展。④当然，对社会运动每个阶段和每个参与者而言，权利都包含着不同的承诺、困难和权力。这些以权利之名动员起来的社会运动的组织者和领导者，就可能会在未来政

---

① See John Hart Ely, *Democracy and Distrust*: *A theory of Judicial Review*, Cambridge, MA: Harvard University Press, ch.6.

② 在美国，权利能够作为少数群体保护自身的机制，主要依据是美国内战后通过的《美国联邦宪法》第十四修正案。第十四修正案要求，《权利法案》的几乎所有条款都被合并，并适用于各州，此时《权利法案》的内涵也发生了显著变化，因为当初起草《权利法案》主要是为了保护普通公民不受可能不代表他们利益的政府的欺压，现在则加入了保护少数弱势群体不受社会主流群体欺压的内容。参见［美］阿希尔·阿玛尔、莱斯·亚当斯：《美国〈权利法案〉公民指南》，崔博译，北京大学出版社2016年版，第59页以下。

③ 参见李雨峰：《权利是如何实现的——纠纷解决过程中的行动策略、传媒与司法》，《中国法学》2007年第5期。

④ See M. W. McCann, *Rights at Work*: *Pay Requality Reform and the Politics of Legal Mobilizations*, Chicago: University of Chicago Press, 2016, pp.64-66.

府权力竞争中取得政治地位，或者即便不能获得政治权力，也可以在政府权力之间的竞争出现摇摆时，选择以必须兑现某种权利保护为条件而加入到某种政府权力当中。①

因而，如果个人被那种声称他们对某物拥有"权利"的观念所唤醒和激励，②从而采取某些行动，那么权利就会产生政治上的效果。这种行动有可能小到与某人的争执，也可能大到诸如组织一个工会，甚至牵涉某种直接政治论辩。无论如何，权利的观念都能够在他们面对强大的反对力量时强化自己的主张。权利对于政治效果所具有的这种微妙但具累积效果的考察，某种意义上可以说明权利能够在积极的意义上影响、塑造进而构建政治权力，那种仅着眼于政府权力与个人权利之间的单方向消极关系的研究，错失了对权利运作成果的观察。③即是说，除了个人方面的积极受益以外，个人权利运作的成果也可以体现在更大的社会运动之中。

最后，将权利归之于个人、权力归之于政府，实际上将权利（力）问题简单化了。因为个人享有的权利含有权力的要素，既包括法律上的强制力，也包括政治上的影响力；追求善的政府同样有法权的要素，一种与私人法权相对的"公共法权"。如康德在《法权论》（1796）中就提出国家对人民的"公共法权"：

> 国家如今把自己的法权建立于其上的富人们就使自己有

① See David A. Super, "Protecting Civil Rights in the Shadows", 123 *Yale Law Journal* 2806, 2813-2817 (2014).

② 参见［美］史蒂芬·霍尔姆斯：《反自由主义剖析》，曦中等译，中国社会科学出版社2002年版，第318-324页。

③ 有关权利运作的更多实证分析，一个综述性文献可参见［美］劳拉·贝斯·尼尔森："权利的作用和权利的运用：一种批判的实证进路"，［美］奥斯汀·萨拉特编：《布莱克维尔法律与社会指南》，高鸿钧等译，北京大学出版社2011年版，第67-80页。

责任为保存他们的同国公民而作出他们自己的贡献。现在，这可以通过向国家公民的私有财产或者其贸易往来征税，或者通过建立基金会及其利息来实现。①

在康德那里，不仅我们的财产权不能在不援引公法的情况下被给予确定且公开可知的边界，我们也没有可以在国家之外得到执行，同时又不损害我们的独立性的权利，甚至对我们自身身体的权利也是如此。实际上，康德为我们提供了史蒂茨所宣称的一种国家主权主义的权利理论。②在其中，身体不受侵犯的权利和财产权只能以一种形式存在，而当国家存在时，国家可以权威地定义和执行这些权利，这一形式约束他人，令其承认和尊重这些权利。这里的意思并不是说国家权力不需要限制，相反，而是要正确地理解所以限制权力，特别是以权利的形式限制国家权力，其根源在于对自由的热爱。但对自由的高尚热爱很容易受到狭隘、偏执的不信任心理的影响，如美国建国国父汉密尔顿所说的那样，"人们同样容易忘记，政府的高效活力，对保障自由至关重要"。③为了维护政府的高效活力，没有康德所言的公共法权

---

① ［德］康德：《道德形而上学》，李秋零主编《康德著作全集》（第6卷），中国人民大学出版社2007年版，第116页。

② 参见［美］安娜·史蒂茨：《自由的忠诚》，童志超、顾纯译，中央编译出版社2017年版，第76—77页。

③ ［美］亚历山大·汉密尔顿、詹姆斯·麦迪逊、约翰·杰伊：《联邦党人文集》，杨颖玥、张尧然译，中国青年出版社2014年版，第13页。

显然无法做到。[1]

二、实践中的悖谬结果

除了概念上不融贯，权利个人主义图景所存在的第二个问题是，如果在实践中坚持自治和中立原则为依据界定权利，这不仅不会充分有效地保护个人权利，而且还会产生适得其反的悖谬后果，妨碍而不是有助于权利所允诺的各种价值。依据赫希曼对保守主义的著名界定，所谓悖谬命题是一种非常大胆的智识策略，其论证的结构极其简单，而得出的结论却非常极端。概括而言，依据悖谬命题，不仅一场运动或一项政策实现不了其目标，或者会付出预料不到的代价，产生消极的结果，而且会得出这样的结论，即"推动社会向某一方向前进的努力将导致它向相反的方向移动"。[2]例如，寻求自由的法国大革命却导致社会堕入更严重的奴役，追求民主的普选权却带来危害更甚的寡头制与暴政，为了济贫的社会福利计划却制造了更多而非更少的贫困。[3]

在这个意义上，如果能够证明权利个人主义图景在实践中也可能

---

① 权利对高效乃至威权体制的依赖关系，也可从中国民国初期的政治转型看出。关于民国初期的权利，尤其是政治权利状况在许多学术论述与日常描述中得到了表现，然而，民国初期的政治权利发展并没有带来现代国家的政治转型，根本原因在于国家汲取能力弱化，政治转型不仅涉及限制国家权力，同时也是对国家权力的一种证成。实际上增强国家的汲取能力正是许多国家现代化的一个主要动力。反观民国初期，随着帝制的解体，中央政府的权威没落，共和制度并没有增强国家的汲取能力。在此种情况下，政治权利的发展更多地体现为自发性，制约了政治权利的良性发展。参见毕竞悦：《社会视角下的民初政治转型：1912—1928》，华夏出版社2020年版，第149-152页。

② [美] 阿尔伯特·赫希曼：《反动的修辞：保守主义的三个命题》，王敏译，江苏人民出版社2012年版，第10页。除了悖谬命题以外，保守主义经常诉诸的另外两个命题是无效命题和危险命题，前者主张变革没有产生任何效果，而后者主张变革必然会损害社会先前存在的重要价值和传统。

③ 参见熊逸：《政治哲学的巅峰对垒》，北京联合出版公司2020年版，第256-257页。

会产生悖谬结果的话，那么这将为寻找一种新的权利概念图景提供更为充分的理由。实际上，权利个人主义图景所存在的各种悖谬结果，已为权利的批评者特别是社群主义者所指出。

首先，姑且不论单独的个人无法组成社会这个困境以外，从法律的角度，如果将权利所赖以为基础的自治吹捧到至上的高度，在逻辑上就可能意味着权利话语全面地轻视甚至抵制年幼者、严重疾病患者、残疾人、孱弱的老年人以及那些看护他们的人的"权利"诉求，而且在这样做的过程中也损害了他们实现自身自由与独立的能力。[1]同样，如果坚持在传统家庭法领域中自给自足也应当成为每一个人的目标，这不仅会冒着家庭解体的风险，而且实际上也会使妇女最终承担着照顾子女以及其他需要看护之人的责任。正如格伦顿所指出的，完全信奉个体自治观念，制造性别中立概念，忽视或者贬低各种健康有益的依附关系的做法，已经使得权利话语远离了大多数普通人的日常生活，进而在政治话语中成为一种穷途末路的修辞。[2]在这里，必须对权利的意识形态胜利与实质性胜利区别开来。法律人在发展他们的法律主张时，必须小心不要让那些法律主张的意识形态上的意涵造成对改革的阻碍。宣告个人化的权利存在，反而会在意识形态上有阻碍改革的进行。例如，法院在保护妇女有选择生孩子的权利时，引入了"隐私"权，从而界定了一块政府不得干涉的私生活领域。但是，虽然可以用"隐私"权来避免政府介入妇女选择堕胎的权利，但这也会在妇女遭受

---

[1] See Michelle A. Travis, "Gendering Disability to Enable Disability Rights Law", 105 *California Law Review* 837, 840-846（2017）; J. Fowkes, "Normal Rights, Just New Understanding the Judicial Enforcement of Socioeconomic Rights", 68 *American Journal of Comparative Law* 722（2020）.

[2] 参见［美］玛丽·安·格伦顿：《权利话语——穷途末路的政治言辞》，周威译，北京大学出版社2006年版，第99-100页。

丈夫暴力倾向或被丈夫逼迫性交时，让政府无法介入拯救她们。①

　　法国学者贡斯当对古代人与现代人的自由之著名区分，进一步指出了一味地坚持现代个人主义的自由所具有的危险。贡斯当指出，与古代人仅仅考虑维护他们在社会权力中的份额，他们可能会轻视个人权利与享受的价值不同，"现代自由的危险在于，由于我们沉湎于享受个人的独立以及追求各自的利益，我们可能过分容易地放弃分享政治权力的权利"。②在贡斯当看来，破解古代人自由与现代人自由风险的关键在于，任何一种制度都必须实现公民的道德教育。

　　　　一方面，制度必须尊重公民的个人权利，保障他们的独立，避免干扰他们的工作；另一方面，制度又必须尊重公民影响公共事务的神圣权利，号召公民以投票的方式参与行使权力，赋予他们表达意见的权利，并由此实行控制与监督；这样，通过履行这些崇高职责的熏陶，公民会既有欲望又有权利来完成这些职责。③

　　其次，以内容中立为依据，悬置规范性判断，不仅无力保护个人权利，而且在实践中可能造成权利的过多保护，或者造成权利保护不足的问题，从而危及了权利之于个人的各种规范性承诺。例如，依据权利个人主义图景对宗教信仰自由的逻辑，宗教信仰是个人选择的事

---

① 参见［美］马克·图什内特：《让宪法远离法院》，杨智杰译，法律出版社2009年版，第189-191页。

② ［法］邦雅曼·贡斯当：《古代人的自由与现代人的自由》，阎克文等译，上海人民出版社2017年版，第90页。

③ ［法］邦雅曼·贡斯当：《古代人的自由与现代人的自由》，阎克文等译，上海人民出版社2017年版，第92-93页。

情，政府应该对此保持中立。[①]针对这种观点，桑德尔指出美国宗教信仰自由传统并非如此，宪法的本意是保护宗教践行的自由，而不是规定信仰宗教与否的个人选择问题，也绝非要求在宗教争议问题上悬置有关的规范性判断。[②]依据中立性原则，某种宗教信仰是否得到权力的保护，如果政府不应该偏袒任何特定的宗教与道德信念，而只接受世俗的理由，在某些情形中反而会成为歧视特定宗教的理由。例如，法院支持员工每周休息一天的权利，但犹太教徒按照教规在安息日休息的要求就会被拒绝，因为这是宗教而非世俗的理由。这样的结果反而导致宗教信徒无法正常履行宗教实践。

进一步，本来对宗教自由的限制应该有更充分的理由，但由于权利个人主义图景将其视作自由选择的问题，这样就无法把基于宗教信仰的要求与个人的偏好进行区分，因而遗忘了宗教自由在良心上对自我的特殊关怀和要求。因此导致的结果是政府既限制了它应该保护的宗教实践，如在军队中戴圆顶小帽，也允许了它可能应该限制的实践，如在公共广场演出耶稣诞生剧。以内容中立为理由，实际上是没有认真地对待宗教问题，所付出的代价是否定了宗教所保护之象征的神圣

---

① 参见［美］约翰·维特：《法律与新教：路德改革的法律教导》，钟瑞华译，中国法制出版社2013年版，第194—198页。

② 参见［美］迈克尔·桑德尔：《民主的不满：美国在寻求一种公共哲学》，曾纪茂译，中信出版社2016年版，第89—98页。

意义。①

最后，对善的一种中立性辩护的失败是必然的，因为善的怀疑主义自身并不能产生对于权利的尊重。对于善的一以贯之的怀疑主义，并不会导致相互尊重与承认，而是诸种相互竞争价值和生活方式之间的无限制斗争。只有当事的各方已经做出了对于权利不加以怀疑的承诺，这种中立主义的辩护才不至于陷入一切人对一切人的斗争。②在根本的意义上，主权性的个体之所以被偏好是因为他是动物中的高级类型，能够自主地做出判断，在论辩中思想开放，能够为他自己的行为担负责任，等等。所有这些对权利的个体性辩护，都隐含着某种有关良善生活的实质性辩护。如果有关权利的论证最后与某种实质性辩护分不开，那么我们最好尽我们所能对于这些实质性承诺的具体内容加以澄清和说明。如果让政治走向社会化是一件重要的任务，向权利的个人主义图景开战就是必要的。因为这种关于权利的个人主义意识形态的论证，并不是关于权利"概念"的论证。这并不是否认权利有时候最终归结为个人，而是说权利主张所以是个人化的东西，不是因为其天生如此，而是权利语言的历史发展与理论论证所使然。"权利可以适用于个人，但它们同样必须在一种竞争性权利和多样化但同等合理

---

① 既然以内容中立为依据保护个人权利，在实践中可能会造成悖谬的结果，那么是否像个人权利的批评者所说的那样，内容中立原则必然是错误的，根本不存在所谓内容中立的个人权利呢？问题关键在于内容中立原则连接于个人权利的方式。例如，一般承认政府没有义务为公民言论自由的行使提供某种公共论坛，但是一旦政府决定设立某种公共论坛，那么，政府便不能以必须发表某种政治方面的言论为条件，准许某些公民而非另外一些公民在公共论坛运用言论自由。在这种情形下，内容中立原则背后的依据不是或者不仅仅是个人的自由、平等尊严或者自治地位，而是一种系统性利益，即政府权力运作必须在正当范围之内，具有合法性。显然，这种系统性利益并非为个人所拥有，而是为每一个人（each and every）所拥有。参见 Geoffrey Stone, "Content Regulation and the First Amendment", 25 *William and Mary Law Review* 189 (1983).

② 参见［美］史蒂芬·B. 史密斯：《黑格尔的自由主义批判：语境中的权利》，杨陈译，华东师范大学出版社2020年版，第161页。

的权利解释的综合方案中获得语境化的考量。"①为了理解权利的丰富意涵，这里需要一种构想权利概念的新图景。

第四节　一种新的权利图景

应该指出的是，强调权利个人主义图景存在着问题并不意味着权利不是个人的。相反，权利必然是个人的。只不过在这里，权利之于个人承诺的不是（或者不仅仅是）抽象意义上的自由、平等尊严或者自治地位，而是为个人所珍视的具有实质意义的各种功能性活动的集合，即权利必须从阿马蒂亚·森所强调的"可行能力"（capabilities）的视角出发予以理解。②聚焦于权利之于个人实质意义的各种功能性活动的承诺，一个必然的方法论要求便是可以通过考虑一种权利理论的信息基础来评估该权利图景是否真正"切中要害之处"，即是否能够允诺权利之于个人的各种规范性承诺。例如，古典功利主义试图运用不同个人各自的幸福或快乐信息，自由主义则要求一定的法权自由得到遵守，并按照这些规则是否得到遵守的信息来评价事物状态。实际上，权利的这两种图景走的方向不同，原因主要在于它们在评价不同社会状态的正当性和可接受性上，采用了它们各自认为是核心的不同信息。③一般地，各种规范性理论的信息基础，尤其是各种权利理论的信

①［英］理查德·贝拉米：《政治宪政主义：民主合宪性的一种共和主义辩护》，田飞龙译，法律出版社2014年版，第63页。

② 森指出，必须以个人所享有的实质自由作为发展的重要组成部分，实质自由免受困苦——诸如饥饿、营养不良、可避免的疾病、过早死亡之类——基本的可行能力以及识字算数、享受政治自由等的自由。参见［印］阿马蒂亚·森：《以自由看待发展》，任赜、于真译，中国人民大学出版社2013年版，第30页。

③ 参见［印］阿马蒂亚·森：《以自由看待发展》，任赜、于真译，中国人民大学出版社2013年版，第25-29页。

息基础，在概念上具有决定性意义，而且可以成为关于实际决策辩论的真正焦点。

在这个意义上，如果权利仍然能兑现之于个人的各种规范性承诺，必须分析权利概念的其他方面，厘清个人权利与政府权力之间其他可能更为复杂和深刻的相互关系。因而，除非能够说明个人何时相信他们享有一项权利，以及个人何时寻求对它的运用，否则不可能理解最简单的权利功能。脱离了经验基础上的有关权利意识和权利主张行为的理论，也无法理解权利在一个社会系统中可能或者应该得以运作的方式。一种新的构想权利概念图景就是必要的。

一、个人权利与政府权力在概念上的相互依赖性

经由上述分析我们知道，个人权利不仅在消极的意义上构成政府权力的独立约束，而且有些个人权利也可以成为政府权力的源泉，政府权力的有效运作需要某些个人权利作为前提性的条件，而且政府有激励去保护构成自身效能的那些个人权利。所有这些情形的存在意味着，政府权力存在和运作在概念上依赖于个人权利。转换问题的分析方向，同样的概念性依赖也存在于个人权利对政府权力之上。为了论证这一点，应该予以承认的是，除非某种抽象权利的内容得以具体指定、意义得以填充，例如言论自由、政治平等，否则，抽象地谈论个人享有何种权利本身是没有意义的。抽象规范性原则本身不仅无法解决具体的权利争议问题，也无法确定个人在实践中是否真正地享有某种权利。①换句话说，权利话语的分析必然拥有强烈的经验性维度。

实际上，受到保护的权利必须具体指定才有意义，这也得到了权利个人主义图景者的支持。例如，虽然权利在德沃金那里是"王牌"，

---

① 参见欧爱民：《论基本权利保障的技术方案——基于数学思维的分析框架》，《法制与社会发展》2010年第2期。

但德沃金也承认"王牌"所担保的个人权利并不是绝对的，在紧急情形中居于压倒地位的政府利益，尤其涉及他人合法权利的情形，都可以成为限制权利的正当性理由。①一旦做出这种让步，关键概念上的含义则变成了实践必然性限定权利，权利就不能独立于政府权力的考量而得到界定。德沃金没有注意到的是，个人权利对政府权力在概念上的这种依赖并不仅存在于例外、反常的情景中，而是构成了个人权利在宪法实践中的一项普遍特质。②

为了理解这一点，设想下假如一个人失去了他的政治地位，依据天赋和不可分离的权利，他应该不折不扣地回到一般权利宣言所畅想的"伊甸园"。但实际情形却相反。他的言论自由是傻瓜的自由，因为他的想法起不了任何作用。一个没有职业、没有公民资格、没有用以具体地验明自身的行动的一般意义上的个人，完全只代表他自己绝对的、独特的个体，被剥夺了在一个共同世界里的表现以及对这种共同世界产生作用的行动，个体就失去了全部意义。在这一拒绝中遭受损害的不是公民的"自然的"自由（如果是的话，那将是恶劣的、粗野的、短暂的），而是更为具体的、有限制的自由，这种自由是民族认同的条件，也是爱国主义的一部分。③这些都是关键性的要点，相比较将自由、尊严或者自治作为权利的本质，阿伦特强调还必须存在这样一种权利，即"获得各种权利的权利"和"从属于某种有组织的社群的权利"。

① See Ronald Dworkin, *Take Rights Seriously*, Cambridge, MA: Harvard University Press, 1971, pp.186-195.

② See Richard H. Pildes, "Why Rights Are Not Trumps: Social Meanings, Expressive Harms, and Constitutionalism", 27 *Journal of Legal Studies* 725, 729-730（1998）.

③ 参见［英］罗杰·斯克鲁顿：《文化的政治及其他》，谷婷婷译，南京大学出版社2019年版，第268页。

根本剥夺人权，首先表现在人被剥夺了在这个世界上的位置，一个能使言论产生意义、行动产生效果的位置。比自由与正义远更重要的人权是公民权，当人出生时，他属于一个社群，而当这种与生俱来的权利失去了，也无法再选择，或者当他被置于另一种情景，除非他犯罪，否则别人就不会依据他做了什么或不做什么来对待他，这时的人权就岌岌可危了。①

公民身份所以重要，是因为它围绕着至关重要的权利和义务而展开，尤其是社会权利，②更与宪法事务之外的生活紧密联系。有效的公民身份对广泛的政治参与者类型与国家机构施加一致的强烈义务，能够减缓（虽然不能消除）日常社会生活中不平等的政治影响。③显然，为了使个人权利有意义地呈现，权利需要某种类似于公共世界的政府权力作为前提和构成条件。

不仅个人权利的有意义呈现需要政府权力作为前提和条件，而且实践中一个已经得到良好确立的个人权利的切实执行和维持也需要政府权力。"依据社会契约论，政府必须通过提供并在事实上重新分配安全来保护公民免受私人的侵犯，而这一目的几乎很难通过免受政府控制而得以实现。"④就此而言，认为保证公民免受政府控制是宪制体制的唯一目的，或者认为政府存在的目的仅仅在于保护"消极的"权利，都是不合理的。这类思想在美国新政改革者那里得到了淋漓尽致的发

---

① ［美］汉娜·阿伦特：《极权主义的起源》，林骧华译，生活·读书·新知三联书店2008年版，第388-389页。

② 参见胡玉鸿：《论社会权的性质》，《浙江社会科学》2021年第4期。

③ 参见［美］查尔斯·蒂利：《身份、边界与社会联系》，谢岳译，上海人民出版社2021年版，第242-243页。

④ ［美］凯斯·R.桑斯坦：《权利革命之后：重塑规制国》，钟瑞华译，中国人民大学出版社2008年版，第17页。

挥。①看到政府在对生命、自由和财产提供传统的保护，新政改革者主张说政府早就已经参与对财富和权利的分配，政府保护是一种宪法的承诺，而且政府在保护经济安全方面发挥作用并不存在任何不合法的地方。②

个人权利对政府权力的这种依赖可以体现在很多语境当中。首先，从词源学意义上讲，"individual"（个人、个体）原意是"不可分的"（indivisible），强调的是与他者（others）的殊异性。最接近的词源为中世纪的拉丁词"individuus"。博埃齐乌斯（Boethius）在6世纪对"individuus"做了如下定义：称某个东西为individual有多种方式，（1）不可分割的东西，如单一体或精神；（2）东西因硬度关系而无法分割，如钢铁，称为individual；（3）某个东西，其称呼无法适用于同一类别的其他事物便可称为individual。③现代意义上的"个体"一词的用法，最初是从15世纪开始在英语或法语词典中开始流行的。无独有偶，"国家"一词以及它涉及主权权威的相关规定，也是同一时期开始流行的。"国家"与"个体"这两个词的含义彼此依赖，"正是通过国家的缔造，个体才被发明了出来，成为社会最重要的有机角色"。④个体是一种为个人行使正当的判断和意志创造空间的地位，个体的"平等的自由"身份突破了15世纪社会生活的表面，这些道德需要抓住民众的心灵，并且在宗教领域和世俗领域塑造了新的诉求，从而预示了宗教改革的

① See Cass R. Sunstein, "Constitutionalism After the New Deal", 101 *Harvard Law Review* 421 (1987).

② See Steven G. Calabresi et. al., "Individual Rights Under State Constitutions in 2018: What Rights are Deeply Rooted in a Modern-Day Consensus of the States", 94 *Notre Dame Law Review* 49 (2018).

③ 参见［英］雷蒙·威廉斯：《关键词：文化与社会的词汇》，刘建基译，生活·读书·新知三联书店2016年版，第277-278页。

④ ［英］拉里·西登托普：《发明个体：人在古典时代与中世纪的地位》，贺晴川译，广西师范大学出版社2021年版，第403页。

到来。

其次，如果传统意义上的"消极权利"遭受到私人或者政府的侵犯，那么，必然要求相应的机构（通常是法院）予以救济。然而，政府机构的维持和运作必然依赖于政府的税收，由于税收的有限性，政府决定将有限资源是否以及纳入何种权利的救济之上，最终决定了个人实际上能够享有何种权利。在某种意义上，所有权利都是积极权利。①甚至可以说，当一位普通公民有一种个人权利时，他就可以使公法得到实施。如当某种犯罪行为不仅有害于公众整体，而且对某个个人导致或将要导致特殊的损害时，那么他可以以个人身份向法院要求保护他的私人权利。在这种情况下，法院可以颁发禁令阻止犯罪者继续他的犯罪行为。②

在宪法中，某些具有民主性质的公民权利体现了权利本身的双重性。③如法律面前人人平等、请愿权、平等选举权和投票权、按照才能被遴选担任公职的平等机会等。这些"公民民主权利"完全不同于个人主义的自由权，其预设前提不是置身于国家之外的"自然状态"中的孤立个体，而是生活在国家的国民，这些权利本质上具有政治的性质。④同样，在美国的宪法实践中，某种争议性的权利要想得到维持必须有足够数量持有相同观点的大法官获得提名进入到最高法院。如果这些争议权利的受益者没有充分的政治权力在总统选举和司法任命上取得胜利，那么他们的权利可能就会被限制甚至废除。在这些情形中，

① 参见［美］史蒂芬·霍尔姆斯、凯斯·R.桑斯坦：《权利的成本：为什么自由依赖于税》，毕竞悦译，北京大学出版社2004年版，第5—10页。

② 参见［英］丹宁勋爵：《法律的训诫》，杨百揆等译，法律出版社2011年版，第157—158页。

③ 参见［德］卡尔·施米特：《宪法学说》（修订译本），刘锋译，上海人民出版社2016年版，第227—228页。

④ See Desirée D. Mitchell, "A Class of One: Multiracial Individuals Under Equal Protection", 88 *University of Chicago Law Review* 237, 272–273 (2021).

维持或者执行某种权利最终依赖于权利的受益者运用当前政治权力的可行能力。

再次，除了权利的维持和执行，个人权利对政府权力在概念上的依赖最为明显地还体现于这样一种情形中，即个人权利与政府权力所旨在服务的利益是一致的。例如，通过一系列案件的发展，美国联邦法院确立了这样一项宪法原则，即平等保护条款支持政府取消或者禁止社会团体对个人歧视的权力。①重要的是，要正确地理解在这些案件中究竟发生了什么。在这里并没有一种个人权利与另外一种个人权利的权衡，也没用紧急情形中具有压倒性地位的政府利益。相反，存在的是一种个人权利在政府权力的行使过程中得到界定。转换成权利的语言，可以说个人不结社的权利在宪法上是有限的，权利的范围由政府权力予以界定。在这里，由于不存在宪法上免于私人歧视的权利，个人权利在宪法上的概念界限，并非是另外一种个人权利，而是要由正当的政府权力范围所限定。

应该指出的是，说权利之界定是政府供给善的结果，并不是说权利是结果依赖的，也并不意味着个人享有何种权利在逻辑上最终由政府来决定，实际上这是个人权利对政府权力的单方面依赖。相反，个人权利与政府权力的相互依赖意味着个人权利要受到政府权力的影响，但这种影响不仅是外在的消极约束和限制，还包括积极意义上的扩展和保护。在这里，需要充分理解"合理分歧"之于现代生活的重要意义。"合理分歧"在生活意义和政治道德问题的持久存在意味着，政府对某种政治道德问题的解决始终是未定案的（unsettlement），相互冲突的"权利主张"究竟何种权利得到界定也是未定案的。

最后，个人所享有的权利与政府权力所追求的善，在"合理分歧"

---

① 参见［美］约翰·哈特·伊利：《民主与不信任：司法审查的一个理论》，张卓明译，法律出版社2018年版，第168-177页。

的现代社会，并非存在简单的互斥关系，权利并非仅是对政府权力运行的独立外在约束；毋宁说权利与善存在着内在关联，相互竞争的权利主张总是同时出现在某种善的供给过程，权利之内容在善的界定与实现过程中得以填充。在价值多元的现代社会，人们几乎不可能对什么是最好或者什么是良善生活达成共识。对现代人来说，"完美"并非是个完成式的概念，而是无法完成的开放性概念。[1]现代社会的一个重要特点便是，在有关生活意义和政治道德的深层问题上，在政府是否以及如何供给某种善的问题上，通情达理的（reasonable）人之间总是存在着"合理分歧"。正因为"合理分歧"的存在，在有关某些生活意义和政治道德问题的讨论中，如同性伴侣能否结婚、夫妻间的忠诚协议能否执行、对弱势群体能否以及如何进行补偿等，经常看到相互冲突的"权利主张"同时出现于所涉问题的两端。这些公共议题争论的结果便是，某种"权利主张"最终得到界定。所谓权利实则是政府是否以及如何供给某种善的结果。

因而，权利与善是共生的，理应在权利与善的动态生成中把握两者之间的真实关系。在构建一种以权利为基础的理论过程中，起着核心作用的主要是体现为古典共和主义的如下观念，即"作为共享自治

---

① 赵汀阳指出，完美在现代之所以变成一个开放式概念，原因在于现代人把观念与自然关系颠倒过来，要求自然符合观念，而非古代人那样，上帝或自然本身就是完美的标准和榜样，人之所思所为都必须符合自然，才有可能接近完美。参见赵汀阳：《没有答案：多种可能世界》，江苏凤凰文艺出版社2021年版，第218页。不过，要建立一种权利理论，分析者无须在"完美正义"的内容上达成共识，所需要的是"什么构成不义"就足够了。对于何谓不义，尤其是严重的不义，不需要完美正义概念。如德肖维茨指出："我们不能仅主张我们支持的权利来自于完美的上帝、不变的人性，甚至来自于民主的逻辑或者是对平等的承诺。权利无法被发现，因为它们并非存在于某处等待被发现。权利也无法逻辑地从外在现实中演绎出来或从论证中建构出来，因为赖以进行演绎或建构的前提本身，便是不断变动的经验与知觉的产物。"［美］艾伦·德肖维茨：《你的权利从哪里来？》，黄煜文译，北京大学出版社2014年版，第73页。

的自由""作为公民参与的权利"以及"作为自我实现的美德"等。[1]
与古典自由主义相比，公民共和主义同样强调和珍视个人自由、权利
与美德，但由于它始终以营造、倡导和推进共同善的政治空间为宗旨，
建立一种让人的潜能得以发挥和实现的政治体系为目的。因而，古典
共和主义并非构成对权利和自由的反对，相反，其对自由、权利与美
德的理解赋予了更自觉的道德内涵，对于人的发展表现出更明确的道
德诉求和期待。[2]在这个意义上，权利话语本身并不会造成对任何一种
善的损耗和侵蚀，任何一种权利的断言和实现都内在于道德话语和道
德判断之中。

　　总之，个人权利与政府权力在概念上是相互依赖的。就政府权力
在概念上依赖于个人权利而言，政府保护个人权利就当然成为政府的
一种显见义务。同样，就个人权利概念上依赖于政府权力而言，在逻
辑上，要想知道个人享有何种权利、享有权利的范围在哪里，就必须
首先界定政府权力的正当界限。强调个人权利与政府权力在概念上的
相互依赖就意味着在实践中必须将个人权利本身看作是一种公共善，
与政府所应当提供的其他善和公共物品本质上并没有区别。[3]与权利个

---

　　① 参见陈宏霞：《身份与无支配：古典共和主义对权利的追寻》，《前沿》
2018年第2期。

　　② 参见李义天、朱慧玲：《自由、权利与美德——桑德尔公民共和主义的核
心观念及其问题》，《吉林大学社会科学学报》2014年第4期。应该强调的是，道德
诉求与道德权利本身并不是一回事。虽然道德诉求通常表现为道德权利，但道德
诉求有着内在的运作空间，其主要指向道德主体的自我完善和提升，而道德权利
则更多地体现在一种关系语境中运作，指向的是主体间的关系维护和经营。参见
严海良：《人权论证范式的变革——从主体性到关系性》，社会科学文献出版社
2008年版，第13-28页。

　　③ 拉兹指出，大多数宪法权利服务于某种特定类型的集体利益，维持某种公
共善。这些公共善不具有排他性，就好像清洁空气和国家安全一样，其受益者是
所有人，而不专属于任何个人。参见 Joseph Raz, "Rights and Individual Well-
Being", in his *Ethics in the Public Domain*, Oxford: Oxford University Press,
1995, pp.51-52.

人主义图景不同，权利之界定需要在政府有义务实现的某种公共善的过程中进行，权利并非政府权力运作的一种消极外在约束，权利也能够内在建构某种公共善。由于权利的这种构思方式强调的是权利的结构性功能，可以将之称为权利的建构主义图景。以此为依据，可以发现权利在实践中所发挥的真实作用。

二、作为限定理由的权利

与权利个人主义图景不同，权利建构性图景如果可以成立，会产生以下两个方面的实践含意：首先，个人权利并非总是能够成为判断政府权力合法性的判准，甚至是不适当的判准。因为有时候个人权利正是争议的对象，不同的权利主张可能不仅仅是相互对照的，而是不可兼容和不可同约的。[①]正因为如此，政府有权力对争议中的权利作出某种规制，总是存在"判断的重负"，关于权利的共识就不能说成是处于政治之外。承认个人权利在概念上依赖于政府权力，虽然意味着政府权力对个人权利界定的必要性，但并非意味着政府对个人权力的任何一种规制都是正当和合法的，而是需要独立的第三者（通常为法院）予以判断。

当然，权利的功能是多重而复杂的，不过就权利在公法领域而言，尤其是在分析"权利与权力"之关系的意义上，权利之功能的重点在于向社会其他主体表达行为的"不受侵犯性"和"可获帮助性"。[②]在

---

① 参见［英］理查德·贝拉米：《政治宪政主义：民主合宪性的一种共和主义辩护》，田飞龙译，法律出版社2014年版，第31页。

② 张恒山指出，权利之功能是社会群体的赞同性评判态度对于主体行为的功能，是在权利概念系统内权利本体对权利载体的作用。权利之功能具体包括认可、示善、示选、排他、禁侵、示助六种。具体分析，参见张恒山：《论权利之功能》，《法学研究》2020年第5期。对权利尤其是人权功能的更多总结性分析，还可参见严海良：《迈向以人的尊严为基础的功能性人权理论——当代人权观流变及评析》，《环球法律评论》2015年第4期。

这个意思上，权利的建构图景便能够为司法审查提供一种正当性证明。只不过，对司法审查提供正当性支持的并非是法院相比较其他政府机构在保护个人权利方面的独特制度性角色，而在于司法权力本身。由于承认政府权力对个人权利的规制甚至界定性作用，[1]法院必须考虑的问题是政府权力的这种运用是否正当和合法，显然这是一个判断问题。司法审查作为司法权力运用之一种，而司法权的性质在很大程度上是判断本身，因而能够证成司法审查的正当性。

其次，与权利个人主义图景要求政府保持内容中立不同，权利的建构主义图景要求法院在判断某种政府权力之运用是否正当和合法时，必须进行某种价值导向的思考。英国宪法学者艾伦强调：

> 依据权利宪章做出的宪法判决，与更为狭义的、形式的制定法解释相比，不可避免地更接近于普通法的推理，这里普通法被发展成为保护权利的手段。换言之，一部宪章，必须是对原则的陈述，其必须在相互冲突的利益之间进行权衡；正如普通法应正确地被理解为大量原则留待在特定案件中提炼和发展一样。[2]

当然，在解决权利争议的议题时，法院必须进行价值导向的思考，不是说法院自身必须赞成某种规范性的政治模式或者道德理想，而是说判断政府权力运用所诉诸理由之于某种权利界定是否具有相关性，必

---

[1] 政府能够对权利的范围和边界进行规制，最为集中的体现便是在紧急状态中。参见赵宏：《疫情防控下个人的权利限缩与边界》，《比较法研究》2020年第2期。然而，即便在紧急状态，政府规制仍然要接受合法性的审查，此时反而存在着权利扩展的需要，对此分析参见谢晖：《论紧急状态中的权利扩展》，《学术界》2022年第5期。

[2] ［英］T. R. S. 艾伦：《法律、自由与正义——英国宪政的法律基础》，成协中、江菁译，法律出版社2006年版，第210页。

须诉诸权利所依赖并建构的某种公共善，特别是为宪法所承认的某种政治文化。①考虑到并不存在一种绝对的、基本的、可能完全共存的权利，"自由主义权利并不是人类最基本的特征，其功能在于支撑一种共同的善，它对于维护一种以自由方式为特点的公共生活方式是必不可少的。只有考虑到这一终极的目标，权利之间的纷争才有可能解决"。②

在这里，必须强调个人权利所具有的建构性作用。③权利具有工具性作用得到理论和实践层面的支持，例如行使基本政治权利会促使政府政策更有可能对经济需要做出回应。但经济需要和政治权利之间的联系还可以有建构性的一面。实际上，可以论证，恰当地理解"经济需要"是什么，其内容和强度在哪里，必然要求讨论和交流。政治和公民权利，特别是那些与保障公开的讨论、辩论、批评以及持有不同意见有关的权利，对于产生知情的、反映民意的政府决策过程，具有

① 权利依赖和建构的这种公共善，集中体现在新冠疫情期间各国人们对封锁的不同态度之中。在新冠疫情期间，反对封锁的一个常见论点是它们限制了自由。从这个角度来看，封锁可能在保护公众健康和社会秩序方面有效，但对自由的影响纯粹是负面的。然而，也有学者最近对这种观点提出了质疑。据此，虽然封锁限制了自由，但新冠病毒也限制了自由。由于新冠病毒限制了自由，封锁保护我们免受病毒的侵害，封锁可以保护我们免受病毒对自由的有害影响。我们面临的问题就不一定是自由与公共健康之间的冲突。有时是自由本身——或者自由的价值或分配——为封锁提供了理由。参见Kieran Oberman, "Freedom and Viruses", 132 *Ethics* 817, 846-850 (2022).

② ［英］理查德·贝拉米：《重新思考自由主义》，王萍等译，江苏人民出版社2005年版，第217页。

③ 有关权利工具性作用和建构性作用的区别以及重要意义，详细分析参见［印］阿马蒂亚·森：《以自由看待发展》，任赜、于真译，中国人民大学出版社2013年版，第153-155页。

重要意义，是形成价值观念和优先主次的关键。①有关权利思考过程，显然是一种实践合理性的推理和论证过程，即在慎思和选择中产生的合理性。在其中，权利是实践合理性的一个必要条件，也构成实现其他基本善的条件。

> 在任何不断成长并且不完全是为了实现某些具体、有限和短期的目标而形成的既存共同体中，持续不断的交流（和自由讨论）对于构成共同体生命血液的合作来说是必要的。几乎任何这样的共同体都需要持续不断的交流，这些交流涉及构成该共同体的公共善的共同利益事项。持续不断的交流使这些事项活跃起来，引发对它们进行思考并从中作出选择的各种可能性。对于最终需要诉诸决定性理由来获得解决方案的事项来说，讨论和争辩是关键性的，具体来说因为这些事项在道德上是重要的。通过允许实际上是鼓励热情的辩论、批评和异议，不公正或不道德的政策被具有良好意愿的人们废弃（或修正）就能够得到强有力的支持。②

承认个人权利与政府权力之间的概念性依赖，就是承认在判断政府权力运用之合法与正当的过程中，某种抽象权利的内容和意义得以具体确定。

最后，权利的建构主义图景意味着在宪法的很多领域，尤其是涉及民主政治结构的情形中，权利最好被看作是法律基于实用主义目的

---

① See Ioanna Tourkochoriti, "What Is the Best Way to Realise Rights?", 39 *Oxford Journal of Legal Studies* 209, 210–228（2019）; David D. Cole, "Defending Liberty in the Trump Era: Reflections from the Front", 100 *Boston Law Review* 2413, 2416–2420（2020）.

②［美］罗伯特·乔治：《使人成为有德之人——公民自由与公共道德》，孙海波、彭宁译，商务印书馆2020年版，第337页。

所运用的一种语言或者修辞性的工具，即作为规导政府供给善所诉诸的理由类型，权利引导并最终指向对生活意义和政治道德问题本身的实质讨论，而不是停留在抽象意识形态层面。权利的这种修辞话语并非旨在保护原子主义式的个人利益，权利也并非个人所运用的针对追求公共善的民主多数政治时的"王牌"。相反，权利修辞真实发挥的作用是约束政府行为所诉诸的理由类型。

即是说，在公共善决策过程中，权利能够约束政府行为所诉诸的理由类型，①以此判断何种理由是相关的，何种理由是通情达理的人都会同意，或者何种理由是通情达理的人不会合理拒绝的，从而将争论从抽象的意识形态转向具体的问题本身。例如，某市在决定是否引进某污染企业时，各种相互冲突的观点都能够以权利主张的形式出现于决策过程中：市政府的经济发展权、市民的环境保护权、迁移企业员工的社会保障权、企业迁入地居民的充分就业权等，可以成为也应该成为政府公共决策过程中的考量因素和行为理由。如果政府将与之不相关的因素作为行为理由，或不适当地考量某种理由的分量、优先次序，都将延迟对所涉问题的实质解决。在善存有"合理分歧"且不可消除的意义上，将权利规导的理由类型纳入公共决策，是政府权力运用取得合法性，获得公民认可的关键。

承认权利受到政府权力的影响，政府寻求管制或者干预某种行动领域必然需要某种理由予以证成。即是说，个人权利，尤其是宪法意义上的个人权利，主要作为一种限定工具，它们界定了政府权力行使时所能够提供的理由种类的范围，这些理由在不同领域中构成政府行为的正当理由。依赖于政府行为所发生的不同领域，市场领域、公共教育或者民主政治自身，不同种类的理由都可以成为政府权力行使的

---

① See R. Harel, "What Demands are Rights? A Investigation into the Relation between Rights and Reasons", 17 *Oxford Journal of Legal Studies* 101, 105–107（1998）.

合法依据。①

依据这种观点，权利裁判的关键是维持某种特定的政治或宪法文化。为了维持处于利害关系中的某种政治文化，就必须首先承认不同文化领域或者结构本身的整体性。例如，宗教领域、民主领域或者"私人"领域结构的完整性。当然，这些不同领域的界定和整体性是由多种文化因素所建构的，但是关键点在于权利也能够在这种建构过程中发挥主要作用。特别是，通过权利建构形式的运作，权利在宪法意义上的目的或者证成依据并非是或者不仅仅是促进个人的某种原子主义利益。相反，权利的目的和证成是创造和维持某种特定类型的宪法文化。②从人权内在法理意义上，人权的运行模式就不仅体现为一种防御性的结构模式，更表现为一种合作型的结构模式。③只是在这种合作型的宪法文化中，公共权威必须以某种特定的方式对待宗教，以另外一种方式对待教育，以其他的方式对待投票。

为了说明权利在实践中的这种真实运作，可以通过美国联邦法院确立投票权的过程来形象地说明。一般认为，当前美国联邦法院开始在民主政治领域发挥其作用，主要是通过1959年莱斯特案（Lassiter v. Northampton County Board of Elections）和1965年哈珀案（Harper v. Virginia Board of Elections）确立起来的。④在这两个案件中，美国联邦法院作出了看似截然相反的裁判，即莱斯特案拒绝了对投票必须具备识字能力作为先决条件的合宪性挑战，而在哈珀案则认为投票税

① See Frederich Schauer, "Rights, Constitutions and the Perils of Panglossianism", 38 *Oxford Journal of Legal Studies* 635（2018）.

② See Brandon L. Garrett, "Misplaced Constitutional Rights", 100 *Boston Law Review* 2085, 2130-2131（2020）; Aziz Z. Huq, "Constitutional Rights in the Machine-Learning State", 105 *Cornell Law Review* 1875, 1952-1954（2020）.

③ 参见刘志强：《论人权法的三种法理》，《法制与社会发展》2019年第6期。

④ See Lassiter v. Northampton County Board of Elections, 360 *U. S.* 45（1959）; Harper v. Virginia Board of Elections, 383 *U.S.* 663（1966）.

作为选举的先决条件则是违宪的。在传统的观点看来，法院的这两个决定反映了对个人投票权的极端不同理解。特别是，哈珀案确立了个人投票选举在宪法上的基本地位，任何对投票权的限制必须受制于严格审查，即法院必须判定政府对投票权的限制在何种程度上侵犯了个人的利益，又或者政府对投票权的限制是否具有压倒一切利益的紧迫性。可以说，上述观点充分反映了权利个人主义图景对宪法实践的影响。

然而，从权利作为一种规导政府理由类型的视角来看，识字能力测试和投票税实则是政府规制（或者干预）民主政治领域的两种不同尝试。这两个案件处理的是本质上同样的议题：就政府权力能够影响投票"权利"的范围而言，何种理由的类型是不允许的，何种理由则是被排除的、不相干的。体现在判决中的语言和推理充分地体现了这一点。无论正确或者错误，在莱斯特案美国联邦法院指出："读与写的能力与旨在促进选票的明智运用的标准之间存在着某些联系。"[1] "某些联系"意味着法院承认政府行为所诉诸的理由种类是正当的，为宪法所承认。依据同样的逻辑，在哈珀案美国联邦法院则指出："将财富或者税收作为投票者资格的一种测试标准则是引入了一个任意或者不相干的因素。"[2]显然，宪法禁止将个人支付费用的能力与投票资格相等同，民主政治领域的某种理解蕴含了这一点。因而，无论正确或者错误，从法院的观点来看，识字测试和投票税依赖于不同的证成，反映了法院对个人投票权在建构民主政治领域过程中的不同理解。在这两个涉及个人权利裁判的案件中，权利并非促进某种个人利益，而是变成了某种规导理由的工具，权利建构了民主政治领域中的政治文化。

---

[1] Lassiter v. Northampton County Board of Elections, 360 *U. S.* 45, 51 (1959).

[2] Harper v. Virginia Board of Elections, 383 *U.S.* 663, 668 (1966).

第五节　新权利图景的新困难

如果上述分析得以成立，那么相比权利的个人主义图景，强调权利概念结构性方面的建构主义图景更好地描述了权利在实践中所发挥的真实作用。权利不是或者主要不是对某种所有权的主张，而是对政府权力正当性与合法性的主张。①依据权利的建构主义观点，权利最好被理解为实现某种公共善的工具，或者建构着某种领域中拥有独特特质的政治文化，因而权利的内容必然需要诉诸这些因素得到具体界定。权利的确保护个人利益，但是权利概念并非仅仅局限于个人方面。尽管在描述层面权利建构主义图景更具有解释力，但并不表示其在规范方面不存在深层次的困难。弄清权利建构主义图景在规范方面所可能存在的困难，也能够厘清权利在实践中发挥作用的限度。

首先，权利的建构主义图景依赖的一个前提是权利依赖并建构某种类型的政治文化，这种政治文化的独特性质决定了政府权力行使所诉诸的理由是否具有正当性。显然在这里，权利所依赖并建构的这种政治文化究竟是什么，可能存在着严重的分歧和争议。例如，言论自由的权利既可以诉诸个体自治的道德理想，也可以凭借真理市场理念得到辩护，也可以依据政治参与得到证成。在此，选择不同的政治文化在某种具体情形中会产生截然不同的结果。如色情文学就会凭借真理市场理念而被认为是言论自由权利之一种，而依据政治参与则不会

---

① 从方法论的角度，权利理论之建构不能导致逻辑混乱和社会冲突，其并不能推进权利或正义。这类权利理论将权利和正义割裂开来，只会抹杀两者，并代之以人类的主观愿望、武断的权力以及暴力。这种做法会破坏基于正义、法律和权利的文明本身。参见［美］汤姆·G. 帕尔默：《实现自由：自由意志主义的理论、历史与实践》，景朝亮译，法律出版社2011年版，第104页。

被认为是一种权利，尽管其可能诉诸其他理由而得到政府权力的保护。

其次，从规范角度，即便是能够就权利所依赖并建构的某种政治文化取得一致意见，这也并不意味着对于权利本身的证成是充分的。作为抽象权利的某种具体内容，诉诸权利所依赖并建构的政治文化作为权利保护的理由和依据，并没有给权利自身提供一种充分的规范性证成，某些其他考量性因素（历史传统、经验因素）也应该在权利的证成中发挥作用。因为理由和依据本身并非证成，否则的话，所有的要求都可能会是权利。①从逻辑上讲，所有的要求（即便是不合法的）都可能找到某种理由予以保护，但并非是作为权利而得到保护。例如，商业言论可以诉诸有利于经济繁荣而受到政府权力的保护，但无论是依据何种政治文化，商业言论都不会作为一种权利而受到政府保护。②

最后，权利话语是一项复杂因素相互交织和影响的实践事业，旨在维持和建构某种独特政治文化的权利界定必然拥有强烈的经验性维度。正如斯坎伦所指出的那样，任何一种权利主张，在一般的意义上应该得到以下三种经验性因素的支持：（1）如果没有该种权利个人是如何行为，政府是如何运作的；（2）依据某种规范价值，这种结果可能是不可欲的；（3）设想的权利界定是否以及如何产生另外一个不同的规范上更可欲的结果。③可以说，权利话语对于经验的这种严重依赖，使得任何一种权利界定都可能是错误的，甚至是有害的。显然，权利的建构主义图景并没有提出解决这些经验性问题的具体方案。

尽管权利的建构主义图景可能存在着上述三种困难，但这仍然没有削弱建构主义图景作为构想权利概念的结构性方面是有效的这一判

---

① See Andrew Halpin, "Rights and Reasons: A Response to Harel", 18 *Oxford Journal of Legal Studies* 485, 494-495 (1998).

② See Steven Shiffrin, "Government Speech", 27 *UCLA Law Review* 565 (1980).

③ 参见［美］托马斯·斯坎伦：《宽容之难》，杨伟清等译，人民出版社2008年版，第30-36页。

断。存在的上述三种困难可以说是任何一种权利理论都需要面对和回答的，并非局限于权利的建构主义图景。除此之外，虽然权利建构主义图景对这些困难并没有提供一种具体解决方案，但权利建构主义图景的确对权利议题（issues of rights）提出了正确（right）问题，即要重视权利概念的结构性方面，而不是仅仅聚焦于个人权利；要参与到权利所依赖并建构的某种政治文化的论辩当中，而不是把任何一种道德理想作为先验的予以接受；要经验性评估政府对某种权利规制所提出来的理由，而不是简单地将政府所诉诸的理由类型认定为不重要或者不相干的。某种意义上，最能维护权利的方式是主动而持续地为权利辩护，而非被动地依赖更高的政府权威。"权利的起源在于人与人相互作用的增长，而人与人的相互作用也不可避免地引起技术的进步。这一进步，既会对个体自由产生新的威胁，又允许对大量的剥夺采取新的补救措施。威胁引发限制权力的要求的反击，而补救措施则要求同一权力进行保护性的干预。"①总会出现对既有意识形态和当前政府权力运用构成威胁的新挑战出现，不过它们也是为权利辩护的新契机。

第六节　小结

通常意义上人们提及权利时，就好像权利是某种客观的事物，就在那里，政府要么保护，要么不保护。在自由主义的个人权利图景看来，为了维护权利的规范地位，权利之证成需要以自由、平等尊严和自治地位的道德主体，权利在实践中起到终结论辩的作用，因而构成政府权力的外在独立约束条件。但是，权利在实践中并非总是如此发

---

① 参见［意］诺伯托·博比奥：《权利的时代》，沙志利译，西北大学出版社2016年版，导言第11页。

挥作用。就其性质而言，权利本身是一种公共善，政府有显见义务像其他公共善一样予以提供和保护。特别是，在宪法语境当中，权利依赖并建构不同类型的政治文化，而这些政治文化都是民主的有效运作所必需的。如果将分析的注意力完全聚焦于对权利概念层面，则会忽视权利所具有的结构性功能。

与权利个人主义图景不同，本章对权利概念的构想方式存在着论证的反转。在其中，不应该将受到个人权利当成受到恰当界定的政府权力的对立物。因为个人权利与政府权力在概念上是相互依赖的，两者之间存在着系统而复杂的相互关系。权利既是民主制衡体系中最重要的要素，也是政府权力正当与合法运作过程的产物。权利与政治的这种关联关系意味着，分析者必须努力在政治语境中理解权利。权利所赖以依存的政治实践并不会消失，政治实践形塑权利形态的动力始终存在。

第三章 权利与权利关系前提的法哲学批判：权利经济分析的误区与超越

经由权利的分析理论，权利成为"基本法律概念"甚至"基石范畴""核心范畴"。从内部视角分析权利与权利之间的关系便成为理论学者的一项重要议题。逻辑上，权利与权利的关系可以呈现为两种形态，既可以表现为权利之间的相互支撑，[①]也可以表现为权利之间的相互冲突。相比较权利之间的相互支撑，权利冲突问题更为理论学者所注意，并进行了大量研究。权利为什么会发生冲突，权利发生冲突时如何进行抉择？对此，诉诸"科斯定理"，权利的经济分析给出了一种解决方案。问题是，"科斯定理"之于权利与权利关系问题的分析是令人信服和充分的吗？为了批判性地省察"科斯定理"之于权利问题分析的解释力，本章反思的是法律经济学者在应用"科斯定理"作为论辩前提分析权利冲突时所存在的问题。之所以选择"科斯定理"，是因为在通常理解中"科斯定理"是关于权利界定的。"科斯定理"为分析某些权利界定问题，特别是权利冲突问题提供了一种极其富有启发性的思路和指引，但"科斯定理"本身之于权利问题分析的其他可能效

---

① 本章聚焦的是权利与权利之间的冲突关系，此议题为大量学者所研究，有着相对成熟的理论成果，这也为反思既有理论提供了可能。相比较权利冲突，权利之间的相互支撑却较少引起研究者注意，对此的一个经典分析，参见 Henry Shue, *Basic Rights: Subsistence, Affluence, and U. S. Foreign Policy*. Princeton: Princeton University Press, 1996.

能仍然需要进一步挖掘。

第一节 "科斯定理"中被忽视的"选择"

一个人一定要下很大的决心和勇气才敢于写一篇关于"科斯定理"的文章。①科斯定理，就它是"定理"而言，既拥有坚定的支持者，也有彻底的批评者。②这从部分上来说是巨人之间的战斗，因为两边都有着重量级的思想家，有些论者身上还有诺贝尔奖的桂冠，他们各自挥舞着彼此各异的武器。基于此，这里的主要目的并不是判断哪一方正确，也无意于为"科斯定理"进行理论上的证明和经验上的证伪，而是试图确认问题是什么，特别是法学研究者（主要是法律经济分析的主张者）应用这一定理作为论辩的前提和依据，分析法学上权利问题时所忽略或者所不思的问题。

一直以来经济学和法学学者们都对如何理解"科斯定理"争论不休，不过有一点是确定的，即该定理出自"社会成本的问题"这篇经典论文。③一般认为，"科斯定理"的标准版本含义是：在交易成本为零的情况下，不管法律对权利如何配置，有效率的结果都会出现。换

———————

① "科斯定理"这一术语首先由经济学家施蒂格勒提出："科斯定理这样断言，在完全竞争条件下，私人成本与社会成本相等。……法律经常被证明是不重要的：法律规定应当由卖主，或是反过来由买主付零售税，在效果上是完全相等的。"［美］乔治·J. 施蒂格勒：《价格理论》，李青原等译，商务印书馆1992年版，第113页。

② 有关分析和批判，中文可参见 ［美］斯蒂文·G. 米德玛编：《科斯经济学：法与经济学和新制度经济学》，罗君丽等译，格致出版社、上海三联书店、上海人民出版社2010年版；英文可参见 Robin Hahnel and Kristen A. Sheeran, "Misinterpreting the Coase Theorem", 43 *Journal of Economic Issues* 215 (2009).

③ See R. H. Coase, "The Problem of Social Cost", 3 *Journal of Law and Economics* 1 (1960).

句话说，如果交易成本为零，只要权利初始界定明确，市场主体之间的自由协商就能达到资源配置的最优状态。这个定理的反面就是，当交易成本太高以至于不能讨价还价时，资源能否得到有效率的配置便取决于产权的界定；其规范或者政策含义就是构建法律以便消除私人交易的障碍或者减少因不能达成私人交易而带来的损失。^①由此可见，"科斯定理"认为法律权利界定和经济效率经由交易成本而牵连在一起。

这即是说，法律权利界定对于经济分析既可以是非常重要也可以是无足轻重，这取决于交易成本是否为零。正是在这一意义上，法律与经济才有了沟通和联结的可能。"科斯定理"之于经济学的贡献和启示，就是使现实经济体制中无处不在的交易成本进入经济学者的视野，开创了交易成本这个新的分析范式。^②但"科斯定理"之于法学的联结，为什么是权利界定，权利界定又是在哪种意义上与科斯定理相关？对于这些问题，科斯本人的回答是清楚的，即必须对权利的归属做出判断和决定，因为权利界定是市场交易的前提。^③这确实是定理，但不是科斯的，而是张五常所谓的"市场交易定理"的一项当然约束条件。^④试想一下，如果物的归属不明确、权利没有主人，就不可能有有序的市场交易，科斯仅仅是把这一点众所周知的事实指出来而已。但

---

① ［美］罗伯特·考特、托马斯·尤伦：《法和经济学》，张军等译，上海三联书店1991年版，第135-138页。

② 交易成本范式，简单地说就是把制度和组织的产生、变迁、转型以及消亡都归结为交易成本的节省或者增加。科斯对交易成本范式的坚持和追求，影响了后来同样获得诺贝尔经济学奖的诺斯和威廉姆森，前者研究"经济史的结构和变迁"，后者研究"资本主义制度：论市场契约和组织契约"。

③ See R. H. Coase, "The Federal Communications Commission", 2 *Journal of Law and Economics* 1 (1959). 权利的归属必须得到界定通常被认为是"科斯定理"的第一定理，在《社会成本问题的注释》一文中，科斯承认"这是科斯定理的实质"。参见［美］罗纳德·哈里·科斯：《企业、市场与法律》，盛洪、陈郁译，格致出版社、上海三联书店、上海人民出版社2009年版，第153-155页。

④ 参见张五常：《科学说需求》，中信出版社2010年版，第204页以下。

不要因此认为这是对科斯贡献的磨灭或者贬低，毕竟科斯是第一个发现新大陆的哥伦布；也不要忘了，市场交易的可以不必是界定的权利，也可以是有所归属的生产要素。科斯却是从权利而不是物的角度看待市场交易的这种前提预设，科斯写道：

> 通常认为商人得到和使用的是实物（一英亩土地或一吨肥料），而不是行使一定（有形的）行为的权利。我们会说某人拥有土地，并把它当作生产要素，但土地所有者实际上拥有的是实施一些有限制行为的权利。[1]

然而，法学意义上的权利界定并非如此狭隘，因为权利界定不仅仅是市场交易的前提，也可以是市场交易的结果，还有可能权利界定织合在合约之中。在逻辑和语义上，权利界定包括权利界限以及权利确定两个方面。进一步，权利界定的问题可以包括以下三个问题：（1）某些主张、要求、利益或者行为是否能够在法律上以权利之名得以确认，以及已得到法律确认的诸种法律权利的界限在哪里；（2）权利界定的上述问题是或应该以什么准则进行；（3）由谁或者应该由谁依据上述准则进行权利的界定。这三个问题可以称为权利界定的难题。没有疑问的是，对于上述问题法律本身不能告诉我们很多，被表述为的"科斯定理"也没有直接告诉我们答案。科斯本人也说是社会成本的"问题"，而不是答案。因为所谓的定理，同时也就意味着相信它的偏见和先入为主的成见，其主要作用是让使用者免去思考的义务。而且，设想对社会成本或任何其他问题的分析，科斯的话或者任何权威的话就是结论，这是很轻率的。然而，对于权利界定的难题，科斯确实能

---

① See R. H. Coase, "The Problem of Social Cost", 3 *Journal of Law and Economics* 1, 43-44 (1960).

够或在这里或在那里给法律人以某种有意义的启发，一种思路上的启发。要想正确地理解科斯，仅仅理解"科斯定理"（《社会成本的问题》这一篇文章）是不够的，说得直白些，就是需要阅读并理解科斯的所有相关文献。

法学学者应该公正地对待科斯，即要像科斯一样理解科斯。所谓像科斯一样理解科斯，[①]就是理解科斯分析问题的角度和思路。所以，在这里我们首要的任务是，同情地理解科斯究竟是在什么语境之下、如何提出后来所谓的"科斯定理"的。众所周知，"科斯定理"之所以能够提出，一个最为重要的原因就是科斯从"损害具有相互性"这个全新的角度分析了一个古老的经济学争议性论题，即私人成本和社会成本的分离问题。具而言之，私人成本和社会成本的分离，以庇古为传统的处理方法是让社会成本内部化。例如，一工厂对周围居民造成了烟尘损害，政府可以向工厂征收同等数额的税收，这样就可以使损害所产生的社会成本内部化。但科斯认为：

> 传统的方法掩盖了不得不做选择的本质。人们一般会将问题想成 A 损害了 B，然后决定该如何去制止 A。但这是错误的。我们处理的是具有相互性本质的问题。若要避免损害 B，就会损害到 A。真正必须决定的是：是允许 A 损害 B，还是允许 B 损害 A？问题是要避免较严重的损害。[②]

由此可以看出，"选择"和"相互性"是上述引文的两个关键词。然

---

① 思想史家的任务就是，恰如以往的思想家理解自身那样去理解他们，或者根据他们本人的解释来复活其思想。倘若我们放弃了这一目标，我们也就放弃了思想史中唯一可行的客观性标准。参见［美］施特劳斯：《什么是政治哲学》，李世祥等译，华夏出版社2011年版，第56页。

② See R. H. Coase, "The Problem of Social Cost", 3 *Journal of Law and Economics* 1, 2（1960）.

而，科斯的追随者在引述上面这段话时，大部分都强调了"相互性"，相对忽视了"选择"这个同样重要的语词选项。我们要充分挖掘"选择"这一概念丰富的理论含义。对于选择，与权利界定的上述三个问题相呼应，有三个基本问题需要分析：（1）什么是选择，首要的是科斯所言的选择，是哪种意义上的选择，以及它对于法律分析而言是否充分，这涉及选择的场域问题；（2）选择存在本身有什么理论和现实意义；（3）选择得以做出的预设前提是什么。一句话，我们要把选择的方法贯穿于理论分析的始终。首先从第一个问题开始。

第二节　权利冲突的界限与选择的场域

没有疑问，权利冲突是近年来法学研究的热点和争议性论题之一。[①]一般认为，权利冲突是合法性、正当性的权利之间的冲突，这就排除了类似于权利冲突的侵权行为、违法行为，同时也排除了法律权利与道德权利、道德权利与道德权利之间的冲突。[②]当然，也有学者认为，任何权利（这里的权利是法律上的权利）都有特定界限，权利的边界可以通过立法技术、司法解释、法律原则、公序良俗等划定，只要守护，就不会发生冲突。[③]例如，任何人都有财产权，但他却不能用

---

① 参见刘作翔：《权利冲突：案例、理论与解决机制》，社会科学文献出版社2014年版，第6-18页。

② 有关权利冲突、权利竞合、权利滥用等概念之间的辨析，可参见李常青：《权利冲突之辨析》，《现代法学》2005年第3期；张平华：《权利冲突辨》，《法律科学》2006年第6期；彭诚信、苏昊：《论权利冲突的规范本质及化解路径》，《法制与社会发展》2019年第2期。

③ 只要确定权利的法律界限，权利冲突就只是表象，权利冲突是个伪命题，参见郝铁川：《权利冲突：一个不成为问题的问题》，《法学》2004年第9期；有关权利界限的更多分析，参见李海青：《论权利的限度》，《哲学研究》2013年第11期。

这种财产去做一些以伤害他人为目的，同时自己却没有收益或者只有很少收益的事情；任何人也都有生育权，他（她）可以和自己的心仪对象结婚生子，但是他（她）却不能强迫对方为自己生育且一定要生儿子；任何人也都有言论自由权，他可以"宅"在自己家里胡言乱语，到处吐槽，但他却不能在剧场里大喊："失火了!"对于权利冲突的这种分析，当然应该予以同意，但问题在于，既然事后可以通过上述方法来确立法律的界限，为什么当初在立法的时候不把各种权利界限划定好? 权利的这种法律界限应该划在哪里，是固定不变的还是随着情境有所变化?

事实上，每个人都会同意，权利之所以发生冲突，就是因为法律权利界限的模糊和不明确。当然，我们不必限于"权利是否存在冲突"这种语词上的无谓争论。严格来说，这两种观点其实是对不同问题的两种回答，两种回答本身并不是冲突的，而是互补的。权利的界限通过各种手段得以确立的结果就是权利冲突的解决，但这种回答又是以权利界限存在模糊和不确定为前提预设，无论是否将这种状态都称为权利冲突。

然而，真正重要的是，除却上面权利冲突语词和定义上争论，诸多关于权利冲突的分析中有一点是一致的，即很多学者不约而同地将权利冲突的本质归结为利益冲突。[①]然而，这种分析权利冲突的思路是片面和不准确的。当然，分析者之所以将权利冲突归结为利益冲突的一个最重要的根据就是科斯所提出的相互性。更确切地说，分析者的

---

① 应该指出的是，权利的冲突并非总是能够归结为利益冲突的，实践中真正难办的权利冲突更多根源于一种价值、观念上的分歧，例如围绕安乐死的权利冲突，其中一方主张有道德上的理由终结生命，另一方也有同样的道德理由终结那个道德性地终结他人生命的人的生命。对于此类权利冲突，显然是无法进行经济分析和论证的，对此需要的是冲突双方进行有说理力的论证，更不是取决于有关它们的真理性的知识。参见［美］加里·R.赫伯特：《权利哲学史》，黄涛、王涛译，华东师范大学出版社2020年版，第446—447页。

逻辑是把科斯所提出的"损害的相互性"等同于权利的相互性。[1]对于相互性这个概念，如下面的分析所表明，分析者的错误在于，他们没有注意到科斯的概念是狭义、有限定的，他们是依据权威进行论辩，但是引用的权威恰好又被误解了，或者是断章取义的片面引用。而且，把权利冲突解释为权利的相互性并进而等价于损害相互性，存在着逻辑上的问题。因为从语法上讲，主词和宾词之间是综合性的，不是分析性的。与其说是一种对权利冲突的定义，不如说是权利冲突的原因，这是其一。[2]

其二，这种看待并分析权利的观点实际上预设了权利本质的单一性，即利益（interest）总是权利的相关项，权利总是可以化约为利益。但是，权利与利益之间的关系要复杂得多。正如学者所指出的，权利是正当的事物，而利益本身无所谓正当与否。[3]我们也不要忘了，权利

---

[1] 这第一个吃螃蟹的人其实就是苏力，实际上关于权利冲突的大部分研究，特别是能够进入理论法学的研究视野在很大程度上起因于苏力的一篇文章，即苏力：《〈秋菊打官司〉案、邱氏鼠药案和言论自由》，《法学研究》1996年第3期。苏力写道："表面看来，是被告的行为侵犯了原告的权利；但如果换一角度，并且不预先假定哪一方的权利更为重要，我们就会发现如果我们满足原告的请求，就侵犯了或要求限制被告的权利。因此，无论法院的最终决定如何，它保护一种权利的时候，实际上必然侵犯另一种权利。这就是权利的相互性。"苏力：《〈秋菊打官司〉案、邱氏鼠药案和言论自由》，《法学研究》1996年第3期，第69页。对苏力观点的批判性分析，可参见关今华：《权利冲突的制约、均衡和言论自由优先配置质疑——也论〈秋菊打官司〉案、邱氏鼠药案和言论自由》，《法学研究》2000年第3期。从理论适用视角，重要的在于权利的适用语境和条件。苏力在没有弄清楚科斯所说的相互性意味着什么，也没有考察法律上的权利本身是什么的情况下，就急切地套用科斯所提出的"损害相互性"并以此逻辑来分析权利冲突和权利配置，中间缺少了太多的分析和论证。"一步到位"的分析太急切，可能会把我们逼入绝路和死胡同，忽略了其中命题之间的逻辑上的关联。步子迈大了，容易出现问题。从经济学角度对权利冲突的更多分析，还可参见桑本谦：《理论法学的迷雾：以轰动案件为素材》，法律出版社2015年版，第21—22页。

[2] 参见王克金：《权利冲突论：一个法律实证主义的分析》，《法制与社会发展》2004年第2期。

[3] 参见范进学：《权利概念论》，《中国法学》2003年第2期。

的相关项还可以是自由（freedom）、资格（entitlement）、能力（power、capacity）以及主张（claim），与利益没有必然的相关性。[①]当把权利等同于利益就必然耗散权利的多重属性。利益分析虽然易于操作，但过于简单。因为利益的分析总是一个大小、权重以及缓急的问题，倘若任何对权利的分析最终陷入到以利益选择和衡量为中心的逻辑框架内，就必然得出一种权利相对于另一种权利具有优先性。然而，现代法律的一个基本精神是权利的平等保护。[②]而且，如果法律上所有的对立主张都可以以利益的形式进行比较和衡量，那么权利在本质上就无法区别于利益主张。事实是，当权利起作用的时候，任何人不能仅仅诉诸某种利益而为权利违反提供正当性理由。例如，一个人答应（男）女朋友去逛街买衣服，他/她或许可以失约，如果他/她的同学生病需要有人送医院且找不到别人，但是他/她却不能以要看一部要收尾的精彩电视连续剧而失约。之所以如此是因为我们平时的一些行为和决策，通常要排除某些不相关的理由，而不仅仅是因为这些理由不重要。法律上的决策，尤其是法律上的权利也是如此。一旦把某种利益、要求、主张或者行为提升为权利，我们就是在一系列理由中暂时将某些理由予以排除。[③]某些理由之所以是不允许的，不是因为它们的重要性，而是因为它们是不相干的。于此而言，权利以某种与利益隔绝的形式而绝对地存在着。

拉兹对"核心权利"和"派生权利"的区分，也可以很好地帮助我们澄清权利和利益之间的这种区别。拉兹认为：

---

① 参见夏勇：《权利哲学的基本问题》，《法学研究》2004年第3期，第3-5页。

② 法律当然存在位阶，权利通常规定在有位阶的法律之中，但并不能因此得出权利存在位阶的结论；即便权利有基本和非基本权利、财产和人身权利、原初和派生权利的区分，也不能由此得出优先保护其中的一种，关于权利的平等保护参见刘作翔：《权利平等的观念、制度与实现》，《中国社会科学》2015年第7期。

③ 参见陈金钊：《过度解释与权利的绝对化》，《法律科学》2010年第2期。

> 个人自由权利是一种核心权利，其他权利都由它派生出来。……通常权利所有者对于他们有着派生权利的客体都有着直接的利益。但是，那些利益并不总是成为他们权利的基础。一种权利的基础是权利存在陈述的正当理由中体现出来的权利，这种利益与核心权利直接相关，而与他的派生物却是间接地相关。①

由此可见，我对我的电脑拥有所有权，并不是因为电脑本身的价值有多大，虽然我的电脑的品牌和价位可能比你的要低些，但我对电脑的所有权和你对电脑的所有权是等价的，它们都是由更高层次的个人自由所派生出来的。

其三，在宽泛的意义上，把"利益"作为权利的相关项本身并也没有多大的问题，只不过需要明确这里的"利益"指的是哪种形态的利益。②为此，需要追问科斯所说的"损害具有相互性"究竟是什么意思。很简单，在科斯的分析中，具有相互性影响的损害，无论是指麦苗毁坏、交通事故、空气污染还是水质破坏，从性质上说，冲突双方缺少任何一方都不会造成这种相互影响。正是由于对土地、空气和水资源的共同、竞争使用，才形成损害的相互影响。造成利益冲突的原因乃是对稀缺资源的竞争需求，当然这也是任何经济分析的出发点和

---

① ［英］约瑟夫·拉兹：《自由的道德》，孙晓春等译，吉林人民出版社2011年版，第157页。

② 有关法律上的利益的各种形态，详细分析参见［美］罗斯科·庞德：《法理学》（第三卷），廖德宇译，法律出版社2007年版，第十五章。

缺省假定。①

在法律上，人格与尊严、家庭关系、从事实业与缔结合同自由、约定、与他人友好和谐关系、就业稳定、公共安全、社会制度稳定、公共道德、社会资源保护、公共发展、个人有意义生活等，所有这些都是利益，而且是每一个人、每一民族或国家所向往和追求的东西。但如果这些利益分散地由相关主体享有，例如丈夫拥有做父亲的利益，妻子同时拥有不想生育的利益；孕妇拥有自我决定的利益，胎儿（或国家）同时拥有生命的利益……也就是说，冲突的两造利益没有附丽、没有着力点的话，分散的主体就会把各种影响自我利益的各种权重因

---

① 在逻辑上，这个问题又引出了经济学上另外一个至关重要的问题，即如何有效率配置资源的问题。一般认为，配置具有冲突用途的资源有两种方法：一是由私有产权的分散主体去自行协调；二是由某种权威和权力的中央计划局集中配置。如果交易成本为零的话，那么由个体还是中央计划局是无关紧要的。然而，对于交易成本为正时到底应该怎么做就有两种对立的想法：一种观点认为，可以由一个类似于中央计划局那样的主体来操作，绕过高昂的交易成本来实现最优的资源配置；另一种观点则认为，现实中个人决策有关的信息是无法被当作客观的数据交由中央计划局集中处理，因为没有人知道每个分散主体在决策时的信息，所以也就没有人知道权衡社会整体利弊要如何进行，更无法知道那个所谓的最优配置资源的蓝图是什么样子。所以，正的交易成本就会使得以社会整体产值作为最优资源分配效率评估标准的最佳权利安排和社会制度成为经验上不可知，实际上只有在非常理想化的条件下，即全知全能的中央计划局的存在，这种情形才能成立。故而有学者认为，科斯所主张的实际上相当于在交易成本为正的世界中不自觉又引入了交易成本为零的假设，即认为存在全知全能的中央计划局可以对（初始）产权按照社会成本的要求进行充分、完全、有效率的界定和调整。参见莫志宏、黄春兴：《损害具有相互性本质吗？——论科斯思想中潜藏的计划观点》，《制度经济学研究》2009年第2期，第185—188页。这一批评在逻辑层面虽然说重要，但是不应该过分和夸大。如果否定（损害）相互性问题这个看问题的角度，那么就不可能有后来的科斯定理。但我们不应该仅仅停留在逻辑层面，要从理论建构的角度分析科斯所提出的这一观点所起到的作用。科学分析方法告诉我们，在理论模型和新范式的提出和建构过程中，作为理论上的假设和简化是必要的，也不一定与现实完全相符，重要的是提出了什么可反驳和经验验证的理论假说。参见 S. M. Shugan, "It's the Findings, Stupid, not the Assumptions", 26 *Marketing Science* 449, 454 (2007)。

素，特别是一些不相关、不重要的因素加入到与自己利益的识别和加总中，最终变成了纯粹价值量上的比较和判断，由此对利益冲突解决的结果就是诸种权利之间必然存在等级。但是如果我们把夫妻的利益共同附丽于婚姻关系，孕妇和胎儿的利益共同着力在准母亲的身体上，问题就变成两造的利益主张在这些稀缺资源上发生排他性的竞争性使用时，应该把这种稀缺资源的使用配置给谁的问题了。这时从经济分析的角度，一个当然的判断准则就是谁的使用会带来社会财富最大化。因为在资源稀缺配置效率的意义上，只有一个竞争准则，那就是财富最大化，是一个值得追求的价值，尽管不是唯一的。这种经济分析是也必然是规范中立的，其中的判断理由没有涉及任何价值因素。①命题预设并进而决定了问题的答案。

所以，在某种意义上，让利益成为权利的相关项并进而将权利冲突归结为利益冲突，也许本身并没有多大错误，只要分析者能够找到两造冲突利益所共同的着力点。但这也并非科斯分析"损害具有相互性"问题的本意。真正令人耳目一新的是，科斯由此提出了"不得不选择"的问题。那么，这种"不得不选择"是哪个层面、哪种意义上的呢？进一步分析会发现，"损害具有相互性"存在一个隐含的、不证自明的或者说等价命题是损害的不可避免，由此才有可能引出稀缺资源的配置问题。即是说，科斯的"选择"确切地说是损害"存在"和"不可避免"前提下的选择。此种意义上的选择，必然是两害相权取其轻，这是一个单纯数量上的判断和取舍，此时的选择是定量的。但是，法律人却不应该止步于此，必须追问：是谁在选择，又是在哪个层面为谁的选择？因为在实践中，在自然资源限度内，人们必须首先决定生产多少稀缺物品，同时又必须决定谁能得到这些稀缺物品。转换成

① 实际上这种以财富最大化为权利界定的准则并非完美无缺，而是违背人们的直觉以及基本的法学常识，以至于某种程度上消散了这种进路的可取性以及适用范围，相关分析将于下面展开。

马克思意义上的产权理论，必须认识到产权本身是"一定所有制关系所特有的法的观念"。[1]在这里，必须区分产权的两种不同规律，即产权的第一规律和第二规律，前者是商品生产的规律，劳动者对其自身的产品拥有产权，劳动和财产是同一的；而后者则是资本主义生产的产权规律，财产表现为对他人劳动的异己性的否定。[2]不仅如此，人们在处理稀缺物品的两种决定之间，有时候会举棋不定，遭遇"悲剧性分配"。[3]一个更加具有普遍性的问题是，有时候稀缺状态不是作为一个假定，也并非由资源绝对匮乏所造成，而是一个社会有意识的公共选择的结果，是一个需要分析的问题。[4]

当然，在一定意义上，社会要想进步，生活水平要想继续提高，就必须有某种"损害"，我们不能决定损害是否发生，但我们可以选择

---

① 《马克思恩格斯全集》（第30卷），人民出版社版1974年版，第608页。

② 参见吴易风：《产权理论：马克思和科斯的比较》，《中国社会科学》2007年第2期。

③ 悲剧性分配具有以下三大特征：（1）悲剧性分配所必然涉及的流程成本；（2）悲剧性分配都要求一级资源充足的表象；（3）每一种悲剧性分配方法的优势与劣势会彼此相当。例如在人工肾脏的分配过程中，无论采用哪种分配标准（如金钱、抽签还是最大康复可能性），都不可避免地要处理和面对三个悲剧性问题：（1）申请人可能需要披露某些个人不愿意公开的私人信息；（2）人工肾脏稀缺的巨大现实，而且短期内无法低成本地改变；（3）无论是采用市场、政治还是行政方法，每一种方法都存在缺点，这些缺点的形成很大部分与社会所珍视的一些相冲突的价值有关。对此详细分析参见［美］盖多·卡拉布雷西、菲利普·伯比特：《悲剧性选择：对稀缺资源进行悲剧性分配时社会所遭遇到的冲突》，徐品飞等译，北京大学出版社2005年版，第134页以下。而从行为经济学视角，在稀缺状态下所引发的这种权衡式思考方式，则会进一步产生"酸葡萄"的心理，那些没有被满足的需求反而俘获了我们的大脑，以致我们开始对之念念不忘，开始产生决策难题。参见［美］塞德希尔·穆来纳森、埃尔德·沙菲尔：《稀缺：我们是如何陷入贫穷与忙碌的》，魏薇、龙志勇译，浙江人民出版社2018年版，第83页。

④ 参见邓大才：《产权的政治逻辑：产权怎样、如何影响政治——从产权政治的功能视角考察》，《学习与探索》2014年第9期；邓大才：《通向权利的阶梯：产权过程与国家治理——中西方比较视角下的中国经验》，《中国社会科学》2018年第4期。

损害发生的时空和程度。企业可以不必为排放的污染空气买单，并不仅仅是因为在该区域稀缺空气的竞争使用过程中，企业所产生的社会产值最大化，法律因此将空气的使用权配置给企业。更主要的原因在于，该地区的居民通过公共选择自愿承受了这种污染。这里的公共选择包括但不限于，企业在该区域的选址与否以及能够排放污染物的种类和程度。相互性的问题必须首先存在有选择的可能，之后才有稀缺资源配置效率的问题。注意到选择存在的这种场域，就使得我们将理论和实践的关注点集中于如何制定一些实体规则识别出相关利害关系人以保护适格当事人的正当诉求和利益，科学设计制度结构和安排、构造正当的程序以保证利害关系人的充分参与来确保选择的"公共性"。这是"选择"对于权利界定问题所开放出来的第一个启示面向。

第三节　权利界定的规则与选择的向度

在《社会成本的问题》这篇论文中，科斯另一个重要的分析思路和看问题的角度便是以权利看待生产要素。科斯的这一观点对经济学和法学的影响巨大。从经济学的角度，任何东西都可以看作是生产要素，只要能够作为生产过程的输入成分，最初产出某种经济物品。因此，判断某种东西能否作为生产要素的一个主要衡量标准就是看它是否对生产起到积极作用以及最终对产出份额贡献的大小。在权利可以产生社会财富的意义上，权利也是一种生产要素。那么，一种"权利"或者"生产要素"得以成立的准据是什么呢？科斯认为："行使一种权利（使用一种生产要素）的成本，正是该权利的行使让别人所蒙受的损失。……显然，只有得大于失的行为才是人们所追求的。"①科斯的继承者特别是法律经济分析者们自然抓住了这根救命稻草：在判断是否确定一项权利以及划定权利的力度和范围时，他们认为一个重要的方法就是对该权利进行成本收益分析，即对社会财富总和所产生的影响。②这种分析尤其适合于在疑难案件中如何对争议产权进行配置的情形。我们的问题是：作为判准的"财富最大化"中的"财富"指的是什么，如何量度和衡量；与此同时，这种以财富最大化为权利界定的规则，是否使得我们因此丢掉和抛弃某种至关重要的东西。让我们从第一个问题出发。

一、财富量度与选择的主观性

在传统礼俗社会，说起对疑难案件的智慧处理，人们首先可能会想到包拯，稍后可能会加上宋慈，当然现在有可能还会把狄仁杰也包括在内。然而，苏力提醒我们不要忘了海瑞也是其中之一，而且与包拯等人相比，海瑞甚至在某些地方还会胜出，特别是海瑞对财产两可案件的智慧处理上。海瑞的疑难案件司法经验是：

> 事在争产业，与其屈小民，宁屈乡宦，以救弊也。（乡宦
> 计夺小民田产债轴，假契侵界威逼，无所不为。为富不仁，

---

① R. H. Coase, "The Problem of Social Cost", 3 *Journal of Law and Economics* 1, 44 (1960).

② 关于财富最大化的解释和辩护，可参见［美］理查德·A.波斯纳：《法理学问题》，苏力译，中国政法大学出版社2002年版，第441页以下。在波斯纳那里，财富最大化是普通法审判的指南，而且是一种真正的社会财富，是法官这个位置能够很好促进的唯一价值。它提供的就不仅仅是精确描述法官应当如何行为的关键，而且也提供了批判和改革的正确基准，但法官对财富再分配做不了什么。对财富最大化在疑难案件中应用的更多批评性分析，可参见桑本谦：《疑案判决的经济学原则分析》，《中国社会科学》2008年第4期。

比比有之。故曰救弊。）事在争言貌，与其屈乡宦，宁屈小民，以存体也。（乡宦小民有贵贱之别，故曰存体。若乡宦擅作威福，打缚小民，又不可以存体论。）①

可见，对疑难案件的处理上，海瑞很显然有自己的一套独特心得。在争议双方的主张都有同等说服力的证据支持时，法官作出有利于任何一方的判决都有道理。这个时候，需要法官的自由心证，不过即便法官可以自由心证，海瑞区分了两种争诉：争产业与争言貌。对于前者，要判给经济弱势的小民，以"救弊"；对于后者，则主张照顾乡宦的颜面，以"存体"。海瑞的这两条不同的倾向性保护原则——救弊与存体，其实正好体现了儒家提倡的司法平衡原则，即"情法允协"。②

然而，与放置儒家传统理解海瑞"可疑"案件的"自由心证"不同，依据经济学分析技巧和原理，苏力则将海瑞的司法经验总结为所谓的"海瑞定理"："在经济资产的两可案件中，无法明晰的产权应配置给经济资产缺乏的人；以及文化资产的两可案件中，无法明晰的产权应配置给文化资产丰裕的人。"③这两点可以归结为两可案件的产权配置应该遵循财富最大化原则。为什么这样说呢，特别是在苏力的分析中，"财富"指的什么，以什么为衡量准据？我们知道，在具体社会中，根据定义，穷人和小民占有的经济资产必定更少。根据经验，在中国传统社会，兄长、叔伯和乡宦占有的文化资产更多。基于此，苏力认为由于双方各自拥有的经济以及其他资产不同，两可财产之不同配置和使用对个人会有不同的效用，对以个人效用测度的整个社会的

---

① 陈义钟编校：《兴革条例》，《海瑞集》（上册），中华书局1962年版，第117页。

② 参见吴钧：《中国的自由传统》，复旦大学出版社2014年版，第83页。

③ 苏力：《"海瑞定理"的经济学解读》，《中国社会科学》2006年第6期，第118页。

财富总量就会有影响。当两个判决同样满足法律公正之际，法官应当从一种相对客观的（合乎情理的）视角选择将两可产权配置给对其可能有最大边际效用的一方，即财富较少的一方。可见，苏力这一论证隐含的条件是：不同人之间的效用可以通过同一的单位和换算标准加以比较。

但是这一分析是有问题的。实际上，边际效用递减一般也只适用于同一人之效用方程，而不能适用到不同人之间的效用比较上。[1]经济学家张五常更是认为，效用本身只是一个概念，真实世界中并没有其物，无法观察，更无法量度，是一个应该取缔的概念。[2]经济学上的效用概念是应该取消还是维护，在这里不去争论。因为在某种意义上，我们必须以主观效用来衡量社会财富。[3]财富之所以是财富，一个最重要的原因（尽管不是唯一的），就在于财富能够满足人们的某种欲望和需求。倘若某种财产不能满足人们的欲求，人们也没有理由把它作为社会财富而去生产和占有。反过来，如果人们普遍地对某种财产的主观效用越强烈，社会所能够生产和占有的这种财产越多，我们就可以说，该社会的财富也就越大。这种哲学认识论意义上的以主观效用衡

---

① 参见张巍：《对海瑞定理的法律经济学评论》，《法律与社会科学》2009年第5期，第215页以下。

② 参见张五常：《科学说需求》，中信出版社2010年版，第115页以下。

③ 实际上，为什么社会财富是一个追求的目标这一点也是不清晰的。德沃金就认为，社会财富本身不是一个价值构成要素，而是一个价值工具，其之所以是可欲的是因为它们能够导致本身具有价值的其他因素的增加，例如一个人所珍视和向往的幸福感、愉悦及美好生活等。这也并不表示社会财富与效用是同一个东西，有时效用可以分离于社会财富，在这个意义上社会财富便丧失了作为价值的一个构成要素的可行性。德沃金举了一个例子，德里克是一个穷人，他病得痛苦不堪，他愿意以2美元卖掉仅有的书来买药治病；阿马蒂富裕而满足，他愿意花3美元买下这本书，他可能会看，也可能不会看这本书。假如暴徒造成了无补偿的转让，那么社会财富将会增加，但是总效用将大大下降，情况也不会在任何一个方面得到改善。参见［美］罗纳德·德沃金：《原则问题》，张国清译，江苏人民出版社2008年版，第300页以下。

量财富并不是这里的关键所在，真正的问题是这里的主观效用究竟是谁的？同时，这种主观效用如何能够被第三人客观地观察、量度以及相应地权衡。

很显然，在苏力的上述分析中，主观效用是当事人的，但当事人的这种主观效用并非是主观的，而是通过定义客观假定的。然而，从选择的角度，这里的主观效用也可以是行为者的。"行为者"这一语词内在地隐含着某种个人选择在里面。因而，从个体视角出发，所谓社会制度的目的是幸福或者任何抽象整体的东西是没有意义的，实际上就是说社会制度根本没有个体目的。"因为幸福是个人的事，要创造幸福，社会就要把自身分解为无数个体的雄心抱负，让人人都实现某种个人目标。"[1]即是说，我们可以或者说必须从个体选择的角度来分析以主观效用量度的财富最大化问题。

从选择的角度，选择的存在意味着什么呢？经济学者们一般都同意，成本起因于选择，有选择就有成本。[2]但起因于选择的成本，必须进一步考究的一个问题是在选择理论中成本形态是主观还是客观的。不同于预测理论，选择理论中行为者的主观效用是内生的，完全是主观化的，存在于行为者的头脑中，它侧重于从动态、变化的角度看待行为者的主观效用。[3]所以，忽视选择和行为者的偏好因素，我们不能

① ［英］R. H. 托尼：《贪婪的社会》，启蒙编译所译，商务印书馆2021年版，第30页。

② 参见张五常：《收入与成本》，中信出版社2011年版，第136-137页。

③ 布坎南认为，与选择绑定的一起的成本概念，可以包含以下几种具体含义：最重要的一点是，成本肯定只有决策者承担，成本不可能转嫁到或强加于其他人身上；成本是主观的，存在于决策者的头脑中；建立在预期的基础之上，它必然是一个向前看的或事前的概念；成本永远不会实现，因为选择本身就意味着放弃了的东西是不能享受到的；决策者之外的其他人不能对成本加以测度，因为主观体验是无法被直接观察到的；最后，在时间维度上，成本定位于做出决策或选择的那一刻。具体参见［美］詹姆斯·布坎南：《成本与选择》，刘志铭、李芳译，浙江大学出版社2009年版，第42页以下。

客观地对主观效用进行衡量。这是选择的存在本身在经济学上的意义。同样是一杯水，已经喝过一杯水的人和没有喝过的人，我们决不能先验地说后者对这一杯水的主观效用就一定大，因为前者可能是肺活量比较大，又或者刚刚做完一些剧烈的运动。

从选择的角度进行分析，我们发现乡宦对争议案件产权的主观效用可能要大得多，这是因为他们能够选择进入到"司法"途径主张产权（无论是主动还是被动地进入），倘若对其效用不是很大的话，乡宦很有可能通过和解、调解或者其他途径解决。即使舍弃这一点，我们也必须追问的是他们中的任何一方得到产权以后会怎么样？同样是根据定义和经验，乡宦之所以是乡宦，就是因为他们对产业的经营更娴熟和精通，如果通过法律将两可财产案件配置给他们，他们对社会的产出反而更有可能是财富最大化的。[1]只不过，这里的财富强调的是动态的社会产值和产出，而不仅仅是静态的主观效用。

如果苏力对于财富的理解存在着问题，让我们转而看一下财富最大化的坚定主张者波斯纳对财富是如何理解的。对此，波斯纳倒是诚

---

[1] 这并不是说将产权配置给乡宦，他们就一定大发慈悲、投资生意以及增加产出，法律也不能这样强制要求他们这样做。这也并不是说，海瑞的判决指导原则就错了。可以肯定，苏力的分析是错误的。实际上，对疑难案件（即便是涉及权利主张和争议），法院也不一定是在配置产权，法院最根本的或者最主要的目标是解决纠纷。我们必须语境地、不过度地解读一种文本。陈志武指出，如果只从生产率评估人类创新的价值，就无法解释人类过去做过的很多创举，如迷信、婚姻、家庭、文化、宗教、国家等，这些发明可能当时并没有提升生产率，或者只对生产率的增加有些许贡献，但它们对改进人类的风险应对力、降低暴力频率、促进文明化，都有过显著贡献。参见陈志武：《文明的逻辑——人类与风险的博弈》，中信出版社2022年版，第6-50页。据此逻辑，传统中国基于"三纲五常"的儒家礼制等级秩序将个人牢牢地固定在家庭、宗族和社会结构中的每个位置上，其主要制度性目的是使家庭、宗族内甚至社会中的人际跨期互助变得可靠，从而降低了成员间的交易成本。在海瑞时代，海瑞之所以定下判决两可案件的上述"定理"，所依据的是对社会利弊的经验认识及其传统伦理社会的"贵贱有别"的等级秩序理念，为的是"救弊"和"存体"，注意一下上述引文中括号里面的内容就很容易得出这种结论。

实和坦率得多。我也许极其渴望得到一辆红色宝马轿车，而且比起现在车主或任何其他从该车主那里购买该车的人都想得到，同时我还把这一想法告诉了我身边的很多同学和朋友，无论从哪个角度衡量，我从这辆宝马车中获得的效用要比其他人大得多。但是，如果我不愿或不能够支付宝马车的购买价，社会的财富就不会因为一辆宝马车从它现在的所有者手中转移到我的手中而增加。在波斯纳那里：

> "财富"指的是一切有形无形的物品与服务之总和，它按两种价格来衡量：出价（人们为获得他们尚未占有之物品而愿意支付的价格）和要价（人们出售他们拥有之物品标出的价格）。①

也就是说，财富与货币相联系，没有支付能力作为基础欲望是站不住的，这种欲望就既不是出价也不是要价。波斯纳这种以市场为中心的赋值具备价格机制的某些优点，包括对个人偏好的敏感性以及相对权重的易于处理。虽说如此，当存在外部性以及公共物品上，价格的信息传递就会发生困难。而且，这种以市场为中心的赋值容易导致对分配问题的忽视，即对个人的货币分配以相等的权重，无论个人是富裕还是贫困。②

二、财富与善之间的复杂结构性关联

上面的分析已经指出了作为疑难案件指导原则的财富最大化技术上的难题和困境，不过在某种程度上这些技术上的批评不重要，也无

---

① ［美］理查德·A.波斯纳：《法理学问题》，苏力译，中国政法大学出版社2002年版，第444页。

② 参见［印］阿马蒂亚·森：《理性与自由》，李风华译，中国人民大学出版社2006年版，第523-523页。

关痛痒。①问题的关键在于是否能够仅仅以财富最大化为准据进行权利的界定和配置。倘若是这样的话，就很容易得出以下结论，即一个人是否享有权利以及所享有权利的力度和范围仅仅取决于该权利对社会财富总和的影响。那么，作为经济学家的科斯是如何看待财富最大化，我们又应该如何在法律上看待财富最大化呢？对此问题，需要我们看到经济学意义上的财富与一般意义上的善观念之间的复杂结构性关系。

首先，虽然经济分析注重于资源的有效配置以及财富最大化，但严格来说，如果不考虑分配问题，就连财富本身也无法界定。"财富是什么取决于人们想要什么，而人们想要什么取决于起点分配。"②在进行权利安排与社会制度选择时，经济分析并非唯一，也更非充分，应该在比此更广泛的条件下进行选择解决问题的不同社会安排，应该把这样或那样的对生活诸多方面影响的总体效应考虑在内。正如弗兰克·奈特经常强调的那样，"福利经济学的问题最终必然会转变为美学和伦理学的研究"。③科斯理论的继承者们，无论是新制度经济学还是法律经济分析，大部分忽视了科斯的这一告诫。实际上，"把权利的基础建立在功利性的移动的沙滩上就是把它们置于危险之中，因为在正当的条件下，它们将被搁置一边或被侵犯。这样的情况可能并不常见，但是这却是一个取决于功利性条件的随机事件。把权利的功利性置于我们人类处境之上显然就是使它们受制于那种可能变化的东西"。④

---

① 财富最大化在很多法律领域（特别是民商法领域）都是一个重要的社会目标，那些否定该原则的批评者应该承担举证责任并且提供更好的替代选择。否则的话，财富最大化就仍然是有价值的工具，而且财富量度的上述缺陷可以部分随着技术的发展得以弥补。

② R. H. Coase, "The Problem of Social Cost", 3 *Journal of Law and Economics* 1, 43（1960）.

③ Guido Calabresi, "The New Economic Analysis of Law", 68 *Proceedings of British Academy* 85, 91（1982）.

④［美］R. G. 弗雷：《行为——功利主义、后果论与道德权利》，杨帆译，载曹海军编：《权利与功利之间》，江苏人民出版社2006年版，第136页。

　　法律人一般都会承认，人们能够享有的权利并不仅仅限于法律的规定，有些权利，它们不仅独立于社会认可和强制实行，而且也为法律以及其他社会制度提供了正当性基础以及批判依据。如果社会安排侵犯了这些权利，它们必然会受到相应的批判。就连社会财富最大化的坚定主张者波斯纳也认为：

> 　　我们都有这样一种感受，即我们拥有某些权利，如果被剥夺就是不公；这种感受是我们心理构成的一个基本特性，这种感受在孩子中和初民社会的居民当中与在现代美国成年人当中的发展高度都一样，而且在动物之中也可以发现。在竞争环境中，要生存下去，就要有某些最起码的感受，即某些根本的东西应按照一个人的意志来保有和处理，并随时准备为这种支配权而战斗，这种就绪状态就是权利感。①

如果人们接受了这些权利的存在（尽管究竟是些什么，人们可能会有争议），那么人们就不会接受权利功利论的这种绝对论证了。

　　其次，基于现实的理解，人们发现必须有某种权利安排和社会制度来限制一些具体的行为和决策，即便是它们能够有助于社会财富的最大化。表面上看，此种功利主义标准的限制应用，为排除与社会行为者在法律上应当做什么效果的所有的不确定性提供了所需的指引。某种特定行为依据其对社会福利的影响进行评判，如此该行为的所有优点和缺陷都回归到社会福利这一共同的指标之上。尽管看起来颇具有发展前景，然而，经济学分析方法仍然无法兑现它的客观承诺，更

---

　　① ［美］理查德·A.波斯纳：《法理学问题》，苏力译，中国政法大学出版社2002年版，第414页。

不能取代法学分析中无法避免的规范性分析。[1]首要的原因是，人们的偏好和一种量化的单一指标实际上不仅很难联系起来，而且由于个人对附加于特定利率的货币价值的偏好相去甚远，此种联系仍需要一种规范性的选择。表面上看，成本效益分析似乎消除了决策中反复无常的人为因素，然而这种技术性手段却在根基上被人为选择和政治预设浸透了，只是这种选择和预设没有被公众所注意到而已。斯科特指出，这种技术性的行政管理手段的最大缺陷在于，"它们以平等和民主之名，行'反政治机器'之实，将广泛存在的合理公共讨论从公共领域中清除，把管理权交到掌握技术的管理机构手中。它们压制了可能会兼容并包、卓有成效的争论，社会政策、技术技能的意义、精英的选拔、平等和多样性的价值、经济增长和发展之目的等议题原本都可以付诸这样的争论"。[2]在终极的意义上，即便是有些事项能够量化和技术化处理，我们也无法避免规范性的争论，纯粹数据无法取代论证。

逻辑上可以说，法律的经济分析只关注人们的偏好，而不关注为何会存在这种偏好。法律的经济分析并没有将产生特定结果的重要原因与非重要原因充分地区分开来。"在法律上，不但（甚或主要是）结果很重要，而且为何选择此等结果的原因也很重要。"[3]事实上，我们不会仅仅根据侵犯个人自主是否会增加社会财富而决定是否允许有辱人格的侵犯个人自主性的社会安排。一个社会，无论是多么的繁荣昌盛或者贫困潦倒，总是会存在一些乞丐、游手好闲或者无所事事的人，倘若把他们都抓起来，集中在某个地方参加生产劳作，当然也为他们提供非常舒适的居住环境、发放高额工资以及配备其他各项福利待遇，

---

① See J. W. Singer, "Normative Methods for Lawyers", 56 *UCLA Law Review* 899, 920-925（2009）.

② ［美］詹姆斯·C. 斯科特：《六论自发性：自主、尊严，以及有意义的工作和游戏》，袁子奇译，社会科学文献出版社2019年版，第185页。

③ ［荷］扬·斯密茨：《法学的观念与方法》，魏磊杰、吴雅婷译，法律出版社2017年版，第73页。

无论是从社会财富最大化的角度，还是个体效用的角度，都是非常可取的社会政策。但是我们之所以不去这样做，一个重要的原因就是这种做法伤害了我们的感情，违反了我们每一个人之所以为人的一些道德直觉。之所以如此，是因为实践合理性本身是一种复杂的善，它的核心部分包括人格完整性和真实性。①据此，有些东西在我们每个人心中根深蒂固，这就决定了不允许财富最大化到处起支配作用。

这种根深蒂固的、一个人作为人并成为人的东西，就是人的尊严。"这种关于个人尊严的思想，享有一种道德（或宗教）法则的当然地位，这种法则是根本的、终极的、压倒一切的，它为判断道德是非提供了一项当之无愧的普遍原则。"②这种被有尊严地对待的权利，潜在性的是一项普遍权利。所谓个人应该被"带着尊重"对待，即最重要的是，他们不应当被羞辱（humiliated）、被贬损（degraded）。③不仅如此，内在的尊严感渴望承认。④一个人知道自己的价值，别人却不予公开承认，甚至诋毁、拒不承认另一个人的存在，这是不够的，有时不是内在自我要迎合社会规则，而是社会自身需要改变。

最后，在法学意义上，选择的存在本身可以作为一种独立的价值和善，是人的尊严的当然含义。⑤某种意义可以这样说，一个人的尊严

---

① 参见［美］罗伯特·乔治：《使人成为有德之人——公民自由与公共道德》，孙海波、彭宁译，商务印书馆2020年版，第298页。

② ［英］史蒂文·卢克斯：《个人主义》，阎克文译，江苏人民出版社2001年版，第48页。

③ 参见［英］迈克尔·罗森：《尊严：历史与意义》，石可译，法律出版社2018年版，第58-60页。

④ 参见［美］弗朗西斯·福山：《身份政治：对尊严与认同的渴求》，刘芳译，中译出版社2021年版，第14-16页。

⑤ 在思想史上，人可自由、人能思想、人具理性、人是目的的论证逻辑，都从不同角度阐发了人的尊严的固有性、必然性，而位于这些论证的核心便是人的选择性。参见胡玉鸿：《个人的独特性与人的尊严之证成》，《法学评论》2021年第2期。

是他（她）能否选择以及具体面对的选择范围的函数。根据这一观念，一个人的思想和行为属于自己，并不受制于他所不能控制的力量，能够通过独立和理性的反思形成自己的目标并做出实际的决定，他就是能选择的、自主的和有尊严的。所以，我们认为某种权利安排和社会制度是否可取，部分或者在很大程度上应该由扩大或缩减个人的选择领域，是便利还是阻碍个人选择所判定。人的尊严是现代法律的伦理总纲，人的尊严甚至是权利概念得以重生的理性促动力。正是在这一意义上，作为善的选择应该作为权利界定准则的组成部分，在一定程度上制约着财富最大化的适用范围。[①]

第四节　选择的前提预设：制度的比较分析

关于选择的三个基本问题，到现在已经分析了其中的两个，但关于选择一个最为重要的前提我们还没有指出，即选择能够做出的依据是什么。清楚和确当的是，选择经由比较而做出，这至少隐含了以下两种含义：（1）选择的相关项是两个以上；（2）选择项之间具有可比性。对此，需要迫切地提出来的一个问题便是：比较并进而选择的相关项是什么呢？科斯对这个问题也给出了回答，但答案并不存在于《社会成本的问题》这篇论文中。对科斯回答的此种追寻只一点就足够了，就是法律人不要忘了科斯经济学家的身份。其实说来也简单，对出身于伦敦经济学派的科斯来说，一个最重要的经济学工具和概念就

[①] 法律经济分析的这些局限并不意味着经济学分析毫无用处。事实上，法律规则经常被精心地设计以实现预设的经济目标。然而，对于经济分析在那些特定情况中的有用性和在解决包括权利在内的“应然”命题时的有用性之间予以区分，是很重要的。尽管法律的经济分析是解决某些法律问题的一种很有用的工具，然而它最终却不足以解决关于我们应当遵守何种法律的问题。参见［荷］扬·斯密茨：《法学的观念与方法》，魏磊杰、吴雅婷译，法律出版社2017年版，第75页。

是成本。

一、选择的制度依赖

法学经济分析者要想自称为科斯继承者的话，一个必须补交的作业、需要认真加以研习的文本就是科斯1937年所写的《企业的性质》这篇同样重要和经典的论文，实际上《社会成本问题》就是前者所提出的分析方法和范式的一个具体应用，[①]那么，在前一篇文章中科斯的要点是什么呢？

要点是简单的。传统经济理论把企业仅仅作为价格机制下的一种生产函数，科斯则是从组织的角度进行分析。科斯认为，作为组织的企业最显著的特征是价格机制的替代物。建立企业是有益的，因为使用价格机制组织生产是有成本的，一个最显明的成本是发现有关的价格是什么。从历史上看，市场机制的建立本身并不是没有成本的。人类学者格雷伯指出："市场并不是作为独立且对立于国家当局的自治的自由领域而出现的。恰恰相反，历史上的市场要么是政府行动（尤其是军事行动）的副产品，要么是由政府政策直接创造出来的。……事实证明，维持自由市场经济所需的文书工作比路易十四式绝对君主政体多出一千倍。"[②]任何一种机制的建构与运行，都有成本的因素存于其中。在这个意义上，所谓企业与市场之间的关系就不是简单的替代关系。即便是企业能够作为市场的替代，这也并不意味着所有的生产都由企业来组织，现实中仍然有很多的生产和交易由市场组织。因为

---

① 正如科斯在后来的回忆中说道："在'企业的性质'中，我引入交易费用来解释企业的出现，仅此而已，别无他图。与此相类似，在'社会成本问题'中，我运用交易费用概念来证实法律体系可以影响经济体系运转的方式，除此之外，别无他求。"参见科斯：《"企业的性质"的影响》，［美］罗纳德·哈里·科斯：《论生产的制度结构》，盛洪、陈郁译，上海三联书店1994年版，第285页。

② ［美］大卫·格雷伯：《规则的悖论：想象背后的技术、愚笨与权力诱惑》，倪谦谦译，中信出版社2023年版，第6—7页。

企业本身运行也是有成本的，当一种成本的节约与另一种成本的上升在边际上相等时，企业的规模也就得以确定，企业替代市场就会停止。[①]在科斯的分析框架中，成本、选择、替代、比较、边际、限制以及竞争，这些语词代表着同样的含义，归结为一点就是比较制度分析。令人不解的是，这一点却遭到了法律经济分析主张者无情的漠视。

在此基础上，我们再返回到"社会成本的问题"，通过上面分析我们知道，科斯是从权利的角度看待生产因素，但经济学者眼中的权利不能等同于法学学者所理解的权利，当然，法学学者对成本的理解也不能等价于经济学者眼中的成本。科斯眼中的权利不是像法学学者所理解的那样，不仅仅是书写在律法条文中的形式上规定，更多的是作为现实中某种制度（从科斯列举中可以看出，确切地说是英美的普通法法院）选择和决策结果。在科斯的分析中，虽然他列举了一些普通法法院的法官判决作为其分析结论的佐证，这很容易给人以这样一种错觉，即在交易成本不为零的时候，在科斯看来应该由法院替代市场并垄断对权利的界定。这种法律替代市场的分析，是不是意味着科斯舍市场而去，唯独看好法院本身呢？并进而意味着法律界定权利的恣意以及专横？也是否像一些学者所批评的那样，科斯忽视了法律本身界定权利的成本呢？[②]这种表象严重误导了后来的以科斯定理为论辩依据的法律经济分析，其中最著名的当数波斯纳的"模拟市场"。波斯纳将科斯定理的法学意义归纳为："法律的功能是便利自由市场的运转，并且在市场交易成本高不可攀之处'模拟市场'，对那些如若市场交易可行本可以被期待产生的结果，予以法律上的确认。"[③]由此，在交易

① See R. H. Coase, "The nature of the firm", 4 *Economica* 389, 389-391, 395-396（1937）.

② 参见凌斌：《界权成本问题：科斯定理及其推论的澄清与反思》，《中外法学》2010年第1期。

③ ［美］理查德·A.波斯纳：《法律理论的前沿》，武欣、凌斌译，中国政法大学出版社2003年版，第6页。

成本为正的情况下，法律最重要的功能是：（1）在提高经济效率的意义上，法律应当尽可能地减少交易成本，比如清晰地界定权利，使之易于交易，以及创设有效的违约救济；（2）在无论法律如何努力市场交易成本依然很高的领域，法律应当效仿市场的资源配置，将权利分派给估价最高的使用者。

然而，经济学之于法学分析带来的启发路径，不仅是波斯纳式的"法律的经济分析"，而且还应当包括盖多·卡拉布雷西式的"法和经济学"。如盖多·卡拉布雷西指出的那样：

> 在法律的经济分析中，经济学占据主导地位，法律是分析和批判的对象；而在法和经济学中，两者之间的关系是双向互动的。经济学理论可以被用来检验法律，但这种检验时而会导致经济学理论内部的改变，而不是法律的改变或描述法律现实的方法的改变。①

就此处的目的而言，重要的是要看到经济学之于法学问题分析，尤其是权利界定问题的分析所带来的思路启发，根本上是由包括"社会成本的问题"在内的科斯一系列的其他相关文本所提供。对于权利冲突情境下的权利界定问题而言，不仅要考虑经济学意义上的财富最大化这种界定准则，也要考虑法律作为一种制度之于权利界定问题的背景性意义。对权利冲突情境下的分析，不仅经济学可以启发法律，法律也可以启发经济学。那么，作为制度意义上的法律对于权利界定具有哪些意义呢？

①［美］盖多·卡拉布雷西：《法和经济学的未来》，郑戈译，中国政法大学出版社2019年版，第7页。

二、制度对于权利界定的双重意义

经由上述分析可知，"选择"总是在一定的制度语境中进行的。在"法和经济学"的双向互动，而非"法律的经济分析"的单向思维中，"权利界定"确实会存在"问题"，但不是"成本"的，而是制度的。具体来说，制度可以在以下两个方面启发权利冲突时的界定。

首先，权利的界定总是在一种特定的制度系统中进行的，"真实世界中的行动个体永远是在特定制度机制折射为主观意义的成本观念，这就是制度依赖条件下的机会成本"。[①]个人的选择正是依据不同制度环境下的机会成本之比较，社会的经济绩效、长时间段人类社会的发展模式，也能够基于这些机会成本的考量进行解释。因而，疑难案件的权利界定必须首先要考虑的是决策的制度环境。漠视了法律规范性系统，就意味着每一案件都是独一无二的，都必须从成本效益分析做起。这样的话，由于没有了拘束对象，错误难免而且成本很高，更无判决先例可言。如果说经济分析确实如科斯本人所主张的那样，注重于总体的和边际的，那么法学思维首要的或者说最根本的则是个体的和规范的。如昂格尔所言："法院判决的理由决不能基于个案对利益进行策略性衡量，而根本不考虑案件判决与规则之间的一般的、合理的联系。法律解释的结果可能与解释的说服力有关，但只有法律解释的结果受到福利或权利这些非人格化的目标的影响，并从中获得意义，

---

① 方钦：《观念与制度：探索社会制度运作的内在机制》，商务印书馆2019年版，第40页。

解释的说服力才能发挥作用。"①实际上，在具体分析权利界定和社会安排的时候，科斯本人也非常注重作为制度的法律对经济分析的约束和限制。科斯强调：

> 看来法院得了解其判决的经济后果，并在判决时考虑这些后果，只要这不会给法律本身带来过多的不确定性。甚至当有可能通过市场交易改变权利的法律界定时，显然也最好减少对这种交易的需求，从而减少进行这种交易的资源耗费。②

这段引句中的"只要"后面的内容，需要法律人细细品味。当然，法律本身的确定性绝非疑难案件进行权利界定时要考虑的全部因素，甚至科斯给出那些考量因素也是不能令人满意的。从知识分工角度，至于还有什么需要考虑的，就不是作为经济学家的科斯所能给予法律人的了。即便是科斯给出了回答，法律人也未必会接受。这是专业使然，更进一步，是比较成本使然。

其次，制度之于权利冲突时的权利界定问题的意义还在于科斯所提倡的"制度比较分析"。一方面，当交易成本为正的时候，特别是随着所涉及利害关系人的人数和相关事项复杂性的增加，作为权利界定和保护的法院也会失灵，很可能出现"最需要司法保护和法律赋予权

---

① [美] 罗伯托·曼戈贝拉·昂格尔：《法律分析应当为何？》，李诚予译，中国政法大学出版社2007年版，第97页。这不是说法官判决案件时不应该考虑后果，但法官对判决后果的考虑不应该仅仅是经济上的，且这种考虑也只是附带的，绝对不能成为法官判案的基础。将前者作为分析的基础，必将导致"法律人"思维中的规范隐退。参见陈景辉：《裁判可接受性概念之反省》，《法学研究》2009年第4期；陈金钊：《法律人思维中的规范隐退》，《中国法学》2012年第1期。

② See R. H. Coase, "The Problem of Social Cost", 3 *Journal of Law and Economics* 1, 43-44 (1960).

利的，往往发生在那些最难以实施司法保护的情境当中"，^①甚至会出现目标和制度之间的悖谬的组合，对权利的最佳保护不是法院，反而可能是政治过程；法院的裁判也并不必然以权利和原则为裁判准据，更有可能是以政策为指导原则。另一方面，权利界定的制度系统也不仅仅是法院，还可以是市场、政治过程以及行政命令等其他决策制度。在此，法院的能力是决定法律有无效率的重要因素。

对于铁路公司的火车行驶对农民作物产生的损害，原则上我们可以存在四种不同的制度安排：（1）铁路公司有财产权利，即火车可以任意喷出火花；（2）农民有财产权利，即农民可以要求法院禁止火车喷出火花；（3）农民有补偿权利，即火车可以任意喷出火花，但必须为造成的损害赔偿农民；（4）铁路公司有补偿权利，即任何公民都可以禁止火车喷出火花，但必须补偿铁路公司安装火花消除器的成本。可见，对于一种权利安排，我们可以有四种不同的规则。选择哪个规则取决于要到达的结果，准确地说，取决于每个结果有多大的可能性具有经济效率。不过，如果选择法院来决定具体权利的配置，则隐含着一个重要的前提，即法院能够准确衡量损害的程度。在其中起着关键作用的是，不同制度的运作成本，由此也决定了不同规则的具体选择。如弗里德曼指出：

> 透过市场交易来分配权利的成本很低时，财产法则富有吸引力；透过诉讼来分配权利的成本很低时，补偿法则富有吸引力。如果市场能分配权利，但法院不能时，如分配汽车的所有权，我们使用财产法则，与之相反的情况则用补偿法则。若两种分配的成本都为零，则都会导致有经济效率的结

---

① 参见［美］尼尔·K. 考默萨：《法律的限度——法治、权利的需求和供给》，申卫星、王琦译，商务印书馆2007年版，第187页。

果；若成本都很高，可能就得另寻他法。①

总之，在具体情境中，权利界定究竟在何种制度系统中进行，固然取决于当事人的选择，但很大程度上取决于诸种制度系统之间的竞争。任何一个独立完整的制度系统本身的运行都需要成本（包括当事人的参与成本），当成本的增加抵消了所替代制度系统的收益时，该制度系统界定权利的能力便得以确立。是交易成本决定了权利界定的制度边际。最终，权利界定的合适制度系统就是制度比较分析的结果。选择的第三个潘多拉之盒终于被打开。

第五节　小结

面对当时法学研究中充斥着概念和形式主义，霍姆斯1897年预测道："理性地研究法律，当前的主宰者或许还是法条主义者，但未来的法律从业者则需精通统计学和经济学。"②霍姆斯对一般规则决定具体案件的能力深表怀疑，从先前事实出发进行逻辑推理并不是法官多数时候裁决案件的方式。在宽泛的意义上讲，法官必须进行"经验"考量，进行实用主义的思考。③霍姆斯抛出的这一"绣球"，直到1960年才有人接到，但接球者却不是法学学者，而是经济学家科斯。尽管按照科斯本人当时的说法，他的思想和本意其实并不要传递给律师或法

---

① ［美］大卫·D. 弗里德曼：《经济学与法律的对话》，徐源丰译，广西师范大学出版社2019年版，第73页。
② O. W. Holmes, "The Path of the Law", 10 *Harvard Law Review* 457, 469 (1897).
③ 参见［美］路易斯·梅南：《形而上学俱乐部》，舍其译，上海译文出版社2020年版，第375-378页。

学学者，而是经济学者，他试图影响的不是法学而是经济学。[1]当然，科斯如何看待他对法学的这种影响（无论好或者坏），已经不再重要。重要的是，法学学者应该如何对待"科斯定理"，是作为定理，全盘毫无保留地接受；还是认为其为法学问题的分析提供了一些启发性的思路和分析角度。

值得选择的做法是后者，即"科斯定理"之于法学的最大意义便是科斯对权利界定难题给予某种分析思路上的启发。对于权利界定问题，"科斯定理"中的"选择"在很大程度上被科斯的继承者们所忽视和遗忘，由此导致的结果便是"科斯定理"对权利界定问题的分析并非没有问题。科斯定理之所以能够提出，依赖的前提预设是"损害具有相互性"这个新的分析角度。在经济学意义上，相互性本质是稀缺资源配置问题，将权利问题特别是权利冲突问题分析等价于权利相互性并以此分析权利配置，只会消解权利的多重属性。科斯为权利界定的难题提供了一个有用的分析思路，但仅以财富最大化为准据太冷酷、更非充分。法律人要想正确理解科斯，必须重视"企业的性质"所提出的方法。

法律人需要善于运用"选择"这个重要具有强烈规范意味的分析工具。从"选择"的三个基本问题出发（当然选择的这三个问题并不代表选择的全部），选择对于权利界定难题的分析，可能具有以下三种法学上的启发与意义：（1）在权利冲突需要确立权利界限时，选择的场域不应该仅仅局限在资源稀缺前提下的资源配置效率意义上的选择，还应该将法学意义上的公共选择纳入分析者的视野；（2）权利界定的准则也不应该仅仅是经济学意义上的财富最大化，同时还应该将法学意义上作为一种独立价值和善的选择涵摄在权利界定的规则之中；

---

① 参见科斯：《企业、市场与法律》，[美] 罗纳德·哈里·科斯：《企业、市场与法律》，盛洪、陈郁译，格致出版社、上海三联书店、上海人民出版社2009年版，第26—30页。

（3）权利的界定需要在一定的制度系统内进行，因当事人选择的存在以及交易成本的约束，权利的界定并不是任何一个单一制度系统所能够单独完成的，厘清诸种权利界定的制度系统边际，需要将比较制度分析纳入研究纲领中。对权利界定难题的以上三个方面应该引起我们足够的重视。

第四章　权利与利益（意志）关系
前提的法哲学批判：
规范性的权利理论

有关权利的理论阐释存在着两种相互竞争的学说，即利益论与意志论。有关权利的利益论与意志论究竟是关于权利的什么问题而展开的论争，学者之间并没有统一的意见。有学者主张，两者的分歧是权利的性质方面，有的学者主张两者的分歧是权利的功能（functions）方面，有的学者则主张两者的分歧聚焦在权利证成（justifications）方面，有的学者则认为两者对权利为什么重要（matters）给出了不同解释，不一而足。①从权利理论前提的法哲学批判出发，本章将作出论证利益论与意志论之间的论争主要聚焦于权利的概念方面。聚焦在权利的概念方面，所自然引发的问题是：应该选择利益论还是意志论作为权利概念性的一般理论？从权利理论前提的法哲学批判的评估标准看，无论利益论还是意志论都无法作为权利概念的一般性理论。不过，无法作为权利概念的一般性理论，并没有否认权利与利益和意志之间的逻辑关联。在利益（意志）仍然与权利相关联的意义上，一种处理权利

---

① 有关权利意志论与利益论论争的介绍性分析，英文可参见 M. Kramer, N. E. Simmonds, and H. Steine（ed.）, *A Debate over Rights*, Oxford：Oxford University Press, 1998；中文可参见彭诚信：《现代权利理论研究》，法律出版社2017年版。

与利益（意志）关系问题的规范性的权利理论便是必要的。本章便是对此问题的一种尝试性回答。

第一节　问题的提出

一个逻辑上需要优先回答的问题是：权利的利益论与意志论在何种意义上是一种相互竞争的理论。简单来说，依据权利的利益论，社会规范和制度体系之所以要赋予个人以某种权利，是为了保护某种重要的个人利益；相反，依据权利的意志论，权利是有价值的，因为它保护个人的自治和自由，权利持有者能对于他人的义务作出某种决定，一种自治性的决定。①据此，权利必须诉诸权利所能够保护的东西得到证成。虽然权利的利益论和意志论各有支持者，但在不同权利理论的支持者看来，对方对权利的解说困难重重。在权利的意志论看来，权利的利益理论错误地将权利与利益两种不同的事物混淆起来，将权利界定为利益，混淆了目的和手段的关系，其功利主义的理论基础容易导致对个人终极价值的否认。②在权利概念中，利益仅是权利的外在要素，自由意志则是权利的内在核心要素，最符合权利的本质。同样，权利的利益理论则认为，权利的意志理论是有问题的，因为它不能解释某些权利所具有的不可转让的特质。③依据权利的意志论，不具有选择和控制能力的婴儿、精神病患者不拥有权利，显然这是不可接受的，

---

① 参见王方玉：《权利的内在伦理解析——基于新兴权利引发权利泛化现象的反思》，《法商研究》2018年第4期。

② 参见陈景辉：《权利的规范力：一个对利益论的批判》，《中外法学》2019年第3期。

③ See Guido Calabresi and A. Douglas Melamed, "Property rules, liability rules, and inalienability: One view of the cathedral", 85 *Harvard Law Review* 1089, 1091–1095 (1972).

更违反我们对权利的直觉性理解。

表面上看，有关权利的理论解说没有任何东西是一致同意的，权利的利益论和意志论之间的争论还在继续。[①]对大多数读者和参与者而言，关于权利的利益论和意志论的论证是枯燥乏味的分析性争论，有些学者甚至提出了各种替代性方案。[②]这里无意于加入到权利理论论辩的任何一方，而是试图回答一个法哲学批判层面的问题。在理论前提的法哲学批判层面，考虑到权利理论解说所存在的这种"合理分歧"，[③]一个有意义的问题便是：在何种意义上，权利的利益论和意志论构成一种真正的理论论辩，而非单纯一种各说各话的智力上的表演和操练？如果构成一种论争的话，它们所争辩的议题究竟是什么？特别是，如果利益和/或意志不能构成一般性权利理论解说的要素，那么这种一般性的权利理论解说应该选择何种规范性要素？想要通过理论及其理论论证理解权利，来自理论前提的法哲学批判层面的问题就必须被提出和得到某种回答，即便这种回答不是最终性的。

基于此，本章将首先作出论证权利的利益论与意志论存在着真正的论辩，但权利理论之间的这种论辩主要发生于权利的概念方面，而不是通常理解的有关权利的证成。权利的概念与权利的证成两者之间应该予以区分，有关权利概念的问题仅仅问权利是什么，而权利的证

---

① See Mark McBride ed., *New Essays on the Nature of Rights*, Oxford: Hart Publishing, 2017, pp.3-10.

② 参见［美］布赖恩·比克斯：《法理学：理论与语境》，邱昭继译，法律出版社2008年版，第156页；于柏华：《权利的证立论：超越意志论和利益论》，《法制与社会发展》2021年第5期。

③ "合理分歧"是政治哲学中的重要概念。在政治哲学中，普遍承认的是在有关生活意义和道德生存的问题上，通情达理的（reasonable）人，即真诚地思考和交谈并尽其所能地运用各种普遍的理性能力的人，在讨论中自然地不是趋向于达成共识，而是趋向于发生争议。即便在有些方面出现了一致，也可能是相互误解的结果，或只是人们没有足够深入地一起讨论。参见［美］查尔斯·拉莫尔：《现代性的教训》，刘擎、应奇译，东方出版社2010年版，第183-195页。

成有关一种规范性的论证，即为什么一种权利应该被授予，进而指示权利的内容。①实际上，能够就权利或者说任何事物之间的分歧形成一种论辩，必然是在概念层面而非证成方面。但，一种特定的权利证成并非必然源自一种概念性解释。在此基础之上，本章进一步论证依据一般权利概念界定的现实性、区分性与规范性要求，利益论与意志论对权利概念的解说都困难重重。权利概念的理论解说所存在的问题提示理论分析者，必须将权利概念视为一种解释性概念，而非标准性概念或者自然类型概念，特别是必须将权利作为一种独立的规范性事业予以追求。权利不仅是一种概念，权利更构成实践推理的重要环节，对权利这种规范性事业的追求，必须以互惠性作为检验标准，以平等参与作为程序性条件。

第二节　利益论与意志论论争的前提：权利的概念而非证成

此处首先需要强调的是：某种版本的利益理论和意志理论在范围上是限定的。权利利益论和意志论的支持者强调，他们的理论仅涉及某种特定领域和/或某种特定权利。如当前利益论和意志论之间论辩的著名参与者马修·克莱默（Matthew Kramer）和希尔·斯坦纳（Hillel Steiner）指出，权利理论论与意志论的论争仅限于法律领域中的主张权（claim-right）。②因为在法律中，只有主张权才与规范所设定的某种义务存在相关关系。在权利的利益论和意志论的支持者看来，只有主张

---

① See George Rainbolt, *The Concept of Rights*, Dordrecht: Springer, 2006, pp.80-87.

② See Matthew Kramer & Hillel Steiner, "Theories of Rights: Is There a Third Way?", 27 *Oxford Journal of Legal Studies* 289, 294-298（2007）.

（claim）才是真正的权利，即法律上的权利必然是一种主张权。对于主张权，所存在问题便是如何确定权利的持有者。这是权利的利益论和意志论得以展开论争的领域和前提。那么，权利的利益论和意志论的分歧究竟何在呢？

通常认为，权利的利益理论和意志理论之间的分歧是关于某种权利的依据，即授予某人权利的原因或正当性理由。或者，至少权利的这两种理论所提供的权利的概念解释，都蕴含着某种特定的权利证成。根据权利的利益理论，道德和法律规范赋予个人权利的原因是为了保护他们的利益。同样，如果权利被视为授予选择，似乎自然认为权利能得到证成，如果我们珍视个人自治或者自由选择方面的价值的话。在这个意义上，自由主义者倾向于赞同意志理论，这也绝不是偶然的。对于平等主义者，他们也最有可能赞成一种权利的利益理论。尽管上述看法具有直觉上的吸引力，但这是不正确的。因为某种特定的权利之证成并不必然依赖于权利的某种概念性解释，两者之间并不存在必然性的逻辑关系。在权利的利益论看来，权利相关的某种义务得以正当的理由是，某种义务的履行能够保护和促进权利持有人利益的某些方面，对义务的履行通常（而非总是）能够有益于权利持有人。然而，依照同样的逻辑，却不能由此说权利的意志论对义务的证成是诉诸选择或者自治。因为如果意志论对权利的证成诉诸的是某种有待保护和促进的选择或者自治，在选择或者自治能够构成权利持有人的重要利益方面的意义上，意志理论将成为某种修正版本的利益理论，而非意志理论。的确，作为一种完备的权利理论，意志论需要一种证成，但这种证成只要在逻辑上是融贯的，那么选择何种依据和理由作为证成因素则是无关紧要的。①这是因为事物的存在和产生总是有（客观）原

① See John Edwards, "Rights: Foundations, Contents, Hierarchy", 12 *Res Publica* 337, 288-292（2006）.

因的，而理由则是可以事后（任意）所添加的。不同版本的意志论都可以选择不同的依据和理由，但这不会与权利的利益论形成一种论争。对于权利的利益论和意志论的学者而言，权利问题的重点在于权利是如何产生的，如何确定权利的持有者，而非权利的理由是什么。

如果说权利的利益论和意志论的论争不在于证成方面，那么利益理论和意志理论所论辩的权利问题究竟是什么呢？实际上，利益理论和意志理论都是对下述问题的一种尝试回答，即何时某种权利由（法律或道德）规范所授予。抽象地看，规范通常指定某种义务或责任。但是，就这些义务所相关权利的拥有主体是谁（如果有的话），则并非清楚。在这里，存在着不同的方式来确定义务的指向性问题。①此处需要注意的是，指定这种相关义务的（法律或道德）规范则被认为是给定的。一旦（法律或道德）规范作为给定条件出现在问题之中，所存在的分歧便是规范所蕴含的义务所指示的方向。这也是为什么有关权利的辩论最肥沃的土壤主要发生在法定权利领域。②由于法律规范的内容是相对清楚，因而需要一个富有成效的理论框架去追问它们是否产生某种权利。如果产生某种权利，这种权利又是谁的权利。在这里，权利的意志理论和利益理论各自确定不同的必要和充分条件，将相关义务与非相关义务区别开来，进而判定谁是某种权利的持有者（right-holder）。但由于将规范视为给定的，权利的这两种理论并没有在规范的内容或理由方面存在着争议。换句话说，它们之间的分歧仅发生在概念层面上。

---

① 如何确定义务的指向性是伦理学中的重要问题，诉诸权利仅仅是义务指向得以确立的一种方式，背景规范、社会关系、政治制度都可以确定义务的指向，对此问题的一般性分析，参见 Gopal Sreenivasan, "Duties and Their Direction", 120 *Ethics* 465 (2010).

② 当然，对权利利益论和意志论的论争是否局限于法律权利领域，特别是法律上的主张权利，学者存在着不同观点，对此参见 L. Wenar, "The Nature of Rights", 33 *Philosophy and Public Affairs* 223, 230-235 (2005).

在此基础之上，现在让我们详细说明权利的利益理论和意志理论在权利的概念方面所存在的具体分歧。依据权利的利益理论，权利的持有者是一种义务的履行所旨在服务的当事人。结果则是，能够从一种义务履行中的受益成为相关权利持有者的一个必要但不充分的条件。[1]对权利的这种解释，坚持权利意志理论的学者则认为，从某种义务的履行中受益，既非授予某人权利的必要条件，更非充分条件。相反，拥有一项权利的充分必要条件是能够控制义务的履行，无论这是否服务于权利持有者的利益。对于权利的意志论而言，正是因为处于能够选择的规范立场，他（她）才具有一项权利。[2]所谓的能够控制一种义务，意味着能够合法地放弃（或执行）义务。依据权利意志论，"权利是法律赋予主体的能力或者是意志的支配力"。[3]需要注意的是，权利的意志概念不应与以下规范性主张相混淆，即权利应该授予人们是为了保护他们做出选择的能力。权利的意志理论确实蕴含着权利所有人必须是自主的选择者，但它并不要求他们必须是自主的选择者。

因此，权利利益论和意志论之间的辩论，主要发生在权利概念或权利本质方面，而不是权利可能得以建立的价值和依据。在权利的概念方面，利益论与意志论各自给出了相互竞争的解说。权利概念的利益与意志方面，分别捕捉到了权利在实践推理中发挥作用的两种重要方式。在权利的概念方面，不存在一种中间道路或者第三条道路。[4]任

---

① See M. Kramer, "Some Doubts about Alternatives to the Interest Theory of Rights", 123 *Ethics* 245, 246 (2013).

② 参见［英］H. L. A. 哈特：《法理学中的定义与理论》，［英］H.L.A.哈特：《法理学与哲学论文集》，支振锋译，法律出版社2005年版，第39页。

③ 方新军：《为权利的意志说正名：一个类型化的视角》，《法制与社会发展》2010年第6期，第4页。

④ See Matthew Kramer & Hillel Steiner, "Theories of Rights: Is There a Third Way?", 27 *Oxford Journal of Legal Studies* 281, 290–293 (2007).

何一种折中的第三条道路都是逃避甚至取消问题的。特别是，对于谁拥有何种权利这个问题，任何理论解说都必须在利益论或者意志论所编织的概念脉络中前行。有关权利要义或者功能的理论论辩，在某种意义上，就类似于政治学者有关自由概念的论争，即自由应当被理解为积极自由还是消极自由，而不是有关自由的价值或者内容。既然权利的利益论与意志论的分歧存在于概念层面，由此产生的问题便是何种理论对于权利概念的解说更具有说服力，更加准确地捕捉到了权利在实践推理中的要旨或者功能，进而可以作为权利的一般性概念呢？依据一般权利概念界定的现实性、区分性与规范性要求以及权利理论在权利证成层面的充分性和融贯性，本章接下来作出批判性阐释。

第三节　估价利益论的概念与证成

　　就权利利益论而言，利益论显然符合权利概念界定的现实性要求，与权利语词的通常语言用法相一致，具有直觉上的吸引力。如果权利概念不能体现、保护、促进某种利益，那么权利话语将丧失很大程度的吸引力。然而，权利的利益概念虽符合现实性要求，却无法满足权利概念界定的区分性要求和规范性要求，即如果权利就是利益，那么权利将无法区分于利益，因为利益无所谓正当与否，而权利本身则是正当的事物。因而，权利的利益概念要想成立，利益理论的支持者就必须指出在权利可以体现、保护、促进某种利益的情形下，作为构成权利根基的利益究竟是什么，权利又以何种方式经由何种测试标准体现、保护和促进这种利益。

一、作为权利根基的利益

　　权利的利益理论可以追溯到功利主义的创始人边沁那里，在边沁看来，"权利对于享有权利的人来说本身就是好处和利益"。①在现代，经由拉兹、汤普森、克莱默等人的努力，权利的利益理论成为当前权利理论的主流。②为了避免对权利利益理论的庸俗化理解，首先，必须对构成权利根基的利益作出准确理解和界定。因为从概念上，利益原则上可以具有任意内容。但权利则是正当的事物，需要进行法律的证成。为了进行法律证成，利益概念必须与特定理性条件相关，并在一种有限的意义上被理解。③如此理解的利益概念才能对个人基本权利以及服务于人际合作关系之制度的证立。

首先，对于权利的利益分析，权利的利益论并不像利益法学的创始者耶林所主张的那样单纯和直接，即权利（法律）本身就是利益。相反，权利利益论学者对于权利和利益之间的直接和单向的关系进行了深层次的反思和重构。权利的利益论坚持者同意权利本身不是利益，

---

① ［英］杰里米·边沁：《立法理论》，李贵方等译，中国人民公安大学出版社2004年版，第117页。

② 拉兹版本的利益理论认为："只有在一个人的利益是另一个人以特定方式行动的理由，而这一行动能够保护和增进那个人的利益情况下，并且只有这一理由是某种义务的决定性特征的情况下，最后，只有这种义务对于那种保护和增进产生某种权利的利益的行动至关重要的时候，当然也有其他理由认为一个人应该服从这样一种义务，这一定义认定权利才是某种义务的充分理由。"［英］约瑟夫·拉兹：《自由的道德》，孙晓春等译，吉林人民出版社2011年版，第169页；［英］约瑟夫·拉兹：《公共领域中的伦理学》，葛四友译，江苏人民出版社2013年版，第317-318页。有关拉兹对权利概念的详细分析，参见严海良：《以利益为基础的权利本位观——拉兹的权利概念分析》，《法制与社会发展》2010年第5期。汤普森版本的利益理论，参见 Judith Jarvis Thomson, *The Realm of Rights*, Cambridge, MA: Harvard University Press 1990。克莱默版本的利益理论，参见 Matthew Kramer, "Refining the Interest Theory of Rights", 55 *American Journal of Jurisprudence* 31（2010）; M. Kramer, "Some Doubts about Alternatives to the Interest Theory of Rights", 123 *Ethics* 1（2013）; Mark McBride, "The Unavoidability of Evaluation for Interest Theories of Rights", 33 *Canadian Journal of Law & Jurisprudence* 293（2020）.

③ 参见［德］诺伯特·霍斯特：《法是什么？法哲学的基本问题》，雷磊译，中国政法大学出版社2017年版，第182-183页。

因为权利在性质上是伦理主义的，而利益是结果主义或功利主义的。权利在以下两个方面优先于利益：一是权利的本质是保护个人，最重要的是对抗多数人的利益，它将特定的问题移出了立法以及多数人意志控制的范围；二是权利不是以功利或社会效果为基础，而是以正当性的演化与利益无关的道德原则为基础。①否认权利不是利益是一回事，但承认权利和利益无论是概念还是实践存在某种关联却是另一回事。

但是权利的利益论认为，问题的复杂性在于，从道德可以辩护的角度来说，权利必然在人的利益、需要或福利中找到基础，反过来也必须受到类似因素的限制。如果不是这样的话，那么为什么还要要求人们去主张和实现权利？这没有足以说服他人的正当理由。"作为主体，人应当享有利益，这是主体制度的目的，否则主体地位便被虚置，人如何享有利益，法律技术之一就是确认人拥有权利。"②权利在概念上当然区别于利益，但所有权利背后所隐含的都是对某种重要利益的保护，某种利益经过适当的规范性的（不必一定是法律上的）评价可以上升为权利，只要对这里的利益本身做宽泛的解释。③而且，指出权利背后所隐藏的利益至少不会使得对权利的分析显得空洞和乏味。按照拉兹的分析，权利存在于权利拥有者的利益足以使他人负有义务的地方，即"只有这种义务对于那种保护和增进产生某种权利的利益的行动至关重要的时候，当然也有其他理由认为一个人应该服从这样一

---

① 参见皮文睿：《论权利与利益及中国之旨趣》，张明杰译，夏勇编：《公法》（第一卷），法律出版社1999年版，第105-109页。

② 郑永流：《法是一种实践智慧：法哲学和法律方法论文选》，法律出版社2010年版，第80页。

③ 宽泛意义上讲，利益并非价值，与价值不可公度性难题相比，利益则具有可衡量和可量度的特点，因而具有理性的可操作性并可接受审查。参见张超：《新兴权利的利益衡量判定——以侵犯人格利益个案为背景的分析》，《法制与社会发展》2022年第3期。

种义务，这一定义认定权利才是某种义务的充分理由"。①权利的利益论为我们解开了权利许多含混和不清晰的地方，需要我们给予认真对待。

其次，利益可以在多种意义上构成权利的根基并不意味着利益总是旨在使权利的持有者获得利益，权利也并非总是有益于权利的持有者。权利的意志理论学者经常批判权利的利益概念错误描述了权利在实践中存在的真实状态。在现实情形中，存在着很多权利，即便是在一般情形中，其目的并非促进权利持有者的利益，而且有些权利也并非有益于而是有害于权利持有者的福利。②如法官拥有惩罚罪犯的权利，但这种权利并非旨在使法官受益；交通监督员有签发罚单的权利，但这种权利的要旨在于改进机动车驾驶员的福利，而非促进监督员的利益；某人拾到外太空飘落到地球的陨石，依照无主物的先占原则，先占人是该陨石的权利持有者，但该权利可能有害于权利持有者，因为这块陨石含有致害性的放射物质。对于利益理论的这种批评，克莱默认为利益理论所指涉的利益概念并非其目的，而是利益所产生的效果。③显然，无论赋予法官还是交通监督员以权利，所产出的效果都是使得法官和交通监督员职务行为的行使变得更加便利，使得这些主体作为法官和交通监督员的情形变得总体上有利。

最后，对于某些权利可能有害而非有益于权利持有者，克莱默指

---

① ［英］约瑟夫·拉兹：《自由的道德》，孙晓春等译，吉林人民出版社2011年版，第169页。关于利益构成他人义务充分理由的条件，学者对此有不同的意见，参见 James Sherman, "A New Instrumental Theory of Rights", 13 *Ethical Theory and Moral practice* 215 (2010).

② See e.g., L. Wenar, "The Nature of Rights", 33 *Philosophy and Public Affairs* 223, 241–242 (2005).

③ See Matthew Kramer, "Rights without Trimmings", in M. Kramer, N. E. Simmonds, and H. Steine (ed.), *A Debate over Rights*, Oxford: Oxford University Press, 1998, pp.85–88.

出必须在权利的内容与权利的效果之间区分。①利益构成权利的根基仅在以下意义上说的：可以用Q来指代某些个体或者集体或者非人的动物，用D表示道德或者法律规范所强调的某种义务，对Q所处情形的某些方面而言，如果D这种义务的履行能够一般地而非总是有助于促进Q的福利，那么Q就是相关于义务D的权利持有者。②所谓义务的履行对权利持有者的最终受益，仅是一种假定，一种总体的效果。例如，法律之所以赋予每个身患绝症的人都有自由结束他或她的生命，是因为法律推定在身患绝症的情形下，如果他或她自杀了，赋予将死之人结束自己生命的权利，并不会使得他或她的财产将受到任何惩罚。在此，法律规范的核心特征是在此情形下赋予将死之人以权利通常有很大的益处，这种通常存在的益处足以将这种自由指定为一种权利。当然，虽然有可能在某种情形下许多身患绝症的人感到有压力去行使这种权利，可能最终有害于身患绝症的人的利益。这当然是一个令人遗憾的严重后果，但这种情形的发生在规范的条件下绝不是必然的，必须区分内在于规范的效果以及规范所产生的偶然性效果，在确定是否某种霍菲尔德主义的资格（Hohfeldian entitlement）被认为是一种权利时，利益理论学者应该只看前者，而非后者。③当然，作为一种假定，如果有令人信服的证据表明立法的意图就是旨在促进患有致命疾病的人自杀，或者规范产生的偶然性效果在很大范围内持续产生，利益理论的学者也会退后一步，反对赋予将死之人结束自己生命的自由以法律上的权利。

总之，利益理论学者不认为每一种霍菲尔德主义的资格都可以被

---

① See Matthew Kramer & Hillel Steiner, "Theories of Rights: Is There a Third Way?", 27 *Oxford Journal of Legal Studies* 281, 289-290 (2007).

② See M. Kramer, "Some Doubts about Alternatives to the Interest Theory of Rights", 123 *Ethics* 245, 246-248 (2013).

③ See Mark McBride, "The Unavoidability of Evaluation for Interest Theories of Rights", 33 *Canadian Journal of Law & Jurisprudence* 293, 315 (2020).

归类为一种权利，权利也并非总是能促进权利持有人的利益。传统理解中只有当法律规范旨在使这些人受益时，利益理论才将人归为权利拥有者，这是不正确的。在解释法律规范时，意图所发挥的作用仅仅是辅助性的，重点在于内在于规范的效果。虽然某些义务的履行能够使某些人受益，但该种受益成为法律权利的一种必要而非充分的条件，因而，权利利益理论必须找出一种充分条件，在利益可以构成权利根基的意义上，识别出确定的权利持有人。

二、最低限度充分性作为测试标准

众所周知，在与权利意志论的论辩过程中，意志理论学者所提出来的重要批评便是利益论识别出来的权利持有者存在着包容过度（over-inclusiveness）的问题。[1]因而，权利的利益理论对权利概念的解释要想具有说服力，必须分析的问题是经由何种测试标准利益能够被识别为可向某种特定义务人提出来的一种法律上可执行、可主张的权利。

作为权利利益理论的主要竞争对手，权利意志理论为权利的利益概念提出了第三方当事人受益的经典挑战。在权利意志理论的学者看来，权利的利益理论无法解释为什么某些第三方拥有确定的利益，但第三方事实上却并不拥有法律权利；或者即便在第三方拥有法律权利的地方，为什么某些利益获得法律保护，而其他利益无法获得法律保护。[2]例如，A和B订立合同，约定B必须为C履行特定合同义务，即修理C漏水的屋顶。在法律上，C是否意识到A和B之间合同的存在是无关紧要的。然而，问题是依据合同，C是否拥有真正的法律权利？因

---

① See Rowan Cruft, "Rights: Beyond Interest Theory and Will Theory", 23 *Law and Philosophy* 347, 390-397 (2004).

② 参见［英］H. L. A. 哈特：《法理学中的定义与理论》，［英］H. L. A. 哈特：《法理学与哲学论文集》，支振锋译，法律出版社2005年版，第40页以下。

而，利益理论必须回答为什么是某些特定的第三方当事人拥有法律上的权利。在第三方受益的情形中，权利的利益理论必须解释谁的利益担保了权利持有者的地位：与B订立合同的A有利益使B修理C房屋的义务得以履行；C也将获得最终利益，如果B确实修理了C的房屋；与C是邻居的D也将最终获益，如果C的房屋确实由B修理了；与C同处同个街道E的产权也会受到B的影响，如果E打算出卖房屋的话。A与B的合同会影响到一系列诸如此类的第三方当事人的利益。利益理论是否意味着所有这些第三方当事人都有法律上的权利？第三方受益的情形为权利利益理论的概念界定提出了一个棘手难题。

因而，并非偶然，权利的利益理论要想是令人信服的，就必须为权利的利益概念界定提出一种以利益为依据的证成。为了识别出一种权利持有人，利益理论学者必须知道一种特定的法律规范如何得到证成，法律规范的内容是什么。在权利的利益理论中，证成性解释在逻辑上优先于概念性解释。利益理论学者必须找到一个充分条件，在诸多第三方受益中区分为什么仅有其中某些是相关权利的持有人。在当前权利利益理论的学者中间，由于更多的是克莱默本人直接参与到了与权利意志论的论辩当中，为权利的利益理论作出了精细的修正和强烈的辩护，因而，这里主要以克莱默版本的利益理论作为分析对象。

克莱默指出，利益理论会乐于在一种给定的法律体系中授予受益的第三方以法律上的权利持有者的身份，只要受益的第三方当事人或者通常由义务的履行所受益的任何当事人，在某种特定的事实集合中满足最低限度的充分性测试标准（Minimum Sufficiency Test）。①最低限度的充足测试旨在在任何特定的法律规范下，在那些被视为潜在权利拥有者范围中识别出确定的权利持有者。概括而言，最低限度的充

---

① See Matthew Kramer, "Refining the Interest Theory of Rights", 55 *American Journal of Jurisprudence* 31, 36–37 (2010).

分性测试标准是这样运作的：为了确定某人是否拥有合同下的权利或任何其他法律规范的权利，分析者需要问的是为了足以构成对合同或规范的一种违反，哪些事实是最低限度所必需的。一种最低限度的事实集合至少包括：（1）某种特定主体Q遭受了一种损害，遭受一种损害应该被解释为通常对Q的福利构成一种实质障碍；（2）这种损害是由负有义务的R所引起的，R作为相关义务的特定承担主体；（3）R所以必须履行这种相关义务是由合同约定或法律规范所设定。对于构成合同或者规范的违反而言，满足了这些条件的事实集合便是充分的，而且对于事实集合的充分性而言，事实集合中的每一种元素都是必要的。换言之，最低限度的事实集合不包含冗余元素。

为了说明最低限度充分性测试标准的具体运作，克莱默提供了如下一个例子。依据雇佣合同，雇主有义务付给他的雇员多丽丝以工作报酬。通常，多丽丝用她薪水的一部分在当地的超市买东西。经由此，超市老板便在一定程度上依赖于多丽丝的经常光顾来维持其生存和经营。问题是，如果雇主不付给多丽丝薪水，那么超市老板是否有权利让雇主支付多丽丝薪水呢？根据克莱默的最低限度充分测试，超市老板并没有这种权利。理由在于多丽丝没有得到报酬作为事实A，超市从多丽丝的购买中没有获得钱作为事实B。A和B构成一组事实集合。就其本身而言，事实A足以构成一种合同的违反。相反，当且仅当事实A存在时，事实B是相关的。因此，对于确定超市老板是否作为权利持有者而言，事实B是多余的。这便反过来废止了A和B作为识别权利持有者的事实集合资格。因为事实A本身就足以构成一个完整的、非冗余的集合。实际上，由于事实上A是自给自足的（self-sufficiency），任何支持额外权利的其他事实序列都被证明是多余的，超市老板当然被排除在拥有权利之外。

可见，为了识别确定的权利持有者，最低限度充分性测试标准要求分析者必须确定何种事实或者哪些事实集合是充分的，即不存在冗余的事实，这些充分事实的存在使得特定主体Q的通常利益遭受了损害，这种损害本该由特定R来履行相关义务来避免。满足了这些最低限度事实集合，那么Q便是相关义务人R的权利持有者。问题是，最低限度充分性测试标准作为权利持有者的识别标准符合一般权利概念界定的要求吗？

三、测试标准存在的问题

值得注意的是，克莱默版本的权利利益理论将权利持有者的识别放置在某种法律体系当中，将某种特定的法律规范作为前提，而且克莱默本人就是法实证主义的捍卫者。[①]将某种法律规范作为给定条件所存在的问题是，最低限度充分性测试标准作为权利持有者的识别标准无法解释为什么有些法律体系的确赋予了超市老板这样第三方当事人以一种法律权利。[②]这种可能性的存在使得克莱默的测试标准变成包含不足的。除却这种情形的存在，最低限度充分性测试标准作为一般权利界定的概念性解释，在以下方面仍然是不能令人满意的。

首先，最低限度充分性测试标准作为权利持有者的识别标准运作的场景是存在两个或更多的相关事实，但最低限度充分性测试却无法在只有一种相关事实的场景中运作。[③]例如，A付钱给B来让B修理C的房屋。如果房屋没有被修理，B和C以及其他当事人是否都有法律上的权利？显然，某种意义上，问题的答案都依赖于法律体系的实在规定。例如，由于房屋没有被修理，假设D在C的房子里租了一个房间，

---

① See Matthew Kramer, *In Defense of Legal Positivism*: *Law Without Trimmings*, Oxford: Oxford University Press, 2003, pp.5-14.

② 当然，某些法律体系的确授予特定第三方当事人受益的权利，但法律体系也仅承认特定而非所有的第三方当事人受益的法律权利。例如，英格兰1999年合同法第31条便授予某些第三方当事人以法律权利，但也仅在有限的范围内承认。

③ See David Frydrych, "Kramer's Delimiting Test for Legal Rights", 62 *American Journal of Jurisprudence* 197, 207（2017）.

因漏水 D 的卧室受到了损害，无法再继续租住房屋。依据克莱默的测试标准，基于 A 与 B 的修理屋顶合同，D 显然有法律上的权利。在这里，最低限度充分性测试标准都得到满足：一个满足最低限度充分性事实集，即一个未被修理的屋顶；B 作为相关义务人，违反了合同义务；由于 B 未能履行合同义务，D 的利益受到损害。然而，通常理解中，说房屋承租者 D 对 B 拥有相关的法律上可主张、可执行的权利，违反了权利概念界定的现实性要求。

其次，最低限度的充分测试标准也不能满足耶林主义对权利概念所提出来的经典挑战。作为 19 世纪的著名学者，耶林通常被认为是利益法学的创始人。悖谬的是，开创利益法学的耶林，却反对从利益角度理解法律权利。实际上，耶林对任何旨在通过理论确认什么被认为是权利的能力持有怀疑。对于权利的利益概念，耶林提出了以下案例。① 通过政治或金融压力或腐败，一家国内制造商获得了政府的青睐。制造商说服当局政府通过了一项法律，要求对某些与自己竞争有利害关系的外国商品征收关税。显然，新通过的法律以该制造商的利益为基础，当然也使该制造商直接受益，从某种意义上说，法律也是有意为之。在此场景中，该制造商显然有强有力的动机使该法律得到忠实执行。然而，问题是根据这项法律，该制造商是否有法律权利？作为履行关税义务的其他相关当事人，该制造商是否是法律权利的持有者？

依据克莱默的测试标准，耶林所构想的这种情形似乎无法避免将法律权利赋予国内制造商。如果某一方违反了缴纳关税的义务，作为最低限度的事实，这似乎足以使国内制造商和政府都拥有法律上可主张、可执行的权利。再一次，说国内制造商在此场景中拥有法律权利

---

① See H. L. A. Hart, "Legal Rights", in *Essays on Bentham: Jurisprudence and Political Theory*, Oxford: Clarendon Press, 1982, p.180.

显然是奇怪的，违背了人们对权利概念的通常的、直觉性的理解。但依据克莱默的测试标准，却并非不是不可能的。从一般权利概念界定必须满足的要求而言，最低限度充分性测试标准作为权利持有者的识别标准是不必要的。

最后，即便克莱默最低限度充分测试标准能作为权利持有者的识别标准，它也无法解释为什么满足这种测试标准的利益是同一的，但权利却在不同的法律规范体系中存在不同表现形态和内容。例如，作为法律权利，美国的言论自由无论是在权利规定还是在权利实践上，明显不同于中国的言论自由，虽然言论自由背后所保护的利益性质和种类在美国和中国是相同的或者类似的。权利主张不能仅仅是某种利益充分重要性的主张，而是在一个已经存在的规范性框架和制度之内能够证明强加义务的某种社会关系的适当性的主张，该规范性制度维护和界定着利益得到保护的方式和范围，进而是规则和制度形塑了权利形态。①权利之存在并不仅是因为个人拥有这种利益的重要性，更重要的在于个人和与之对应的义务人之间的某种正当关系。

总之，克莱默版本的利益理论所存在的上述问题意味着，对权利概念的任何一种分析所需要的并不仅是对权利背后利益性质的反思，更重要的在于对可得的或者合理建构起来的社会或者政治关系性质的反思，后者证明了强加某种义务以保护某种利益是正当合理的。某种意义上，权利意志论对权利所存在的关系给出了某种解释，尽管从理论本身的角度，仍然存在着问题。

---

① See J. E. Penner, "The Analysis of Rights", 10 *Ratio Juris* 300, 306-311 (1997).

第四节　意志论与平等的自由

依据权利的意志理论，权利存在于某人能够控制一种现存义务的履行时。权利的意志概念符合权利概念界定的区分性要求，特别是能将权利区别于权力，因为在通常理解中权利的持有者不得处分权力，不得任意地放弃和不行使。某种意义上，权利的意志概念之所以最符合权利的本质，是因为无论权利能体现为何物，都必须依赖权利主体积极的主张和奋争。尽管如此，作为一种一般性的权利理论，权利意志理论所依赖的自由前提却与权利关系的平等承诺相违背。将自由作为权利的本质，权利意志概念所付出的理论代价是巨大的，会造成意志理论本身的不融贯。

一、构成权利本质的自由

如果说意志理论经常批评权利利益理论存在着包容过度的问题，那么作为权利理论的主要竞争对手，权利的意志概念则受到权利利益论的批评。利益论的支持者认为，权利意志概念存在着包含不足（under-inclusivity）的问题，因为意志论不适当地将没有选择能力的主体排除在权利持有者的范围之外。一方面，意志理论不能解释法律明确承认主体为权利持有人的情形，即便他或她在法律上没有能力自我执行或放弃权利。这类权利拥有者的例子，包括儿童、精神病患者、昏迷状态的人等。[1]显然，没有选择能力的这些人在法律上都是有权利的。另一方面，权利的意志论也无法解释为什么某些权利是不可剥夺

---

① See e.g., Neil MacCormick, "Rights in Legislation", in P.M.S. Hacker & J. Raz ed., *Law, Morality and Society: Essays in Honour of HLA Hart*, Oxford: Clarendon Press, 1977, pp.194-198.

或者不可转让的，权利意志概念不符合权利概念界定的现实性要求。

然而，在权利意志论的坚持者看来，无能力（incompetency）论证并没有对权利意志概念构成真正的挑战，因为经过修正的某种权利意志概念，意志论能够符合权利概念界定的现实性要求。概括而言，权利的意志概念允许一种权利的组成部分在不同主体之间进行区分，权利的意志概念中并没有任何内容暗示权利只能由个体行使，考虑到个体当前或未来的利益，个体也能从由他人、共同体或者国家代为行使的权利中得到好处。比如说，大多数人都同意儿童拥有受教育的权利，并借此权利使得他们不同于他们自然成就的状态，这种权利通常来说受他们的父母或者其他监护人保护，但却有悖于他们自身在眼下持有的意见。依据权利的意志概念，特定的权利或者仅属于具有理性能力的个体，或者只能由其他主体代为行使，因为权利的最终目的旨在使自治的道德理想得到实现。权利保障并表达对个体自我发展有利的社会和政治条件，权利是个体必须采取的走向自我完善的最终步骤。①

因此，缺乏自治的个体仍然享有权利，但当其处于他律的情况时，就不能自行行使这些权利，相反，权利的行使要从有利于自治的角度出发，即或由他人代为行使，或由过去的自我行使，从而为未来的自我提供有利条件。换句话说，某些版本的意志理论认为代理人是真正的（bona fide）权利持有者，尽管他们个人并不拥有相关的权力。②权利的意志概念为自治附加了严格的条件，最终旨在将他律的概念和对教育和改良的需要扩展到使人成为人的过程。对于权利的意志论来说，个体理性所担保的自治能力可以存在着程度的不同，自治是生成的，

---

① 参见［英］古纳尔·贝克：《费希特和康德论自由、权利和法律》，黄涛译，商务印书馆2015年版，第249页。

② See N. E. Simmonds, "Rights at the Cutting Edge", in M. Kramer, N. E. Simmonds, and H. Steine（ed.）, *A Debate over Rights*, Oxford：Oxford University Press, 1998, pp.229-232.

而非既成的。某种程度上，权利便是当下个体的一种假设属性，它是通过在当下支配他们的人获得实现的，从而最终有利于其未来的理性自我。因此，假定所有版本的意志理论都认为一种权利持有人的执行和/或放弃权力的自我拥有是权利的必要条件，显然是错误的。

同样的道理也适用于利益理论学者所提出来的不可剥夺性/不可放弃的论点。对这些论点的表面理解是某些权利是不可剥夺或者不可转让的。然而，权利意志论学者在其自身内部就何种执行或放弃是权利的必要组成因素，存在着严重分歧。例如，在阐明权利的意志理论时，哈特认为权利的意志概念承认控制可以存在着不同程度的要求，有关控制的最充分的标准由三个不同的要素组成：（1）权利持有者可以放弃或者撤销义务，也可以使其处于存续状态。（2）在违背义务或被威胁要违背义务时，权利持有者可以保留不予执行。也可以通过提起损害赔偿之诉来执行义务，或者在特定情形下，提请禁令，以阻止后续侵权行为。（3）权利持有者可以放弃或撤销因义务被侵犯而产生的赔偿责任。[1]类似地，依据尼尔·西蒙德（Nigel Simmonds）的建议，任何给定的法律权利都可能有一组可变的权力集合。[2]在学理上，根据意志和控制表现的强弱程度，可以将意志大致区分为支配力、请求力、形成力和抗辩力等不同类别。[3]显然，一种典型权利所具有的不可转让、不可放弃或不可执行性特征就并不能反驳权利的意志论，因为缺乏任何一种权力并不能证明其他的权力无法同时获得。

因而，对权利意志概念的批评要想成立，包括权利利益的学者就

---

① See H. L. A. Hart, "Legal Rights", in *Essays on Bentham*: *Jurisprudence and Political Theory*, Oxford: Clarendon Press, 1982, pp.183-184.

② See N. E. Simmonds, "Rights at the Cutting Edge", in M. Kramer, N. E. Simmonds, and H. Steine (ed.), *A Debate over Rights*, Oxford: Oxford University Press, 1998, p.230.

③ 参见［德］拉伦茨：《德国民法通论》（上册），王晓晔等译，法律出版社2003年，第280页以下。

需要证明对一种给定权利，没有人拥有执行和/或放弃的权力。如果存在着这种情形，就意味着权利意志论是不充分的。由于意志论承认控制存在着程度的不同，在完全不存在执行和/或放弃的权力的地方，权利就不存在。倘若权利的利益论与概念论之间还存在着真正论争，而非一种自说自话的智力表演，这种观点显然无法合乎逻辑地被权利利益论所采纳。因为无论权利的利益论还是意志论都同意所以需要构建一种一般性的权利理论，其主要目的便在于准确地捕捉权利在实践推理中的要旨或者功能。权利概念对实践推理的分析性依赖，构成权利理论之间论辩的核心前提。在完全不存在执行和/或放弃的权力的场景中，即不存在意志的场景中，实践推理的公设便不存在。因为实践推理"必须预先认定，人是可以不受感性世界摆布的，能够按照灵明世界的规律，即自由的规律，来规定自己的意志的"。①权利概念对于实践推理的这种前提性依赖意味着，对权利概念的任何理论解说不能否定意志概念，否定了意志自由，也便是否定了实践推理的公设，进而否定了权利概念，自由因而构成权利意志概念的本质性特征。

众所周知，权利概念的这种自由本质，在康德实践哲学中得到最显著体现。在康德的政治理论中，没有哪个术语的力量能够超过"权利"（法权）一词。对康德来说，权利并非需要的自然扩张，甚至也不是最基本的需要。法权的概念，就和一个与自己相对应的责任相关而言：

> 首先，只涉及一个人格对另一人格的外在的、确切地说实践的关系，如果他们的行动作为行为能够（直接地或者间接地）互相影响的话。但是其次，法权概念并不意味着任性

---

① 北京大学哲学系外国哲学史教研室编译：《西方哲学原著选读》（下卷），商务印书馆1982年版，第319页。

与他人愿望（因此也与纯然的需要）的关系。例如在行善或者冷酷的行动中，而仅仅意味着与他人的任性的关系。第三，在任性的这种交互关系中，也根本不考虑任性的质料，亦即每个人以他所想要的客体而当作意图的目的，例如不问某人就他为了自己的生意从我这里购买的货物而言是否也能得到好处，而是只问双方任性的关系中的形式，只要这种任性被看作自由以及通过行动，双方中的一方是否可以与另一方的自由按照一个普遍的法则保持一致。[①]

可见，个体的需要并不赋予个体权利，相反，一切权利都是通过相互维持的承认行动产生出来的。现代英国权利学者贝克指出，准确理解康德的权利概念，必须进一步区分自然权利和获得性权利。[②]获得性权利涉及一些与道德无关的事物，它们对实现自律而言并非必然，并因此可以依据时间和地点的不同而不同。与获得性权利不同，自然权利是区分正当的与不正当的政治体制的道德标准，包括对个体身体、心理、精神和道德完整性的权利、只服从为主体同意的法律的权利以及获得财产的权利。在康德看来，这些都是从对自由的权利中推出的，而且它们能够依据普遍的法则与他人的自由共存。在康德式的实践哲学中，这种对自由的权利是"唯一的原始权利"，它构成了整个权利体系的基础，并且由于每个人的人性而属于每个人。原初权利不能从权宜之计或从具体情势的压力推出，而必须以理性的先天原则为依据，即以人作为有理性的道德存在者，而非自然的充满欲望的存在者的最终目标为依据。

---

① ［德］康德：《纯然理性界限内的宗教 道德形而上学》，李秋零主编：《康德著作全集》（第6卷），中国人民大学出版社2007年版，第238页。

② 参见［英］古纳尔·贝克：《费希特和康德论自由、权利和法律》，黄涛译，商务印书馆2015年版，第217页。

经由如此修正，似乎权利的自由意志概念最能符合权利的本质。如德沃金所言："自由权是以那种理所当然属于你的才智，去从事你所想做之事的权利。"[1]在主体宣布拥有一项权利时，从而以任何特定方式塑造自己的生活时，权利持有者必须决定什么理所当然隶属于该持有者。权利并非天赋的，能自动地进入到权利持有者的手中，毋宁是权利主体不断努力、奋斗和抗争的产物。然而，权利的意志概念要想得以成立，在根本上要依赖于自由这个假设和前提。问题在于，个体自律的实现是否分析性地包含着行动者的意志自由，将自由作为权利概念的依据又是否符合权利意志论的根本承诺？对此问题的回答直接决定权利的意志论作为一种理论本身的融贯性。

二、意志论证成的不融贯性

将自由作为权利意志理论的前提预设，清晰地由哈特版本的意志理论所蕴含，哈特也是权利意志理论的著名支持者。因而，这里主要以哈特版本的意志理论作为分析对象，评估意志理论对权利概念的解说是否充分。在其中，可以发现自由预设并不足以构成权利的依据，哈特版本的意志理论只有通过假定一种平等原则而非意志自由才能够成立，而众所周知平等原则经常为权利利益理论的学者所拥抱。就此而言，权利利益论与意志论之间的分歧并非通常理解的那么不可调和。

简单来说，哈特对权利意志概念的论证是条件性的，或者说是关系性的。这种条件性的权利概念指出了一项权利的真正本质是：存在依据相关实施者的意思实施某种行为的权力。[2]作为奥斯丁之后现代法实证主义的重要继承者，哈特指出，如果存在任何特殊权利，必须存

---

① ［美］罗纳德·德沃金：《民主是可能的吗？新型政治辩论的诸原则》，鲁楠、王淇译，北京大学出版社2012年版，第61页。

② 参见［英］尼尔·麦考密克：《法律制度：对法律理论的一种解说》，陈锐、王琳译，法律出版社2019年版，第177-180页。

在着一种自然权利，即平等自由的权利（the right to equal freedom）。①可见，在哈特版本的意志理论中，平等和自由都是权利概念旨在描述的东西。然而，经过分析可以发现，哈特对特殊权利和一般权利的区分，却使得他放弃了最初的平等，最终滑向将自由作为权利意志概念的证成依据。上文也指出，在所有权利意志理论的学者那里，自由都是权利概念的本质性因素。

概括而言，哈特对于权利意志论的证成始于对特殊权利与一般权利的著名区分。在哈特看来，特殊权利是产生于某种协议或特殊关系的权利，典型的通过允诺和缔结合同。只有在某种特殊关系存在的情形下，谁是相关于某种义务的权利持有者问题才得以产生。换言之，在缺乏特殊关系的场景下，X没有责任受制于Y或者说任何人强制执法的权力，这意味着X有反对干涉的权利，即一种自由的权利（a right to freedom）。从某种意义上说，哈特的观点非常简单，其结论来源于对权利形式的一种分析。权利是为法律所确认的一种可执行性主张，也就是说，某人有权力来强制义务承担者履行相关义务。哈特指出，当且仅当Y（也只有Y）拥有针对X的一种特殊权利时，X才有责任受制于Y的干涉。由此可见，如果Y没有这样的权力，Y便没有能力干涉X。相关于无能力的规范性立场是一种霍菲尔德意义上的豁免，所以X豁免于Y的干涉，即一种自由的权利。

然而，此处需要注意的是，哈特对免于干涉自由的论证所依赖的假设是只有权利才是法律上可执行的主张。这种假设显然是可争论的，但这种假设同样为利益理论所同意，因而并非专属于权利的意志论。②

---

① See H. L. A. Hart, "Are there any Natural Rights", 64 *Philosophy Review* 175, 175-176（1955）.

② See N. E. Simmonds, "Rights at the Cutting Edge", in M. Kramer, N. E. Simmonds, and H. Steine（ed.）, *A Debate over Rights*, Oxford: Oxford University Press, 1998, pp.120-132.

的确，某人缺乏一种干预的权力等同于该人没有能力这样做，因而无能力相关于豁免。但是，权力和豁免都是二阶的规范性立场，其仅仅在承认这些规范性立场的法律或者道德体系中存在。而且，在缺乏特殊权利的情形下，不存在着任何权利或者规则。①换言之，所有权利都是特殊权利，在缺乏特殊权利的情形下，所存在的仅仅是赤裸裸的自由，因为没有授予任何权利的规则存在。某种意义上，必然存在一般权利，即自由权，哈特对权利意志概念的主张是特殊权利必然预设了一种非干涉的普遍权利。此处的思想是如果X通过允诺行为或者某种合同对Y创造了一种权利，这意味着X赋予了Y干涉的权利，或者说X放弃了其对Y非干涉的豁免。的确，通过允诺或者合同产生义务的行为的确是一种霍菲尔德意义上的权力，但这种权力并非一定要依附于一种主张权利。如果要实现这种概念上的过渡，哈特所隐藏的一个假设便是只有权利持有者拥有这种权力。显然，哈特的这种假设并不必然为其他版本的意志理论所接受。权利意志理论所共同接受的假设是主张不能在没有权力的情况下存在，而不是所有权力必然依附于权利的持有者。

当然，即便承认哈特对非干涉普遍权利的论证是正确的，哈特也仅仅假设而非论证在缺乏同意的情形下，人们拥有一种免于强制的自由。换言之，在没有任何特殊关系存在的情形下，没有理由允许人们干涉其他人，当然也没有理由允许某些人受到的干涉比其他人受到的干涉多。权利授权某些人干涉其他人的自由，但这不是或者说不仅仅是因为每个人都拥有非干涉的普遍权利，而是因为我们每一个人都是平等的。正如费希特指出的那样："在自由概念中首先包含的，只是通过绝对自动性制定我们可能有的效用性概念的能力；理性存在者必然

---

① See Adina Preda, "Rights: Concept and Justification", 28 *Ratio Juris* 408, 413-414（2015）.

都相互认为有这种单独的能力。"①自由存在者都会假定在自身以外有自己同类中的其他自由存在者，这是必然的；但是，他们要作为自由存在者共同存在下去，却并不是必然的。依据这种观点，权利不仅授予自由，也包含每个人都必须平等地接受的义务和限制，如此每个人才能够成为人和获得自由。作为启蒙时期实践理性的重要补充，现代英国学者菲尼斯指出："权利话语的现代用法强调平等，事实上每个人都是人类兴旺的所在，而这种兴旺被认为是对于各人同样有利。换言之，权利话语始终将正义放在我们考量的突出位置。"②因而，在某种关系存在的情形中，最终是平等而非自由担保了某种规范性立场可以被界定为一种霍菲尔德意义上的主张权。在这里，权利意志论者需要放弃一种自由假设，选择更具有包含意义的平等基质作为权利概念的依据，如哲学上更具有实践智慧的概念康乐（well-being）。③如果将平等作为权利概念的根基，权利的意志论就可能比利益论更加深刻地看清权利概念在实践中所发挥的重大作用，进而理解权利话语在解决政治和社会问题过程中的复杂方式。在传统社会，社会不平等被视为是自然的，因而也是不证自明的。然而，"所有人平等"一旦确立，必将打破一种区隔化的世界。虽然古老的集体式社会观念抑制了任何进行普遍化的诱惑，但普遍化正是人作为能动主体的经验，并且主导着近代西方教会法学家的著述。"通过拉开人的能动性与特定的社会角色之间的距离，一种'是'与'应当'的截然区别得以可能，而这也是关

---

① ［德］费希特：《以知识学为原则的自然法权基础》，《费希特文集》（第2卷），梁志学编译，商务印书馆2014年版，第263页。

② ［英］约翰·菲尼斯：《自然法与自然权利》，董娇娇等译，中国政法大学出版社2005年版，第176页。

③ 参见周濂：《后形而上学视阈下的西方权利理论》，《中国社会科学》2012年第6期。

于可观察事实的陈述与关于道德规则的陈述之间的区别。"①由于权利利益概念经常指出政治和社会实践中以利益为根基的权利实践经常面对着冲突和权衡的问题，某种意义上，权利的意志概念能够为此提供一种规训。

进一步，权利对关系的依赖，特别是平等关系的依赖意味着，构想权利概念的出发点不应该是孤立个体，无论这种个体是拥有充分自治能力还是部分自治能力，而应该是费希特意义上的交互主体性。在费希特看来：

> 个体性概念是一个交互概念，就是说，是这样一个概念，它只能联系着另一个思维加以设想，而且从形式上看，是受思维本身、受相同的制约的。在任何理性存在者中，这个概念只有在它被设定为是由另一个思维完成时，才是可能的。②

依据这种交互性主体，人不能作为孤立个体而成为人，而只能在与他人的关系中，通过与他人的沟通和交往才能成为人，这种关系并非像物体世界那样是为了确立"主客体从属关系"，而是为了确立"平等协作关系"。③因而，人因其作为道德行动者的能力而可能享有的权利，就不再被视为是属于前社会和政治关系的孤立存在者，而必须被认为是属于社会的行动者。唯有在社会和政治关系的语境中，主体的身份、目的和价值才能得到建构。权利对社会和政治关系的这种依赖使得康德式的绝对命令公式除了有内在意志自由的约束以外，还必须

---

① ［英］拉里·西登托普：《发明个体：人在古典时代与中世纪的地位》，贺晴川译，广西师范大学出版社2021年版，第253页。

② ［德］费希特：《以知识学为原则的自然法权基础》，《费希特文集》（第2卷），梁志学编译，商务印书馆2014年版，第303页。

③ 参见［德］费希特：《关于学者使命的若干演讲》，《费希特文集》（第2卷），梁志学编译，商务印书馆2014年版，第21页。

进一步承担费希特的外在目的要求："彼此作为目的相互对待，从根本上讲意味着承认对方的自律能力，这又意味着要尊重使自律获得实现的社会和政治条件。"①这意味着，人拥有的权利不只是作为道德存在者所拥有，也是作为社会性和政治性存在者所拥有。这些权利准确地来说，产生于自然人成为社会性存在者，相互承认彼此的独立和自由的时刻。费希特强调："人的概念绝不是个人概念，因为个人概念是不可想象的，相反的，人的概念是类概念。"②据此，我们也可以说，并不存在是个人（individual）的权利，有的仅是人类（human）的权利。

总之，经过反思可以发现，诉诸自由并不足以充分地证成权利的意志概念。哈特版本的论证也并没有诉诸任何专属于意志理论的前提，因为意志论所诉诸的前提，即实践推理的概念公设自由、权利必须是可主张的，同样为利益论所共享。如果要证成任何权利，权利意志论必须诉诸一个独立的平等原则，而非自由。权利的意志论要想是充分的，即维护一种旨在完善自治性道德理想的权利观念，平等而非自由是权利概念的合适基础。

第五节　一种规范权利理论的构成要素

经由上述分析可知，权利的利益论与意志论的论争发生在概念层面，而非证成方面。然而，依据一般权利概念界定的要求，虽然权利的利益概念表面上符合权利概念界定的现实性要求，然而为了满足区分性要求和规范性要求，克莱默所提出来的最小限度的充分性测试标

---

① ［英］古纳尔·贝克：《费希特和康德论自由、权利和法律》，黄涛译，商务印书馆2015年版，第217页。

② ［德］费希特：《以知识学为原则的自然法权基础》，《费希特文集》（第2卷），梁志学编译，商务印书馆2014年版，第294-295页。

准所识别的权利，却与权利概念的现实性要求相冲突，不符合权利的直觉性理解。此外，虽然权利的意志概念符合权利概念界定的区分性要求，但以自由作为权利概念的依据却与意志理论的根本承诺存在着逻辑上的不融贯，不符合权利概念界定的规范性要求。显然，在权利概念的界定方面，无论是利益论还是意志论都失败了。那么，权利概念界定的这两种理论失败的原因是什么？理论者又应该如何进行权利概念的理论性解说？如果不诉诸利益和意志，一种规范性的权利理论应该诉诸何种要素？批判性的检讨权利利益论和意志论之间论争的经验和教训，为构建一种规范性的权利理论解说提供了可能出路。

一、概念的诸种类型

既然权利的利益论与意志论的论争发生在概念层面，一个必须予以提出和反思的问题是权利概念本身是何种概念类型？这是因为概念在共享和使用它们的人的思想和商谈中发挥着不同种类的功能。在学术脉络史中，对于"概念是什么"存在着四种观点：[①]（1）理念论，典型代表如柏拉图。理念论将概念理解为一种客观实体，独立于自然物质或社会制度。（2）唯实论，概念被认为是概念词的所指或者说意涵，唯实论概念是作为标准发挥作用的，如单身汉，典型代表如弗雷格和卡尔纳普。（3）观念论，将概念理解为实体在个人的精神中的显现，或者对象的内在或外在属性，典型代表如笛卡儿、康德。（4）唯名论，将概念理解为其他事物的语言实体，即语词、语词体系的类似组成部分，典型代表如后期的维特根斯坦和蒯因。

既然"概念"存在着不同界定，那么，适合于"权利概念"的应该是何种概念类型呢？对此的回答当然不是何种概念类型在哲学上更

---

① 参见雷磊：《法律概念是重要的吗？》，《法学研究》2017年第4期，第79-81页。

为优势，①而是说何种概念更能有利于捕捉到权利在实践推理中的功能。显然，权利概念并非是理念论的，因为权利并非某种客观实体，就在那里，等待着我们去发现。同样，权利概念也不应当或者仅仅是唯实论或者唯名论的。权利概念虽然能够在现实中有所指称——如果没有确定所指的话，通常表现为某种实实在在的利益，权利也将丧失主体的兴趣，但权利不能限于某种确定所指，权利概念更应该能够适应客观境况而发生变迁，唯实论是不适当的；权利概念虽然也经常在某种语言中运用，特别是与义务共同出现在某种语言中，但权利并非仅存在于符号的交流当中，权利的唯名论混淆了权利与权利的意义，更无法区分权利表述的意义与所指。②可见，能够适合于权利概念的分析的概念必然是一种观念论。

为了证成观念论适合于权利的理论分析，可以借助于奥戈登和理查兹的思想（精神）、符号（表达）与所指（客体）"语义三角"来说明。③从逻辑角度，任何一种"概念"的不同界定，都可以体现在对三种不同关系的理解中：（1）"符号—客体"关系，现实中的对象可以用符号来展现；（2）"符号—思想"关系，符号表达和思想并不存在自然主义所设想的那种天然联系，符号既可以指称个体，也可以指称类型；（3）"思想—客体"关系，即符号背后的思想有别于符号所指称的客体。据此可以发现，理念论将概念置于"思想"，唯实论将概念等同于"所指"，而唯名论将概念等同于"符号"，它们仅抓住了"语义三角"的一个方面。观念论不同，其将概念定位为"思想"与"所指"之间的关系，既不认为概念的意义与事实等同，也不主张意义仅存在于各

① 对不同概念类型在哲学上的反思，可参见 Bobe Hale and Crispin Wright（eds），*A Companion to the Philosophy of Language*，Oxford：Blackwell Publishing，1997，pp.663-670.

② See Andrew Halpin，"No-Right and its Correlative"，65 *The American Journal of Jurisprudence* 147，166（2020）.

③ 参见雷磊：《法律概念是重要的吗?》，《法学研究》2017年第4期。

个思考者的思想之中。相反，观念论认为所谓概念的意义是一种主观思想与客观所指的统一，既要以客观事实为基础，也要经过主观因素的加工。观念论作为概念类型，经由哲学诠释学得以充分表达。依据哲学诠释学，意义并非事物本质属性的客观反映和描述，更非纯粹主体心理状态的外在流露，毋宁说意向主体对客观实在进行诠释的结果，是主体前见与客观实在进行"视域融和"的产物。[1]观念论作为一种概念类型意味着，对属于观念论的某种概念把握必须克服主体—客体两分图式，而转向一种主体间性的过程表达。

因而，观念论为构想权利概念的思考方式提供了一种新的视角，必须在有关权利的概念与权利观念之间予以区分。[2]在概念上，必须将权利看作是一种解释性概念，而非一种标准性概念或者自然种类概念。[3]就此而言，权利的利益论与意志论共享权利这个概念，不是因为他们对某种可以通常称为权利的标准情形取得共识或一致意见，而且

---

① 参见［德］汉斯–格奥尔格·加达默尔：《真理与方法——哲学诠释学的基本特征》（上卷），洪汉鼎译，商务印书馆2010年版，第544–547页。

② 观念与概念（Conception and Concept）的区分也为权利理论论辩的参与者所承认，如哈特认为，一个概念的意义也许是不变的，但其适用的标准可以是变化有争议的。参见H. L. A Hart, *The concept of law*, second Edition, Oxford: Oxford Univeristy Press, 1994, p.246. 当然，概念与观念的区分也为罗尔斯、德沃金等其他学者所接受。在此，从概念与观念相区分的意义上，任何一种理论对权利概念的界定必然是一种权利观念（a conception），由于存在着不同的理论，在理论自身融贯的意义上，也就存在着不同的权利观念（the Conceptions of rights），尽管理论自身都主张自身概念的正确性。进一步，这也意味着从理论角度对权利概念的界定，结论必然是一种权利观念，但也可以存在着其他更多、更好的权利概念，条件是这种权利观念能够进一步捕捉到权利在实践推理中的复杂方式和作用。

③ 在德沃金看来，解释性概念与标准性概念不同。因为共享某种解释性概念并不要求使用者对标准或事例具有任何潜在的一致意见或合意。例如，自由主义者和保守主义者共享正义的概念，但他们对判断正义的标准以及哪些制度是正义的，哪些是不正义的，并没有一致意见。参见［美］罗纳德·德沃金：《身披法袍的正义》，周林刚、翟志勇译，北京大学出版社2014年版，第152页。

因为他们参与了判断行为与制度是否正义的社会实践，参与到了某种实践推理的过程中。对权利实践所内在的基本要义和目标应该是什么，不同主体都有种种见解，无论这种见解是清晰明确的还是无以言表的。①但无论如何，不同权利概念的主张者都需要从这些假设中抽取有关在特殊场合下继续该实践的正确方式：需要作出正确判断，以及回应这些判断的正确行为。对观念论的概念性分析，学者必须动用他自己对该实践应该为之服务的价值，以及对在运作中能最好地服务于这些价值的概念的观念之认识，必须是参与性的，而非纯粹描述性的。

在这个意义上，如果权利的界定果真是价值不涉或者价值中立的问题，对实质性的争论和决定毫无暗示，那么为什么理论学者和普通公民还浪费时间争论它呢？为什么常识未能使理论学者和普通公民对权利概念的标准定义达成共识？②事实上，几乎每一个人都承认争论中的权利概念至少具有一些重要性，但也仅此而已。这种共识使关于权利这种政治性概念更精确而言是什么或意味着什么的实质性问题仍然悬而未决，充满争议。因而，有关权利概念的种种争论必然是深层次的，本质上是一种实质性争论。如德沃金所强调的：

> 在通常的思考和言说中，自由、民主等概念是作为价值的解释性概念而发挥作用的；它们的描述性意义是有竞争的，而这种价值取决于对描述性意义的哪种说明最好地捕获或领悟了那个价值。描述性的含义不能从评价性力量中剥离，因

---

① See Hamish Stewart, "The Definition of a Right", 3 *Jurisprudence* 319, 330–338（2012）.

② See Ronald Dworkin, *Taking Rights Seriously*, London: Duckworth, 1977, p. xi.

为在上述方式中，前者依赖于后者。①

　　权利问题的种种实质性争论意味着，分析者不能仅仅从众多相互竞争的关于权利的解说中选择一个，然后认为按照这个解说，权利有或者没有价值。相反，在道德分歧与价值多元的现代社会，有关"权利"的最终分析必须作出某种规范性价值判断。②分析者必须主张，权利并不是简单地依据某种观念而无价值，而是依据某一得到最佳辩护的观念而有没有价值的，这种规范性事业并不将描述性和评价性的含义分开，而是利用两者之间的相互联系。

　　总之，将权利视为一种解释性政治概念意味着，任何一种权利的概念分析都需要有一个独立的道德上的内容和正当作为内容填充。③任何主张道德上正当的行为或者规范以及任何声称合法的社会秩序或者制度都必须以某种方式得到论证。④由此，这也意味着权利所依赖的某种关系以及这种关系所嵌入的某种政治社会结构或者法律体系，都必须以适用于它们的道德规范为依据或者与之相兼容，同时也必须在某种适当结构和实践中得到正当性的证明。这意味着，必须将权利本身

---

① Ronald Dworkin, "Hart's Postscript and the Character of Political Philosophy", 24 *Oxford Journal of Legal Studies* 1, 9 (2004).

② See Jean Thomas, "Thinking in three dimensions: theorizing rights as a normative concept", 11 *Jurisprudence* 552, 560-573 (2020).

③ See Charles Lowell Barzun, "Legal Rights and the Limits of Conceptual Analysis: A Case Study", 26 *Ratio Juris* 215, 232-233 (2013).

④ See Robert Alexy, "Law, Morality, and the Existence of Human Rights", 25 *Ratio Juris* 2, 3-14 (2012).

作为一种独立的规范性事业予以解说。①既然如此，对权利这种规范性事业的理论解说应该诉诸何种构成要素呢？结合权利利益论和意志论论争的经验，在此可以提出一种尝试性的回答。

二、互惠性检验和平等参与作为规范权利理论的核心要素

通过分析权利的利益论和意志论的论争，可以知道权利的这两种相互竞争的理论都同意权利存在于权利持有者与义务人的某种关系当中。对权利所依赖关系性质的反思，能够为构想一种新的权利概念解释提供出发点。然而，权利不同于利益和/或自由，也不能被它们所替代，任何概念都应该在"是其自身"的逻辑层面得到界定和理解。在权利可以体现、保护以及允诺某种利益和自由的意义上，重要的便是权利体现、保护以及允诺某种利益和自由的方式。②在规范层面，"权利"（recht）是特定法律体系内权利安排（arrangement of rights）的标准。③任何一种法律体系要想存在、发展与可持续，就必然存在着某些实质性校验标准，这些标准用来筛选哪些利益分配标准是合适的，或哪些分类标准是不能够合理拒绝的。权利之实存需要进行一种规范性

---

① 将权利作为一种规范性事业，应区别于一种权利的程序性理论。权利的规范性事业强调权利所依赖关系限制的反思，主张对权利内核要素的实质性评价；相反，权利的程序性理论则主张，法律对意志和利益的理解，重要的不是对其下定义、确定范围，而是设计出一种让人能够自由表达意志、参与利益评价的程序性制度，相关分析参见彭诚信：《现代权利理论研究》，法律出版社2017年版，第195页。权利的程序性理论存在的问题是，纯粹的程序性分析背离或者放弃了对权利本体的正当性探究。

② See James Sherman, "A New Instrumental Theory of Rights", 13 *Ethical Theory and Moral Practice* 215, 217–220（2010）.

③ 参见林雪梅：《马克思的权利思想》，人民出版社2014年版，第224–226页；高鸿钧：《权利源于主体间商谈》，《清华法学》2008年第2期。

的思考。

虽然传统道德语言与现代权利语言探讨的是公平正义的事物，但权利语言与道德语言分析的视角是不一样的。

> 当传统道德语言讨论某人应否根据公义的要求而得到某种对待时，它所采用的是超然、客观的旁观者的观点，即从社会或自然整体秩序的立场来看这问题。而现代权利语言讨论某人应否得到某种对他有利的对待时，它是从这个人的角度出发，看他应否享有某种权利，而说他应享有某权利，即是说他享有这权利的情况是符合公义要求的。较实际地说，现代权利语言的出现的效果，就是容许社会中成员在尝试争取或保护自己的利益的时候，可以说他们在争取他们应有的权利，从而加强他们的要求的道德说服力。正是因为权利语言有这样的功能，所以现代世界中很多受压迫的阶层都运用权利的语言来提出他们的正义要求。[1]

权利是一种实践之物，构成实践推理的重要环节。参照权利利益论与意志论对权利概念分析的经验，处于某种关系中主体对利益和自由的一种"权利"追求，必须以互惠性作为检验标准，以平等参与作为程序性条件。

首先，之所以规范性的权利理论必须以互惠性作为检验标准，是因为权利本身是正当的事物，而权利概念所依赖的关系也应当是正当的。互惠是人类社会中最为重要的一条道德理想。可以说，互惠性检验是将某种利益转化为权利的关键。如果处于某种关系中双

---

[1] 陈弘毅：《人权、启蒙与进步》，《法制现代化研究》1996年卷，第220-221页。

方当事人的地位在理论上和实践中都不是可逆的（reversible），那么这种关系所形塑的便是特权或者权力，而非一种平等保障每个人的权利。地位的反转，义务的反转，进而权利的反转，只有在持续不断的主体间际互动关系才能产生和存在。如果没有这种互逆性，内涵于权利中利益实际则是空中楼阁，依赖于偶然因素，易碎而不稳定。这也是为什么权利和义务的观念只有在市场经济的社会中才能得到充分发展的原因。

其次，以互惠性作为利益或者自由的测试标准，一种独立的规范性权利事业则又假定了平等的参与以及审议决策做出的正当程序。自然权利理念一个主要的论点是参与政治结构的权利，而这些政治结构决定了公民所具体和实际享有的权利和承担的义务。①在这个意义上，权利不仅保护人的自主和能动性，同时也表达了政治上的自主和参与。"脱离了人身处其间的政治、社会、法律结构和制度思考人，也就是脱离在其中人才能得到理解的条件来思考人。"②承认权利对关系性条件的依赖并不是否认个体的人格地位，相反，个体仍然拥有人格权，只是这种人格被界定为针对各种社会条件的权利，正是这些条件允许个体实现内在于人格中的人类本质和尊严。③利益论与意志论之间的论争背后映射着一副更为宽泛的源自启蒙运动时期有关社会图景的观点。在这种社会图景中，任何一种政治共同体中正义原则和社会规则起源于理性发展了的自由，并且所有公民都是平等的。每个人只有同他人平等协作，如此每个人才会实现自身的目标。依据这种费希特式的自然权利观念，权利尤其指涉针对理性能动性的完善过程，指涉人类的

---

① See James Morauta, "Rights and Participatory Goods", 22 *Oxford Journal of Legal Studies* 91（2002）.

② ［英］古纳尔·贝克：《费希特和康德论自由、权利和法律》，黄涛译，商务印书馆2015年版，第160页。

③ See James Griffin, *On Human Rights*, Oxford: Oxford university press, 2008，pp.130-135.

自我实现。理性能动性的主体并非个体性的，而是处于平等关系中的交互性主体，结果"人类的自由就成为一个相互关联着的共同的自我实现的过程，每个人借此只能在与他人的合作中获得进步，因此，个体的原初权利就不是依据自身意愿主张私人意志的权利，而是意愿普遍意志的假设性权利"。①作为能动性完善过程的权利，应该更多地将平等而非自由作为自身概念的基底。

实际上，对于启蒙运动时期的哲学家来说，问题不仅仅在于证明政治共同体的存在，或者指出人们自己应该为别人谋福利，更重要的在于证明道德上正当的共同体应该民主地组织起来。政治上的共同体应该坚持民主，因为事实上只有在民主社会中每个人才有机会为讨论做出他或她的贡献，也只有政治参与式的民主才能使得大多数受压迫者的利益和诉求得到认真考虑。在这个意义上，权利这种独立的规范性事业首先应该被认为是在一个有组织的政治社会上一种关于成员资格的规范性理念。②它的核心特征是在做集体决策时，一个人的利益应该得到政治社会中的基本制度的考虑。"被看作为一名成员就是让一个人的利益得到正当的考虑，不仅在权威性的决策制定过程中而且也在这些决策的内容上。"③在集体决策的制定过程中，将某些人排斥在外，特别是一些受集体决策影响的人排斥在外，实际上就等于把他们视为局外人，否定他们的个人地位。

由是观之，在法律以及道德意义上，权利的实践重要性体现在以下判断之中：（1）所有的人必须被授予人的地位，权利属于人类的，而不是集体的、民族的或者国家的，更不是个人的。权利归因于费希

---

① ［英］古纳尔·贝克：《费希特和康德论自由、权利和法律》，黄涛译，商务印书馆2015年版，第250页。

② See Rainer Forst, "The Justification of Human Rights and the Basic Right to Justification: A Reflexive Approach", 120 *Ethics* 711, 720–722 (2010).

③ Joshua Cohen, "Minimalism About Human Rights: The Most We Can For?", 12 *Journal of Political Philosophy* 197, 197 (2004).

特意义上的某种交互性的主体关系之中，权利资格独立于他们的社会地位、宗教信仰以及政治归属、种族、性别以及出身，权利的这种交互主体地位不能因任何事而丧失或者撤销。（2）所有的人都必须被授予平等的道德和法律地位，一种平等的公民身份。[①]平等公民身份和地位是现代国际人权实践中一个最为重要的特征。在这里，平等是作为身份和地位上的平等，而不是在分配观念意义上的平等。资格地位上的平等可以和一系列的差异和物质上的不平等相兼容。（3）规范的自我决定原则，对权利的主体需要进行霍耐特所强调的"规范性重构"，转移到一种公民们自愿对自我立法的条件中去，

> 即把事先已经堆积起来的，已经内在于其他领域的自由进行追忆和收集，并用来作为实现自身自由的条件：如果民主决策的参与者都能学习，在其他行动领域为实现机制化的自由要求所进行的社会斗争有权利得到他们的支持，因为这也关系他们自己的自由的前提条件，只有有了这些条件，民主决策政治领域中所有自愿参与民主决策的规范性要求才具有合法性。[②]

每一主体作为政治社会实体中的一个成员，自由地持有他们个人所坚持的价值和信念并且与其行为保持一致，在消极的意义上，没有约束或者干涉同一政治社会实体中的其他成员的同样自由。在积极的意义上则要求，政治社会上的安排和一般规范必须由一般理由正当化，而这种一般理由的智识性以及论辩性的力量不能诉诸不能理性证明的价

---

① 参见［美］查尔斯·蒂利：《身份、边界与社会联系》，谢岳译，上海人民出版社2021年版，第243页。

② ［德］阿克塞尔·霍耐特：《自由的权利》，王旭译，社会科学文献出版社2013年版，第546-547页。

值和信念，必须诉诸一种经由互惠性检验的理由和信念。

在这种规范权利理论中，权利被视为一种正向反馈机制，一种通过人人都可参与的决策程序塑造我们的集体生活并为我们的集体生活所塑造的循环反馈机制。在这一循环机制中，平等参与构成了拥有权利的权利，[①]且通过承认基本资格和与他人一起对决策的参与使我们将自己的公民同胞视为自治权利的承受者，值得予以平等的关注和尊重。"只有这样，议题本身的复杂性才能和复杂性所引起的分歧的合理性一同获得理解，而分歧本身通常反映的是不同的经验和道德考量。只有那样，妥协才是可能的，这才会总是好的政策而不仅仅是好的政治，因为某个问题的所有维度都获得了考虑和表达。"[②]在这样一种复杂的循环反馈的网络中，一个行动领域自己独特的自由的实现，依赖于其他领域对各自基本自由原则的实现。

总的来说，任何一种权利话语，无论体现为法律权利、自然权利还是人权，都与政治斗争纠缠在一起，这里所有有关权利的讨论含糊不清便不足为奇。在澄清权利话语的混淆所作出的重要努力方面，无论是权利利益论、意志论还是两者之间的论争，最终与霍菲尔德对权利关系的经典分析是一脉相承的。只不过，任何对权利概念的解说和澄清都不能脱离权利话语得以运作的政治语境。只有在公共政治的运作过程中，权利概念所体现的诸种物事才能得以填充和具体。以互惠作为检验标准与以平等参与作为程序性要求，能够为权利之善的追求提供一种规训。

[①] See Jeremy Waldron, *Law and Disagreement*, Oxford: Oxford University Press, 1999, ch.11.

[②] ［英］理查德·贝拉米：《政治宪政主义：民主合宪性的一种共和主义辩护》，田飞龙译，法律出版社2014年版，第64页。

第六节 小结

在分析传统中，有关权利的理论解说存在着两种相互竞争的理论，即利益论与意志论。理解这两种理论之于权利问题的贡献，厘清有关权利的这两种理论竞争发生在何种层面至关重要。为此，需要在概念与证成之间作出必要区分。权利的这两种论争主要发生在概念层面而非证成层面。然而，就权利概念的解说而言，依据一般权利概念界定的现实性、区分性与规范性要求，无论是权利的利益论还是权利的意志论，对权利概念的解说都困难重重。权利概念的理论解说所存在的问题提示理论分析者，必须反思权利概念本身的概念类型。特别是，必须将权利概念视为一种解释性概念，而非标准性概念，解释性概念要求将权利作为一种独立的规范性事业予以追求。

总之，权利不仅是一种概念，一种话语，而且是内在于实践推理的重要环节。在实践推理中，权利不仅在于已经取得的，更重要的在于未实现的。实践中的权利，并不总是那么可爱和动人，有时甚至挫折困境丛生，但权利并不是失范与无序的。一种独立的规范性的权利事业，要求每一个自由平等的人在追求每一个人所珍视之物，实现人的尊严和价值时，要以互惠为旨趣，必须以公平正当程序平等参与为条件。当权利不再是一种处理学者们问题的工具，而变成一种由学者们所培养的处理人的、实践的问题的方法时，它就恢复了常态。始终记住，我们正在解释的乃是我们每一个人的权利。

第五章　权利与正义关系前提的法哲学批判：权利实践的应然状态

自罗尔斯以降，西方政治哲学对正义的理解就始终没有离开权利的视域。因为正义的原初内涵是"得其应得"，无法与权利相分。相应地，在法哲学中，如何构建权利与正义之间的适当关系，对此存在着两种相互竞争以及冲突的方法，即理想主义的以及非理想主义的方法。①一方面，根据理想主义的权利界定，权利是由某种抽象的道德价值所派生出来的，特别是应该括置现存的制度以及实践对正义原则的影响，现存的制度以及实践仅仅在权利原则的实施方面发生作用。②另一方面，在非理想主义者看来，理想的权利本身并非真正的权利，权利不应该仅仅存在口头抽象的层面上，只有在实践中真实可行的权利才是真正的权利，现存的制度以及实践不仅在正义原则的实施方面发生影响，而且也应该在正义原则的界定阶段作为不可缺少的组成部分。可以将权利概念界定的这种方法称为可行性约束。③

这里将不去争论权利界定的这两种方法谁优谁劣，而主要集中于分析权利概念的可行性方法，这主要是由于权利的理想主义界定受到

---

① 对这两种方法的一般性介绍，参见 R. Goodin, "Political Ideals and Political Practice", 35 *British Journal of Political Science* 37, 37–56（1995）.

② See Andrea Sangiovanni, "Justice and the Priority of Politics to Morality", 16 *Journal of Political Philosophy* 137, 138–164（2008）.

③ See Katherine Eddy, "Against Ideal Rights", 34 *Social Theory and Practice* 463, 463–481（2008）.

了权利可行性方法的批评，但权利概念的可行性方法本身却并没有得到应有的批判性审视。通过分析支持权利可行性界定的依据，特别是其背后所存在的逻辑预设，我们会发现权利的可行性界定并不像主张者所认为的那样具有信服力，这不仅表现在他们对权利概念性质的理解有所偏差，也表现在他们忽视了权利在实践中所可能发生作用的多种层次以及方式。在法哲学批判视域下，权利和正义关系需要某种重新定向。

第一节　权利的实践概念与价值内涵

实践中切实可行是权利可行性理论核心主张。那么，何谓权利的实践概念？权利的实践概念为什么以及在何种意义上能够为权利可行性理论提供支撑和依据？为此，需要对权利概念对实践的依赖有着清晰的认识和准确理解。

一、权利的实践概念

权利虽然以语言的形式表达，但权利却最终指涉着某种事物，而非语词本身。因而，要想理解权利，就不能停留在权利的语言分析层面，而是要进入到权利指涉之物的言说语境以及方式之中。理解权利这种事物，根本上需要一种全新的权利概念，权利的实践基础需要予以重新解释和强调，"权利的实践价值"有着如下用途，这就是其强调的在一个既定的法律体系内部产生一场根本变革的可能性，包括新的权利定义。①不过，为了理解权利理论解说与实践的关联方式，在这里

---

① See Drucilla Cornell, *The Philosophy of the Limit*, New York and London: Routledge, 1992, pp.166-167.

必须在服务于实践的权利概念与以实践为对象的权利概念之间作出区分。[①]这里实践的含义并不等同于康德"实践理性"中对于"实践"一词的界定。在康德那里，实践理性中的"实践"是与理论理性中的"理论"相对应的。这里的实践概念指的是权利对象所内在依赖的人类社会活动形式。

权利概念所编织或者所依托的实践概念意指"任何融贯的、复杂的并且是社会性地确立起来的、协作性的人类活动形式，通过它，在试图获得那些既适合于这种活动形式又在一定程度上限定了这种活动形式的优秀标准的过程中，内在于那种活动的利益就得以实现，结果，人们获得优秀的能力以及人们对于所涉及的目的与利益的观念都得到了系统的拓展"。[②]之所以如此，是因为如果由权利所编织和依托的人与人之间的外在实践关系，如果不是合作互惠的，那么就没有理由将之称为权利，而是特权。根据对于实践概念的这种界定，凭技巧投进一个难以置信的三分球不是此种意义上的实践，但篮球比赛是；砌砖不是一种实践，但建筑术是。在古代和现代世界中，家庭、城邦与国家等人类共同体的建构与维系也是实践。因此，实践的范围是广泛的。然而，权利得以依赖，或者权利予以生产的实践类型应该是协作性、互惠式的社会活动。

人们能够发现一些但并非全部的特定权利因素的基础；

人们或许可以发现确证一些宣称的权利因素的理由，同时也

---

① 为了增进权利复杂概念的本真理解，权利的相关性命题是值得捍卫的理论主张。但相关性命题并非仅具有理论含义，更具有实践重要性。实践中权利及其义务关系不确定的边际情形存在，使得坚持相关性命题，有着值得追求的制度性收益。就此而言，权利的相关性命题是面向实践的。权利的相关性命题主要处理的是服务于实践的权利概念，而对以实践为对象的权利概念则没有涉及。

② ［美］麦金太尔：《追寻美德：伦理理论研究》，宋继杰译，译林出版社2003年版，第238页。

发现其怀疑和否定的理由。试图对权利重新定义以使其内容与发现的理由相称仍然是合理的。由此，人们进入了一个相互调整的过程。人们会调整其对特定权利存在的陈述的意义的解释，以使其解释能够被其发现的规范和事实更充分地确证；同时，人们会寻找更多的法律或道德的理由并寻求更进一步的事实调查，以发现证成新的解释的陈述的理由。以此方式，人们希望在对特定权利的不确定的主张和已经发现的相信其存在的理由之间，获致有限的反思平衡。[①]

进一步，权利话语对于参与这种实践的行为主体并不是没有品性要求的。在现代思想的早期，权利观念是以一种独特的个体概念为基础的，即学者瓦尔德龙所称为的一种思想者（a thinking agent）的人类个体概念。思想者的个体被赋予一种能够进行道德上审议的思考、从他人的视角看待问题进而超越对于自己的私人利益关注的能力。[②]之所以在自然状态中将权利归结为个人，是因为在那种环境下，每个人仅仅只因他自己的缘故、自己的才智以及自己的理性，权利才为他和其他人所拥有。这种自然权利观念不仅暗含着普通个体是道德和政治关怀的焦点，而且权利概念本身就有责任和义务的成在其中，而不像通常所理解的那样权利不顾义务和责任，甚至是取消责任和义务的理由。如果不是这样的话，就有理由重新反思权利归结的基础问题。[③]

权利对协作性、互惠式的社会活动的依赖使得权利不仅能够为个人带来外在利益，而且权利对参与实践中的当事人具有身份揭示和认

---

① ［美］卡尔·威尔曼：《真正的权利》，刘振宇等译，商务印书馆2015年版，第279页。

② See Jeremy Waldron, *Law and Disagreement*, Oxford: Oxford university press, 1999, p.250.

③ 对此更多分析，参见 George E. Panichas, "The Rights-Ascription Problem", 23 *Social Theory and Practice* 365（1997）.

同的作用。权利编制了人与人之间的行为方式及其内容，如阿伦特所指出的那样：

> 言和行发生在人们之间，并以人们为指向。即使言行涉及的内容是纯粹"客观的"，即关涉人们活动于其间的事物世界——以物理形态存在于人们中间，从中产生出人们特定的客观实际利益的世界，言和行也仍然不失其揭示行为人的能力。因为这些利益构成了某种"共同关心"（inter-est）的东西（就"利益"一词的最字面意义而言），某种存在于人们之间，从而把人们联系和约束在一起的东西。①

在这个意义上，权利不仅是满足人们利益的一种手段，更重要的在于在权利实现和主张的过程中，权利所起到的对行为者的揭示和认同作用。暗夜中行走的人，手中点起一盏明灯，表面上看是工具理性和自我中心的（self-centered）满足，或者为了避免一脚迈入深沟或者为了避免与他人迎面相撞。但是，手握明灯的人有可能是盲人，盲人暗夜持灯，于己并未有直接的利益，却照亮了他人前进的道路，同时也彰显了自己的身份。我们每一个人的权利就好像盲人手中的那盏明灯，照亮了他人生活的暗礁处，是使我们既相互联系又互相区别的东西。

二、权利实践概念的价值内涵

权利实践概念并非是价值无涉的，毋宁说某种价值内在于权利概念之中。通常理解中，实践为经验之物，描述是唯一方法；而价值具

---

① ［美］汉娜·阿伦特：《人的境况》，王寅丽译，上海人民出版社2009年版，第143页。

有另外层面，对实践予以批判。但实践与价值两者并非截然二分，而是相互交织与融合，"价值可以告知实践的身份，实践可以为价值的内容提供实质内涵"。①于权利而言，更要看到权利实践与价值的相互牵连，因为权利之本体为正当，权利所编制的人际交往和社会关系必然蕴含着某种价值。

承认权利实践内涵某种价值，一方面就是要阐释某种权利模型旨在服务的价值，而不是发现或创造某种价值标准，更不是进行价值判断，正如沃尔泽指出的那样："阐释的方法是对道德争论经验的最佳理解。我们在论证时所做的是要阐释实际存在的道德。这个道德对于我们是权威性的，因为只有凭借它的存在我们才作为我们所是的道德人而存在。"②另一方面，通过与传统、现在经验的不断照面，也要不断地检视权利概念的当前模型，理解权利的当前视域的形成过程，厘清是否以及在何种程度上当前权利模型能够服务于权利的内涵价值，在不同权利视域中形成新的视域融合：

> 只要我们不断地检验我们的所有前见，那么，现在视域就是不断形成的过程中被把握的。……在传统的支配下，这样一种融合过程是经常出现的，因为旧的东西和新的东西在这里总是不断地结合成某种更富有生气的有效的东西，而一般来说这两者彼此之间无需有明确的突出关系。③

基于此，权利作为一项有内在德性的实践事业，权利研究需要在阐释

---

① See N. E. Simmonds, "On the Centrality of Jurisprudence", 64 *American Journal of Jurisprudence* 1, 6 (2019).

② ［美］迈克尔·沃尔泽：《阐释和社会批判》，任辉献、段鸣玉译，江苏人民出版社2010年版，第25-26页。

③ ［德］汉斯-格奥尔格·加达默尔：《诠释学 I：真理与方法》，洪汉鼎译，商务印书馆2011年版，第433页。

与反思当前权利概念的基础上，进一步就权利所织合的人际交往与社会关系的性质进行描绘和构想。因而，有关权利的思考需要一种约阿斯所说的"肯定谱系学"的思考方式，即必须考虑价值、制度和实践方式这三个维度，并指向这些维度在它们相互作用中理想实现的机会与危险，因为"价值不应当仅仅是价值。只有当它们作为价值在论证上得到捍卫，尤其由制度担负着并体现在实践方式中时，它们才具有生命"。①

那么，权利实践概念所内含的价值是什么呢？在权利与正义相关联的意义上讲，正义的任何一种价值意涵都可以体现在某种权利概念之中。不过，此处并非是对正义的丰富概念进行论证，而是反思关于正义的一个通常理解，即"应当意味着能够（ought implies feasible）"之于权利概念界定的意义。实践中，一个普遍接受的信念是正义不能要求我们不能够做到的。这种信念通常被用来捍卫权利界定的可行性概念来反对所谓理想主义的权利概念。②在权利的可行性概念看来，权利要想避免空洞的指责，真正的权利必须是在实践中切实可行的、能够有效实现的。"对于权利保障而言，资源投入和财政支出往往比权利意识和法治观念更加迫切。"③然而，通过分析支持权利可行性概念的依据，权利可行性概念并不像表面上看起来的那样具有直觉的信服力，它掩盖了建立正义优先性的困难。权利虽然与国家的保障义务，尤其是国家对权利保障的资源投入和财政支出密切相关，但权利所相关的义务具有复杂性。特别是，权利并非总是与完全义务相关，权利的可行性概念忽视了"权利话语"在实践中所发生作用的层次和方式，应

---

① ［德］汉斯·约阿斯：《人之神圣性：一部新的人权谱系学》，高桦译，上海人民出版社2017年版，第173页。

② See e.g, David Estlund, "Utopophobia", 42 *Philosophy & Public Affairs* 113（2014）.

③ 桑本谦：《理论法学的迷雾：以轰动案件为素材》，法律出版社2015年版，第15页。

该抛弃将可行性作为权利概念界定的基础和依据。

第二节 权利可行性概念的双重思考

作为分析权利与正义关系的一种理论模式，通过将权利的可主张性等同于可行性，权利的可行性概念具有直觉上的吸引力，符合权利的"通常理解"。不过，在理论前提的法哲学批判省察下，权利可行性符合直觉具有表面上的欺骗性，我们要看到权利在正义实践中的复杂面相。权利虽然通常表现为可主张性，但可主张性具有复杂含义，不能等同于可行性，可行性仅仅是可主张的一个方面。

一、权利可行性概念符合直觉吗？

权利的可行性概念认为，权利要想避免空无一物的批评，权利就必须是有效地可执行的主张。正如詹姆斯所指出的那样："给予人们可主张的权利但不可执行，因此在实践中不能得到，难道这不是一种空洞的修辞吗？"[①]权利被最好理解为诸种实践上的资格，应该能够对于相信以及拥有权利的那些人的生活产生实质性的影响。在权利可行性概念看来，某种行为或者事物是否可以或者应当称为权利是不重要的，重要的是如果它们被定义为权利，那么蕴含于权利之中的某种行为或者事物就必须得到允许以及兑现。将某种行为或者事物定义为权利，而又不去积极实现它们，或者它们根本不可能实现，那么结果只会挫败人们主张权利的积极性，也会损害权利本身的神圣以及尊贵。因为如果不是这样，那么权利就空无内容，仅仅是一种修辞、无用之物，

---

① Susan James, "Rights as Enforceable Claim", 103 *Proceedings of the Aristotelian Society* 134, 136（2003）.

没有意义。换句话说，权利必须是可能得到实现的。

对于权利概念的这种界定许多学者已经从许多方面提出了质疑，其中最为重要的批评是，将权利做如此意义上的界定忽视了权利最为重要的规范性特质，即权利作为某种制度以及实践合法性的检验标准。[1]对于这种批评，权利的可行性概念可能做如下回应：我们并不否认权利具有规范性力量，我们所否认的是权利要想有规范性力量必须回答一个逻辑上优先的问题，即什么是权利，特别是我们能够享有什么权利这种界定性的问题。权利的可行性概念所真正反对的是从某种抽象的道德理想演绎出权利体系，因为这与现实无关。如果权利的可行性概念的这种回应是可以成立的话，那么权利可行性概念的失败就一定在于别处。

既然如此，作为权利一般概念界定，权利可行性概念所存在的问题究竟在哪里呢？在这里，从逻辑角度，可以初步地说，权利的可行性概念之所以是不可接受的，原因在于权利可行性概念的自身。具体而言，权利的可行性概念并非真的符合人们的直觉，更掩盖了实践中建立正义优先关系的复杂性。一方面，权利的可行性概念并不像表面上看起来的那样具有直觉上的信服力。因为根据权利的可行性概念，如果在实践中我们不确定某种事态是否能够切实实现之前，我们就不能够知道这种特定的事态是否是权利的要求。这也意味着为了确定什么是权利，我们必须首先建立什么是可行的。然而，权利的这种可行性概念是违反直觉的。因为在现实实践中，我们总是先确定什么是权利，然后我们才关心如何切实地实现权利要求。[2]另一方面，虽然在实践中，我们会在某一点上遇到某种事态得以实现的程度和界限，但这

---

[1] See Andrew I. Cohen, "Must Rights Impose Enforceable Positive Duties?", 35 *Journal of Social Philosophy* 264, 276（2004）.

[2] See F. M. Kamm, "A Note on Margaret Gilbert's Rights and Demands", 40 *Law and Philosophy* 89, 89-95（2021）.

也往往是我们在建立了权利概念之后的事，是权利所存在的界限和范围，而不是权利本身的存在问题。在实践中某种事态有时虽然是无法实现的，但我们仍然将这种事态称为权利，例如堕胎在曾经一段时期无法切实地实现，但妇女仍然认为她们拥有堕胎权。

因此，直觉可以作为一种概念界定的出发点，但直觉不能作为概念界定的终点，更不能作为概念界定正当与否的检验标准，至少不能作为唯一的检验标准，因为有时候直觉反而是我们应该予以反思的对象。考虑一下森所列举的一个例子。[①]有三个人A、B和C在争论谁应该有权得到他们都非常喜爱的一根笛子。在一个场景中，A说他应该得到，因为三个人之中只有他会吹奏，其他人对此并不否认，唯一会吹奏的人却得不到显然是非常不公平的。如果只听到这里，可行性将会支持A得到笛子。然而，再设想另外一个场景，这时B认为他应该得到，因为他是三个人中最贫穷的，没有自己的玩具，而笛子是唯一能够成为他所玩的东西，对此其他两人承认自己更富裕也有很多好玩的东西。这时可行性概念会支持B的主张。但是，在第三个场景中，C认为自己有权利得到这根笛子，因为这是他一个人用了很长时间才制作而成的，其他两个人对此也并不否认。在这个场景中，我们会认为C有权得到这根笛子。困难在于，如果我们在同一场景中同时听到这三个理由，那么根据权利的可行性概念来决定谁将有权得到这根笛子就不是那么清楚明显而没有争议了。因为如果权利的可行性概念是成立的话，那么选择其中任何一种方案都是可行的，如果仅仅看一种理由的话。但这种可行性却由另外任何一种理由所瓦解，可行性同样支持另外两种可能的方案。因此，从另外两种理由看，任何一种方案又都是不可行的。

第五章　权利与正义关系前提的法哲学批判：权利实践的应然状态

---

① See A. Sen, *The Idea of Justice*, Massachusetts: Harvard University Press, 2009, pp.12-14.

实际上，在通常的实践话语中，我们在解决道德分歧时并不诉诸权利，而仅仅作为道德分歧解决方案的一种称谓。因为权利是结果导向的，是对某种实践推理结果的称谓。个人享有权利只是在结果意义上说的。正如格雷所言：

> 权利是结论，而不是根据。有关权利的断言是漫长而复杂的运思过程的产物。当我们对人类利益有着不同观点时，我们对权利的观点也是不同的。那些宣传权利为基本之物的政治哲学忽视了这些价值冲突。然而，由于价值冲突在政治生活中是普遍存在的，因此，在有关我们所拥有的权利的论争中它们再度出现。①

在出现道德分歧的时候，不仅权利本身处于争议的对象，而且谁的权利、何种权利应该得到优先实现等，也存在严重的分歧。虽然对于如何建立权利概念我们可能存在着争议，但相对没有争议的是权利概念应该以某种正义原则为基础，也相对没有争议的是权利并不是正义的全部，正义还应当包括像平等、公平、自由、权力之类的概念。因此，如果权利的可行性概念是正确的，那么它将会掩盖实践中建立正义原则优先性的困难，进而遮蔽了道德判断的必要性以及复杂性。在实践中，虽然我们会根据不同的情形以及多种考虑因素，建立不同的优先关系，在这里我们需要一种道德判断。抛弃权利的可行性概念并不意味着我们总是能够轻易地做出优先选择，而只是说抛弃权利的可行性概念我们才能更好地理解建立某种优先关系的困难。

---

① ［英］格雷：《自由主义的两张面孔》，顾爱彬、李瑞华译，江苏人民出版社2002年版，第87页。

二、权利可行性能够等同于主张性吗？

支持权利可行性概念的第二个依据是，任何确定的权利本身必须是可主张的。可主张性作为真正权利充分而必要的存在条件，用奥尼尔的话说就是：

> 除非权利持有者确定职责承担者，否则拥有权利的主张就是废话。如果不能确定要求定位于何处，为谁放弃要求，或可以对谁施加要求，就不能要求任何东西。[1]

据此，奥尼尔强调，只有普遍自由权是可主张的，是真正的权利，因为与普遍自由权相关联的义务是完全的，可以知道向谁主张要求，要求什么，特别是自己的权利被侵犯时，可以确定相应的责任人。相反，如果一种所谓的福利权利所对应的义务是不完全的，即无法确定向谁主张，主张什么，或者说没有相应的制度结构确定义务的承担者以及内容，由于这种权利的不可主张性，因此就不是一种真正权利，[2]而仅仅是一种政治修辞。

由此可见，依据权利可行性概念，权利在逻辑上等同于可主张性，

---

① ［英］奥诺拉·奥尼尔：《迈向正义与美德：实践推理的建构性解释》，应奇等译，东方出版社2009年版，第135页。

② 应该指出的是，由于权利建构可能存在不同的基础理论，不同权利基础理论的选择则会孕育不同的相关方法判断真正的权利。不过，任何权利基础的理论选择可能有所不同，要想给予任何声称的权利一个相对完全和精确的解释，必须依赖于支持那个权利存在的法律或者道德理由。因而，此处分析聚焦的是一项声称的权利是否真正的权利所依赖理由的适当性，而非权利建构的基础理论的正确性。实际上，理论研究者基于不同的问题预设和价值偏好，总是可以选择某种基础理论建构权利，这本身无可厚非。对更多权利建构理论基础的讨论，参见［美］卡尔·威尔曼：《真正的权利》，刘振宇等译，商务印书馆2015年版，第16-54页。

特别是等同于权利所相关义务的直接和完全性。由于在权利相关性命题章节，我们已经对权利所相关的义务类型以及义务蕴含权利的方式给出了分析，因而不能当然说权利概念所相关的义务必然是直接完全的义务。不过，仅诉诸相关性命题并不能证伪权利可行性概念界定。因为权利可行性概念认为，尽管存在着其他权利类型，但真正的权利必须将可主张性作为权利概念思考的核心，正如霍菲尔德所强调的那样。因而，权利的可主张性必须得到认真的对待，并不是一个容易打发掉的权利思考模式。

就此处的思考而言，将权利与可主张性、可行性等同的逻辑所存在的主要问题是过于简化了权利的性质。即便是将可主张性作为权利概念思考的核心，一种完整的权利分析也必须将霍菲尔德式的其他状态纳入到权利概念的界定当中。实际上，只有复杂的霍菲尔德式结构才能构成一种真正的权利。[1]由于权利具有义务所缺少的复杂性，任何相关义务最多与权利的核心在逻辑上相对应，而非与整个权利相对应。如A欠B10元，可以将权利归于B，将义务归于A。A有义务偿付B10元，但是其义务是对A而言的，这项义务指向A。B具有相应地被A支付10元的权利，这项权利也只能向A主张。这一权利义务相辅相成，无需诉诸事实或者原则，一个表述一方的陈述完全可以从表述对方的陈述中推论出来。可主张的权利含义是具体的和相互决定的。[2]依据权利的可行性概念，这构成权利内容的全部。

尽管权利可行性概念具有明确而启发的特征，但这仍然不是权利事实的真相。严格来说，一种权利要想是真正可主张的，还至少包含以下相关要素：（1）双边的自由，其内容为运用或者不运用要求相关

---

① See Carl Wellman, *A Theory of Rights*, Totowa, NJ: Rowman & Allanheld, 1985, cha.4.

② See David Lyons, "The Correlativity of Rights and Duties", 4 *Nous* 45, 46–48（1970）.

义务履行的能力；（2）放弃核心主张并取消债务的权力；（3）接受偿付的权力，应因此使获得偿付的核心主张效力终结；（4）行使接受偿付的权力的自由；（5）对于单方取消核心主张的行为的豁免权。[①]因而，构成有效权利的内在要素是复杂的，这给予权利丰富多变的实践重要性，可主张性仅是真正权利概念模式的部分构成因素。

另一方面，即便是可以将权利界定为某种主张（或者要求），我们也必须对主张本身的复杂性有着清晰的认识。在日常语言中，当我们主张或者要求事物时，我们做的就是对某种事物提出"权利"，其含义是"依据设定的权利提出的要求或者主张，或索取所应得的东西"。此处关于"主张"的日常语言运用，应该区分三种不同说法，即"对……提出主张""声称……"和"有所主张"。[②]"主张"的这三种表述，与权利概念界定有着不同的意义关联。一般来说，"对……提出主张"只适用于那些具有所有权凭据或证明有资格的人，或者以其名义发言的人才能够对作为权利对象的某物提出要求。关于权利的最重要事实是，它们只能够被那些拥有这些权利的人所要求。因而，如果A欠B10元，虽然任何局外人都可能"声称"这10元属于B，但实际上只有B本人才能够要求得到10元归他自己所有。因而，"对……提出主张"最好被理解为一种执行意义上的主张，它与"声称……"不同，后者仅具有"陈述的意义"。

比较重要的是"有所主张"这种表述。"有所主张"与权利有什么关系呢？显然，这既可以从描述的意义上理解，也可以从执行意义上理解。"有所主张"涉及的是名称"主张"，但这要通过一种行动来实现。"主张"通过行动来实现，这就排除了任何一种将主张仅当作一种

[①] 参见［美］卡尔·威尔曼：《真正的权利》，刘振宇等译，商务印书馆2015年版，第285页。

[②] 参见［美］J. 范伯格：《自由、权利与社会正义——现代社会哲学》，王守昌等译，贵州人民出版社1998年版，第68-71页。

事物的倾向。虽然日常生活中，我们经常通过出示凭证的方式来提出我们的主张权，但这些凭证和要求权本身并不是一回事。确切地说，它们只是确立主张权正当有效的证据。因而，在这里，从执行意义上理解"有所主张"要想具有权利的关联性，就必须在"有所主张"与"享有权利"之间作出区别，不能简单地将权利和主张等同起来。主张通常作为有合理依据的而提出，不管它们事实上是合理的，还是不合理的。从表面上看，对某物有主张权仅仅表明这种主张权是由合理的有关理由所构成，它使得某人对该物有权利。但此种情况所确定的权利，并非对该物的真正权利，毋宁是应该对某人予以公平地倾听和考虑其所诉诸的理由类型。从结果的意义上看，只有真正正当有效的主张权才能够被确认为权利。在这里，所谓正当有效性是一种狭义的合理，即在法律或者道德规范体系内的合理性。只有当某人的主张得到某种规范体系的承认时，该主体才获得相应的权利。

此外，之所以不能够简单地将权利和主张权等同起来的另外理由是：在政治学中特别是在国家法领域，可以有意义地谈论各种主张（权），即便这些主张最终都不是可执行的，也即便这些主张最终无法针对某个具体主体提出和予以实现。①权利，特别是基于第二次世界大战后的人类尊严概念的人权，已经不限于国家领域，它们在发展政策、平衡全球化的影响、全球脱贫、国际卫生政策等重要领域已逐步面向国际社会。从基于权利的视角来看，义务的新的潜在接受者现在已经进入了人们的视线。例如，世界各地年幼的孤儿都需要良好的抚育、均衡的营养、教育和技术训练，但在匮乏的条件下，不可能确定某种确定的主体有义务提供所需要的短缺物品。在此，主张仅具有范伯格

---

① See e.g., Thomas Pogge, *World Poverty and Human Rights*, Cambridge: Polity Press, 2002, pp.43-55; John O. McGinnis, "The Democratic Limits of International Human Rights Law", 45 *Harvard Journal of Law & Public Policy* 55, 62-68（2022）.

所强调的"宣言意义"。

> 我们接受这样一种道德原则，即一切未得到满足的要求就是一种对整个国际社会的要求权，即使它并不针对某个特定的个人，对某些利益本身的自然需求，就像一种自然应得的报偿一样，总是支持对那种利益的要求权的理由。于是，一个有需要的人总是处在能够提出要求的地位上，即使还没有什么人处于相应的地位去做有关它的任何事情。①

因而，就"权利"的"宣言意义"而言，权利虽然是某种"要求"，但它并不必然是针对"任何人"而提出的要求。这意味着"权利"不断地创造着各种期望，权利不仅是一个法律规范术语，也是一个道义概念。②在此，不具有可执行意义的"主张"仍然是表达信念的一种有力方式，即国家必须承认这种主张是一种潜在的权利，并将之作为现在所追求的目标中的决定因素和现行政策的指导。因而，即便某种权利不具有"主张性"，权利并不因此被认为是毫无意义的，它们能够被视为行动的原因。③将主张与权利予以一定程度的剥离，某种程度确保了新权利得以孕育的土壤，权利得以生长的永恒可能。显然，权利存在的这种可能性要求我们必须放弃将可主张性作为权利概念界定的典型。

---

① ［美］J. 范伯格：《自由、权利与社会正义——现代社会哲学》，王守昌等译，贵州人民出版社1998年版，第72页。

② 参见［意］诺伯托·博比奥：《权利的时代》，沙志利译，西北大学出版社2016年版，第73-74页。

③ 参见［美］查尔斯·贝兹：《人权的理念》，高景柱译，江苏人民出版社2018年版，第50页。

第三节 权利在正义实践中的应然状态

通过前面分析我们知道，权利概念并非总是与完全义务相关，在实践中谈论权利进而将某种事态称为权利所要求的仍然是有意义的。因此，在实践中如果某种事态作为权利问题是可欲的，那么就必须有某个人或某些人的义务使之产生。如果权利要求某些事情，那么它必须从某些人那里获得。换句话说，如果某种事态是正义的，进而是某种权利所要求的，那么某些人应当使这种事态产生，这样权利才能够存在。因此，问题就变成应该如何理解这里的"应当"？

一、应当意味着能够？

对于这个问题，权利的可行性概念认为，这里的"应当"应该在实践中是切实可行的，是在综合考虑诸种约束因素某个人或某些人所实际能够做到的。因为每一个人所普遍接受的一个正义原则是，正义不能够要求我们不能够做到的，应当意味着能够（ought implies feasible）。①的确，有多种理由表明一些代理人在特定情形下不能做其他情形下的积极道德义务。例如，某教师得了流感，太虚弱不能下床的事实则会减轻其按约会见学生的显见义务；同样地，一个溺水儿童在离岸很远的激流中而且一个人的游泳水平很差这个事实也会减轻其去救助溺水儿童的义务。有意义的道德义务的任何声明在语义上的预设是这个人能够做其所说的道德上应该做的行为。因而，在实践中如果我们不能够做某些事情，那么我们就不应当做，在这种情况下也就没

---

① See Nicholas Southwood, "Does 'Ought' Imply 'Feasible'?", 44 *Philosophy & Public Affairs* 7（2016）.

有义务，当然也就没有权利。可见，权利的可行性概念在实践中的思维顺序是：义务→权利→利益或者自由。也就是说，如果没有能够切实可行的义务，那么就不存在相应的权利，权利所蕴含的利益或者自由就不能够由权利的所有者拥有以及享用。义务在逻辑上优先于权利，权利是义务能够得以切实履行的结果。可见，"应当意味着能够"是最能支持权利可行性概念的依据，也是最为根本的逻辑预设。

然而，问题在于权利可行性概念的这一依据可以成立吗？应当如何理解"应当意味着能够"的含义。首先，即便"应当意味着能够"是成立的，但"能够"为权利所划定的仅仅是权利的调节性作用，而非权利本身的规范性作用。在这里，可以借助于科恩对调节规则和规范性原则之间的区别来理解。①调节规则是一个产生某些效果的策略，我们采纳与否是依据对其可能效果的评估，并因此根据对那些事实的理解；规范性原则并非获取效果的策略，而是对我们更加终极的并且与事实无关的信念的陈述。因此，"应该采纳什么规则"与"什么原则阐明了我们的基本信念"是不同的，事实陈述仅仅对前者产生影响，却无法制约后者，规范性原则是一种不敏于事实的原则，如"人们应当做A，如果做A是可能的"。

在这个意义上，有关义务主体无能为力或缺乏可行能力的事实是有关权利的调节性作用最终要谈的问题，而不是有关权利的规范性终极原则所要谈论的问题。采取一条无人遵守的权利规则是没有意义的，但是，说同意采取某个基本权利原则是无意义的，则是一种范畴上的分类错误：与制定一条规则不同，同意采取某个原则并非希望，而是持有一种信念或抱有某种态度，而不是一种行为。因而，有关可行能力的事实无法使某种规范性的原则失去权利的资格，而至多影响权利

---

① 参见［英］G. A. 科恩：《拯救正义与平等》，陈伟译，复旦大学出版社2014年版，第241-246页。

的调节性作用，影响权利的效能，而无法决定权利的存在。

其次，权利所相关的义务是多重的，在这里要区分规范意义的权利所相关的义务类型。从伦理学角度，为主体设定应该遵守义务的理由，依据积极义务和消极义务的不同，而有着不同的基础。积极义务虽然可以通过无能为力而得到简单削弱，但转向消极义务时必须满足相应的条件，从而不至于削弱道德义务的设定基础。所以如此，如威尔曼所强调的那样：

> 因为为了赋予一项道德自由，这种使设定义务的理由减弱的理由一定要产生一个双重的有条件的无能为力。让我们来区分无法抵制诱惑的三个来源。第一，一个人可能没有感受到相关一个或者多个道德理由的全部力量，因为没有意识到或者足够重视它们。第二，一个人可能道德败坏或者堕落以至于他从未试图抵制去做他所认为的不道德行为的冲动。第三，一个人可能真的意志薄弱以至于无论怎样努力还是做不到去抵制诱惑和履行义务。只有最后一个可以减轻显见义务。无能为力作为一个减轻理由必须表明道德代理人即使已经认真思考所有相关道德理由并且尽最大努力去做也依然不能遵守设定义务的理由。①

因而，不是每种减弱一项设定义务的理由都赋予道德自由，如一个婴儿、老人或者精神病患者可能没有救助或者不伤害他人的义务，因为这些个体不具有道德代理人的能力。存在着多种多样的赋予权利的理由，对此我们必须区分具有道德相关性理由的性质及其限度。有些义

---

① ［美］卡尔·威尔曼：《真正的权利》，刘振宇等译，商务印书馆2015年版，第94页。

务即便是无法履行的，也并不妨碍赋予某种权利以规范性的地位，只要我们认为这种权利具有相当程度的重要性。

最后，权利界定的可行性概念所坚持的这种解释，即如果"应当意味着能够"的含义是指"如果一个人不能够做某事，那么他就不应当、没有义务做这件事"，在这里明显有一个休谟主义的反对意见，即从是推不出应当。因为这句话中的前提是一种事实性描述，而结论却是规范性判断。对此，权利界定的可行性概念可能会反对说，"一个人不能够做某事"并非是一种纯粹性的事实描述，而是一种规范性判断，因为我们判断一个人是否能够做某事，并非依据某种纯粹的客观事实就能够得到验证，而是要依据某种规范性的标准做出相应的判断，因此并不存在从是推不出应当的错误。

某种意义上，权利可行性概念的这一回应是可信的。但问题仍然没有解决。因为权利可行性概念在界定可行性时应该将何种因素作为考虑因素，这远非清楚。边沁指出，在"能"或者"不能"这些语词背后，潜藏着恶意。①边沁的担心是，如果把这些语词用于对法律的批判，会导致暴乱和无序，因为这样做会产生如下教条：不用计算后果，就可以因认识到某个具体法律产生了邪恶，简单地得出该法无效从而可以无视的结论。关于可行性，没有人会否认今天不可行，甚至不可能的并不意味着将来不可行。如果可行性将这种情形考虑在内，似乎可以弥补可行性的不周延性，但是没有人可以保证今天不可行的明天就一定可行。因此，有了这种可能性的存在，可行性的概念本身只能指的是今天在做出决策时现行约束条件下的可行性，因为将未来可行性的可能纳入今天的可行性概念之中，会破坏可行性本身所要求的确定性。如果是这样的话，那么权利的可行性概念本身就有着固守现状

---

① See H. L. A. Hart, "Natural Rights", in his *Essays on Bentham*: *Jurisprudence and Political Theory*, Oxford: Clarendon Press, 1982, p.81.

的风险。然而，真实情况是今天不可行的将来可行仍然可以成立，权利原则不能仅仅是一种保守原则，还应该是一种创造原则、改进原则，如果这两点可以成立的话，那么实践中的可行性概念就不能成为权利概念界定的唯一基础以及依据，而应当将更宽泛的其他因素纳入到权利概念的界定之中。因为如果要想使今天的不可行乃至不可能成为将来的可行，我们就必须在今天做出决策的时候将这种可能性考虑在内，而当我们这样做时，我们也就不再坚持严格的权利界定的可行性要求。

因此，权利所涵摄的应当还可以是另外不敏于事实的一种义务，这种义务超越了可行性本身的限制。从道德第二人称观点看，"应该"所蕴含的"能够"只是一个开放的慎思选项，即某种使得我们与之相关的能力和机会不预先排除是否做它的理智考量的东西。[①]即是说，"应该"具有推出慎思的规范性判断的意义：在一个人能够做的事情里，这是他/她应该做的。当然，如果权利概念并不仅仅是保守概念的话。根据这种解释，如果我们有理由认为某种行为事态是正义的，是权利所要求的，如果一个人可能（could）实现它，那么他就应当（should）实现它。[②]在这种情形下，义务与某种不现实的权利理想之间的概念联结并没有消失，但这种联结不需要是真实的义务。在这种情况下，我们可能没有义务纠正一个人不能纠正的，但是仍然有一种投入一定的能力、精力以及资源到使权利以及正义所要求的尽可能实现的义务，即"我们应当尽可能地消除不正义"就仍然具有完美的意义。这种陈述与"你应当做A蕴含着你能够做A"这个断言相一致，但却与

---

① 参见［美］斯蒂芬·达尔沃：《第二人称观点：道德、尊重与责任》，章晟译，译林出版社2015年版，第252-254页。

② See Wayne Martin, "Ought but Cannot", 109 *Proceedings of the Aristotelian Society* 103, 128（2009）.

"可行性为权利（正义）划界"这个观点不一致。①因此，对于"应当意味着能够"，在很多情形下，我们应该将其解释为什么是原则上可能的（possible），而不是正义所已然要求我们的。这也解释了作为一种正义原则的权利概念为何能够具有行为引导（action-guiding）的潜能。②

二、权利在实践推理中的思维顺序

如果对"应当"含义的上述分析可以成立，那么对"应当意味着能够"这句话的解释，就不仅仅存在权利可行性概念所提供的那种否定后件的假言推理这一种解释，还存在着另外一种解释的可能，即肯定前件的演绎推理：A应当做某件事，因此A能够做这件事。③在这个意义上，我们就能够做我们有理由相信应该去做的事情。这种权利概念界定的思考方式，在根本的意义上不同于权利的可行性进路，它所关注的是什么可以被认为是充分的理由从而使他人承担一种正义义务。

具体而言，在这里权利主要作为一种道德要求。能力虽然是道德生活的一个组成部分，但道德生活却要比能力因素复杂得多，还有一些其他的因素塑造了道德规范，因为好的生活是对特定的人、事业、职业和制度都有着深厚承诺的生活，这些承诺则用一些重要的方式限制了我们的意志，而我们理性地系统地计算什么东西能够最大限度地实现好的生活和结果也是有限的。这些其他考虑可以规范地将道德理

① 参见［英］G. A. 科恩：《拯救正义与平等》，陈伟译，复旦大学出版社2014年版，第232页。

② 对于正义行为引导的概念，更多分析参见L. Valentini, "On the Apparent Paradox of Ideal Theory", 17 *Journal of Political Philosophy* 332, 355 (2009); ［德］尤利安·尼达-鲁莫林：《哲学与生活形式》，沈国琴、王鸳嘉译，商务印书馆2019年版，第191-192页。

③ See Anca Gheaus, "The Feasibility Constraint on the Concept of Justice", 63 *Philosophical Quarterly* 445, 464 (2013).

由产生出来。因而，在决定要把帮助的责任放在何处时，能力仅仅是其中的一项考虑因素，如格里芬所说：

> 有时候我们不可能提出一个清楚无误的成功实例，由此来表明究竟谁才是合适的责任承担者。有时这种识别包含着专断和约定的要素，而有时则受制于特定的时间或地点所进行的协商。我们能够知道存在着某个道德负担，却不知道由谁来承担这项负担。①

因而，在确立道德要求时，能力仅仅是一项要求，而非全部。作为一种道德要求，权利所表达的主要是我们对于某些自由或者利益（如免遭酷刑的自由或免受饥饿的利益）的重要性以及相应地关于需要承担推导或保护这些自由或者利益的社会义务。因此，权利的功能就是作为一种能够使某种相应的不完全义务得以完全的正当性基础和依据。②现代社会将权利主要作为一种道德要求，反映着我们必须做些什么来实现重要的自由或者利益，这就使得权利可以成为许多活动的动机，从某些法律的立法和执行，到动员他人和公众的帮助以防止侵犯权利的行为，这些不同的活动或分别或共同地推动了重要的人类自由或者利益的实现。

首先，不同于权利的可行性概念，权利的这种思考方式在实践中的思维顺序是：利益或者自由→权利→义务。根据这种主张，权利表达的是一种道德判断，即一种利益或者自由是否足够重要和充分以至于我们应该将它们称为权利以及为了实现这种利益或者自由我们必须

---

① See James Griffin, *On Human Rights*, Oxford: Oxford University Press, 2008, p.102.

② See Joseph Raz, "On the Nature of Rights", 93 *Mind* 194, 195-214 (1984).

做些什么的公共理性审思的两个过程。在这里，利益或者自由在逻辑上处于优先地位。当某种利益或者自由遭受严重损害或剥夺时，无论这种损害或剥夺是如何引起的，当我们有能力减轻损害时，如果站在一边什么也不做，那就是"消极不正义"。①对此，我们的不正义感能够做出判断，判断的依据并非伤害或剥夺的起因，而是防止和减轻其损失的可能性。受害者或剥夺者的声音必须永远得到优先对待，这不只是为了确定得到官方认可的社会期待是否被满足，也是为了听取他们对此情景的阐释。②

其次，在某些情形中，权利起着"论证负担"的作用，即如果没有相反或者足够重要理由，那么，权利尤其是少数群体的"权利主张"必须得到认可。在这里，必须承认少数意见的"权利"属性，只有这样才能避免多数意见仅因为"多数"这个单一事实就凌驾于少数意见之上，少数意见是"少数"就被否定了权利诉求。以同性婚姻的论争为例，同性婚姻的反对者坚持婚姻认定的官方特权，宗教组织坚持认为他们有资格按照自己认可的方式定义婚姻，而同性婚姻的双方则坚持认为他们不需要通过法律上承认的"二等公民"身份便能够做出厮守终身的承诺，有关同性婚姻的问题被这些针锋相对的观点所围绕。可以说，参与争论的各方都在"婚姻的性质到底是什么"这个问题上表达了各自认为合理的观点。但，同性婚姻的"权利"之所以没有得

---

① 参见［美］朱迪丝·N.施克莱：《不正义的多张面孔》，钱一栋译，上海人民出版社2020年版，第150页。在现实生活中，例如医疗系统、家务劳动、性暴力、公共事务等多方面，我们随处可见一些性别非正义的现象，有时是无意识的，甚至隐藏在自由平等表象之下。有时男性仅仅因为性别而获得系统性的优势和特权，打压女性应得的权利，并对女性造成伤害。参见［澳］凯特·曼恩：《应得的权利：男性特权如何伤害女性》，章艳译，北京联合出版公司2022年版，第3-12页。

② See Serge Grigoriev, "History Will Judge: Hume's General Point of View in Historical Moral Judgment", 29 *Journal of Political Philosophy* 94, 110–116 (2021).

到承认，根本原因在于支持同性婚姻仍然是"少数"。如果承认少数人因"合理分歧"所获得的"权利"属性，抵消了"多数意见"的当然效力，那么同性婚姻的反对者不能因为自己看法属于"多数意见"，就直接否定同性的婚姻"权利"。从论证负担角度来看，除非对此问题多数获得了压倒性的论证优势，否则可取的做法就是承认少数同性群体的"权利"。

最后，在公共理性的审思过程当中，特别是在义务的界定以及分配中，义务的可行性仅仅是公共理性考虑的一个方面，还包括公平、程序以及技术性因素等。正如菲尼斯指出：

> 所有人权问题的解决就是一个各种合理的解决方案被提出并加以讨论的过程，并且需要通过某些权威的，但并不是假装无懈可击，禁止进一步的理性讨论，或重新考量该决定的决策程序加以解决。简言之，正如言论自由权利也当然需要"限制"——既对言论自由本身的利益也对许多其他的人类幸福的利益进行具体化，同样，在足够广泛地存在将讨论及妥协作为共同体中合理方式的社会中，通过广泛的文化以及政治争论的自由，用于设置对这种权利以及其他权利"限制"的程序也当然在理性上得到提高。①

关于现代权利话语用法的逻辑及其语境，必须意识到作为政治话语中的主要对立物权利主张是对已经被实践理性接受的词汇的重要补充。例如，如果我们认为非洲一些国家的人有免于饥饿的权利，这种权利如此重要，以至于我们有理由认为有义务做一些事情来帮助他们实现

---

① ［英］约翰·菲尼斯：《自然法与自然权利》，董娇娇等译，中国政法大学出版社2005年版，第176页。

这一项权利。一种旨在对人权进行实践分析的概念模式，其回答的不仅是"为什么人权能够为行动提供理由"，更重要的理由在于我们对在这种实践中各个参与者从人权的断言中理解实际推理的方式感兴趣，需要理解的是在政治生活实践中规范话语是怎样运转的。①就此而言，在分配义务的过程中，履行义务的能力仅仅是考量因素之一，其他应该予以考虑的因素还包括以何种方式界定这些履行义务的能力、在有履行能力的国家、社会团体或者个人之间的履行份额应该如何分配、应该先向哪一个国家的人民履行义务，等等。

总之，对权利所相关的义务可能存在模糊和不同看法，但一个人在思考自己应该做些什么，进而明确相应理由，这点却很重要。提出这一问题的必要性，而不是轻松地假设我们彼此不负有任何义务，可以成为另一条更为全面的道德考量思路的开始，而权利问题也可以在那里找到自己的位置。

第四节　小结

权利在实践推理中发挥作用的复杂方式意味着任何一种旨在把握权利丰富概念的理论模式，应该抛弃将可行性作为权利概念界定的基础和依据。但，这也并不是说权利理想主义进路就是可取的，而只是说可行性约束不能作为权利概念界定的唯一基础和依据。可行性作为权利概念界定的方向是对的，即必须将实践纳入权利概念的组成部分当中，实践是我们理解权利概念丰富性含义的窗口。只有在实践中，我们发现权利的可行性概念并不像表面上看起来的那样符合人们的直

---

① 参见［美］查尔斯·贝兹：《人权的理念》，高景柱译，江苏人民出版社2018年版，第116页。

觉，才能发现建立正义优先性的困难；同样只有在实践中，我们才能够明白与权利相对应的义务并非总是完全的，非完全义务的完全化也存在着多种方式以及可能；也只有在实践中，我们才能够领会权利话语在实践中的行为引导的作用，权利义务关系的另外一种思维顺序。权利概念的这些丰富性含义，是由权利在实践中存在的多种形态以及方式所提供和蕴含的。因此，权利作为一种实践之物，权利概念应该也必须在实践中得到检验、丰富和发展。任何人如果需要对权利概念做出界定和说明，那么权利的实践特质就必须得到深刻的体悟和认真的对待。

第六章 权利与善关系前提的法哲学批判：实践理性视域中的权利构造

在权利与价值关系的研究中，除权利与正义关系之外，权利与善何者具有优先性，是当今政治哲学以及道德哲学所争议的另外一项重要论题。需要迫切回答的问题是：是像自由主义者那样主张权利优先于善，还是像社群主义者那样坚持善优先于权利？本章将做出论证，就权利与善之间优先关系这一论题而言，所需要采纳的正确理论路径既不是权利优先于善拥护者们所直接推荐的那种，也不是权利反对者们喜欢的那种。当代权利文化的性质比这要微妙和复杂得多。要准确地理解两者的关系就是要看到，问题不是必须为权利而放弃多少善，或者为得到善而牺牲多少权利为代价，而是如何将权利和善之间的逻辑关系引入到正确的发展顺序中，从而避免滑向低级形式。

第一节 问题的提出

一方面，以罗尔斯、诺齐克、德沃金为代表的自由主义者看来，权利优先于善，因为如果将权利奠基于某种善的基础之上，将会把某种他人的价值强加到个人权利之上，从而无法尊重每一个人有能选择他或她自己的目的的权利。①另一方面，以桑德尔、泰勒、麦金太尔为代表的所谓社群主义者则认为，所争论的问题不是权利是否重要，而在于正义以及权利是否能够不以任何善观念为基础得到解释和正当化论证。②在善优先于权利的学者看来，对权利问题的任何说明都必须借助于某种善的观念，否则就无法知道我们为什么享有权利、享有哪些权利以及所享有权利的内容和范围又是什么。

当然，如果权利和善关系仅仅是一种理论上的观点，那么坚持何种具有优先性，似乎无关紧要。③然而，权利与善优先关系的主张不仅是一种理论主张，而且涉及实践上的意涵以及可能随之而来的话语霸权。这是因为主张权利和善之间何者具有优先关系，会对某些具有高度利害关系的问题给出不同的答案，这种答案会有着深远影响。作为启蒙运动的重要环节，自然权利为人之理性彰显、有限政治权力理念作出了巨大贡献，然而自然权利论在今天遭到拒斥，在施特劳斯看来：

① 参见［美］约翰·罗尔斯：《政治自由主义》，万俊人译，译林出版社2011年版，第160页以下；［美］罗伯特·诺齐克：《无政府、国家和乌托邦》，姚大志译，中国社会科学出版社2008年版，第37页以下；［美］罗纳德·德沃金：《认真对待权利》，信春鹰、吴玉章译，中国大百科全书出版社1998年版，第243页以下。

② 参见［美］迈克尔·J.桑德尔：《自由主义与正义的局限》，万俊人等译，译林出版社2011年版，第210页以下；［加］查尔斯·泰勒：《自我的根源：现代认同的形成》，韩震等译，译林出版社2001年版，第233页以下；［美］麦金太尔：《追寻美德：伦理理论研究》，宋继杰译，译林出版社2003年版，第90页以下。

③ 如果用历史和语境的眼光来看待自由主义和社群主义之争，权利和善之争不过是理论之争。参见董山民：《罗蒂对自由主义和社群主义之争的超越——以命题"权利优先于善"为分析焦点》，《中南大学学报》（社会科学版）2011年第5期。然而，权利与善之间关系的论争并非仅具有理论意义，而且蕴含了相应不同实践后果。于此而言，有必要从概念层面，检视自由主义和社群主义之内部分歧的根源、两者论争之间的共享前提，方能最终对权利有深刻理解。参见曹晟旻：《为权利与善的优先性之争正名——兼及对"中间道路"的批判性反思》，《浙江社会科学》2020年第3期。

不仅是因为所有的人类思想都被视作历史性的，而且同样也因为人们认为存在着许许多多永恒不变的有关权利与善的原则，他们相互冲突而其中又没有任何一个能证明自己比别的更加优越。①

权利与善出现冲突的情况下，如果主张权利优先于善，那么，所获胜的当然就是权利；同样，在主张善优先于权利的人看来，当两者出现冲突的时候，应该做出的选择就是维护善，而牺牲权利，特别是牺牲个人权利。②所以，仅从这种角度，如果想捍卫权利，似乎我们应该主张权利优先于善；而倘若我们对善情有独钟，我们就应该主持善优先于权利。

然而，问题的复杂性在于：权利和善如果都是真实存在的好东西，而不是虚构缥缈的话，它们在普通人的眼里就都是人们所欲求和需要的。普通人不会仅仅追求和享有它们其中的任何一个，而忘却另一个的存在；当然，他们也不会仅仅为了追求它们两者，以致舍弃了生活中其他至关重要和他们所珍视的东西。无论是权利还是善，或者它们两者合在一起，都不是生活的全部。通过对于权利和善之间优先关系的不同主张者的初步反思，我们可以发现主张权利优先于善的大部分都是研究政治哲学的学者，而坚持善优先于权利的学者又基本上都是

---

① ［美］列奥·施特劳斯：《自然权利与历史》，彭刚译，生活·读书·新知三联书店2016年版，第39页。

② See Jamal Greene, "The Supreme Court, 2017 Term-Foreword: Rights As Trumps?", 132 *Harvard Law Review* 28 (2018); Joseph Blocher, "Rights as Trumps of What", 132 *Harvard Law Review Forum* 120 (2019).

以道德伦理为业，这就不为奇怪了。①实际上，基于职业思维习惯，学者总是有一种夸大自己学科重要性以及适用范围的倾向，以自己所熟悉的概念系统和理论框架来命名并解释其他社会现象。在政治学者眼中，几乎所有的事物和社会现象都可以用权利来分析，当然包括善；同样，以道德伦理为业的学者看来，所有的事物和社会现象都可以也应该用人类之善的促进和阻碍来予以解释和理解，虽然他们之间可能对于这种人类之善究竟是什么存在着不同的观点。当然，学者的这种理论倾向是可以理解的，因为理论本身就意味着一般化和普遍性。但是，当我们赞赏学者的这种努力时，我们也不应该忘记不同于某种解释系统的另一种同样成立。虽然一叶可以知秋，但一株花草、一群南飞的雁群同样也可以令我们嗅出秋的气息。

基于此，有关权利与善优先关系的两种观点怎样产生分歧，特别是在何种意义上出现分歧，就具有重要的理论和实践意义。这种讨论也有助于表明何以在某些方面，这两种概念对我们都是没有吸引力的。这样我们就能更好地理解为什么当前的权利思想如此经常地失去方向，既丧失了权利当初所具有的那种激动人心的特质，却又无可避免地无法回到过去。

第二节　优先性种种

分析权利和善之间的优先关系，一个理应在逻辑上优先提出的问

---

① 当然，这并不是绝对的。研究政治哲学的可以主张善优先于权利，研究道德伦理的学者也有坚持权利优先于善的，前者如格雷，后者如拉莫尔。参见［英］约翰·格雷：《自由主义的两张面孔》，顾爱彬、李瑞华译，江苏人民出版社2002年版，第86页以下；［美］查尔斯·拉莫尔：《现代性的教训》，刘擎、应奇译，东方出版社2010年版，第20页以下。

题便是：优先性的问题重要吗？如果重要，又是在何种意义上重要？特别是这里的"优先"又指的是何种意义上的优先，优先的含义是什么？然而，回答权利和善之间关系的学者中间鲜有人注意到更不要说回答这个逻辑上优先的问题。一般认为，在哲学上是亚里士多德首先在其《范畴篇》中对"优先"予以了清楚的阐释和说明。在亚里士多德看来，在五种意义上我们可以将一个东西称为"先于"另一个东西。[①]在最初和最正当的意义上，"先于"这个词是与时间有关。在这个意义上，它用来表示一物比另一物在时间上更长久，我们就说它更古老。这种意义上的优先，可以称为时间上的优先。第二种优先是指某物的存在次序已被确定，而且不能够颠倒过来的情形。例如，"一"是"先于""二"的，因为"二"的存在，立刻可以断定"一"必定存在，但反过来不能这样说。第二种意义上的优先，可以称为逻辑上的优先。第三种"先于"也可以用来谈及任何次序，例如在科学和辩论术那里，原理先于命题，导言先于叙述；这种意义上的优先是分析顺序意义上的先后关系。第四种意义是指某种更优秀、令人尊敬的东西，在本性上也可以被说成是"在先"的，当人们一般说到尊敬的人时，总是将他们看作在自己心目中占有优先位置的人。但是，亚里士多德认为这种意义上的用法是最牵强附会的。第五种意义上的优先是在两件相互蕴含的事物中，作为原因的事物，可以被看作在本性上先于另一事物。例如，某人存在这一事实，就蕴含了"他存在着"这个命题的真实，反过来也是一样。如果他存在，则肯定他是存在的那个命题便是真实的；如果这个命题是真实的，那么我们便可以推出这个人必然存在。但真实的命题不是一个人存在的原因。然而，他的存在，在某种意义上，似乎是这一命题真实的原因。因为后者的真实或虚假乃

---

① 参见［古希腊］亚里士多德：《范畴篇 解释篇》，方书春译，上海三联书店2011年版，第51—52页。

是根据一个人是否存在来判断的。

与之相对应，权利和善之间的优先关系也就可以分别在以上五种意义上予以分析。首先，在第一种时间先后的意义上，可以说善优先于权利。伦理学学家阿拉斯戴尔·麦金太尔曾经指出：

> 在中世纪临近结束之前的任何古代或中世纪语言中，都没有可以准确地用我们的"权利"（a right）一词来翻译的表达式。这就是说，大约在公元1400年前，古典的或中古的希伯来语、拉丁语或阿拉伯语，更不用说古英语了，都缺乏任何恰当的方式来表达这一概念……显然，这个事实并不意味着根本不存在任何自然的或人的权利；它只意味着没有人知道它们的存在。而这也至少产生了某些问题，但我们用不着分神去解答这些问题，因为真理是显而易见的，即：根本不存在此类权利，相信它们就如相信狐狸精和独角兽那样没有什么区别。①

相反，善的概念则在很早的时代就已经出现，例如亚里士多德的伦理学就是以善概念特别是个人生活完善的目的为基础。但是，本书认为权利和善之间的优先关系要想有理论意义，特别是实践意义，没有理由认为权利和善之间的优先关系是在时间优先意义上说的。

其次，根据第二种意义上的优先，即逻辑意义上的优先，无论是主张权利优先于善还是善优先于权利，有一点需要注意的是，每一种观点都同样地利用了另一种概念，但它们都根据其首要概念来解释其观点。对此我们可以说，如果权利是基本的，那么善就是在符合权利

---

① ［美］麦金太尔：《追寻美德：伦理理论研究》，宋继杰译，译林出版社2003年版，第88页。

原则要求的情况下一个行动中所做的或者所欲求的，它是权利主张和欲求的对象；如果善是基本的，那么权利就是一个人为了得到他确实和真切的欲求的东西所应当享有和去做的。因此，按照不同的权利和善之间的优先关系，我们可以得到不同的关于权利和善的含义界定。这种逻辑意义上的优先关系，是此处所主要予以关注的。对此，需要回答的问题便转化成：如果权利和善之间的优先关系是在逻辑意义上说的话，我们应该选择何种优先关系？这绝非无关紧要，也不仅仅是一个理论上沉思的问题，我们选择何种优先关系，将决定了我们对于权利和善这两种事物的理解，也决定了我们对于它们两者的态度和情感。

再次，在分析的意义上，权利和善之间的优先关系应该是什么样的，这主要取决于所要分析的问题是什么。例如，如果要想分析的是权利，在权利不能自我解释和证成的意义上，我们需要诉诸某种善观念或者其他的非权利性质的概念，于是对于这些观念的分析就是优先的；同样，如果想要解释的是善，在善不能自我证成的意义上，对于权利的诉诸就是分析上居先的，虽然也并不一定如此。当然，这里的意思并不是说权利和善离开了对方就不能理解，也并不是说对于所有的权利问题，必须在分析上以善为优先，或者对于任何善的问题，必须先诉诸权利；而只是说在权利或者善相关的意义上，同时权利或者善在需要解释和证成的意义上是如此。

表面上看起来，这种分析意义上的优先关系对于权利和善这两种东西是什么并没有给出直接的回答，但是通过反思不同观点的主张者所要回答的问题是什么，分析上的这种优先可以帮助我们看到诸种不同的观点在何种意义上是冲突和互竞的，而不是在回答不同的问题。因此，这种分析意义上的优先关系虽然不是本书所主要关注的，但通过反思他们所给出的问题以及回答，我们可以发现他们的观点在多大程度上启发了我们，同时他们各自又在多大程度上推迟进而阻碍了对于更深层次问题的回答。

最后，将第四种和第五种优先关系用于分析权利和善之间的关系，是没有意义的。一方面，我们没有理由认为权利或者善中任何一种东西能够总是比对方在绝对的意义上更加珍贵或者令人尊敬，权利和善这两种东西都是我们所同等欲求和珍视的，也是我们有理由予以同等地拥有和主张的东西。如菲尼斯指出：

> 事实是人权只有在某种社会环境下才能被安全地享有，那就是相互尊重、相互信任、相互理解的体制或情况，一个身体上健康，且弱者无需惧怕会遭到强者的鞭挞而自行其是的环境。[1]

因而，我们不应该说权利或权利的行使应该服从共同的善，因为维护权利也是共同的善的一个基本组成部分。另一方面，我们也可以适当地说大多数人权利都要彼此相互限制或被共同的善的其他方面限制。虽然在特定的情况下，特别是在权利和善两者不能同时保全的意义上，我们有时会偏向于选择其中一种，但这并不表示对于另一方我们不再珍视，也并不意味着在另外的情况下我们的选择不会是另外一种情形。所以，第四种意义上的优先关系不是我们所主要关注的。

虽然第五种意义上的优先，对于权利和善之间的关系则具有重要的理论意义和实践意义。即是说，如果权利和善是两种相互蕴含的东西，那么无论是主张权利优先于善还是坚持善优先于权利，对于判断有关善或（和）权利的命题的真假就具有重要的启发和揭示意义。然而，在我们没有弄清楚所谓的权利和善到底是什么东西，或者我们把

---

① ［英］约翰·菲尼斯：《自然法与自然权利》，董娇娇等译，中国政法大学出版社2005年版，第174页。

它们定义为何种东西之前，我们无法判断权利和善之间的优先关系。而且，我们所主要关注的并不是有关权利和善的命题的真假，而是权利和善这两种东西究竟是什么。因此，权利和善之间的这种优先关系虽然具有意义也不是此处所关注的问题。

由以上分析可以知道，权利和善之间的优先关系要想有理论意义和实践意义，是也只能是逻辑意义上的优先。如果是这样的话，那么选择进而应该选择何种优先关系，对于理解何谓权利和善，以及解决权利和善所各自存在的其他问题就极为重要。显然，对于逻辑意义上的优先关系，在这里并没有一个简单的二者择一的路径供选择。实际上，任何简单粗暴的选择只会误解权利和善所各自具有的独特属性和逻辑特征。如果此处对于优先性问题的诊断可以成立，进而本章所推荐的那种权利和善之间的关系是更为优胜的话，那么接下来就必须分析罗尔斯式的自由主义者所主张的权利优先于善的观点以及桑德尔式的社群主义者所坚持的善优先于权利的观点，对于理解权利和善特别是权利所可能存在的疏漏和弊端，进而为构思权利和善之间的适当关系提供借鉴和参考。

第三节　谁之优先？何种善？

权利或者正当与善之间的优先关系，虽然可以追溯到康德，但是当代所激起的这一学术兴趣在很大程度上应该归功于罗尔斯在《正义论》中对于康德所坚持的正当优先于善的重申和捍卫。对于罗尔斯而言，权利在以下两种意义上优先于善，而区分这两种意义对于理解罗尔斯及其批评者之间的争论就显得极为重要。在某些个人权利（虽然这些个人权利是什么、有哪些，不同的学者可能会有分歧）胜过或压倒公共利益以及集体目标的意义上，权利优先于善。例如德沃金认为：

"反对政府的权利必须是能够做某些事情的权利，即使在多数人认为这样做是错误的，这样做的结果可能使多数人的情况比以前更糟时也是如此。"①为了保护这些权利，必须承认只有社会其他成员的个人权利才是与公民享有的反对政府的权利相冲突的权利，权利只能因为权利自身的缘故受到限制。如果权利能够被某种任意的社会集体目标所随意地压倒和胜过，那么这种假定的权利并没有增加什么新的东西，而且我们也没有理由把它看作是权利。权利在这种意义上优先于善，对此大部分学者并没有多少争议。他们所争议的优先关系，主要是以下意义上的优先：在具体规定我们权利的正义原则证明不依赖于任何特殊的善意义上，权利优先于善。正是第二种权利优先性的主张，引发了关于罗尔斯式的自由主义与桑德尔式的社群主义者之间最新争论浪潮。

首先看一下罗尔斯对权利优先于善的分析和论证。罗尔斯认为，权利之所以优先于善是因为自我先于目的，每一个体都是自由而独立的自我，不受也不应该受任何先定的道德传统及其目的的约束，

> 我们不应该试图首先通过诉诸独立地界定好的善而给予我们的生活以形式。我们的目的并不是先揭出我们的本性，而是揭示我们可能承认的那些支配背景性条件的原则以及人们追求这些目的的方式，这些目的正是在此条件才能够得以形成的。因为自我优先于自我所肯认的目的，甚至优先于人们在大量可能性中所选择的某种占优的目的。因此，我们应该将各种目的学说所设想的权利与善之间的关系颠倒过来，将权利视为优先的。②

---

① ［美］罗纳德·德沃金：《认真对待权利》，信春鹰、吴玉章译，中国大百科全书出版1998年版，第256页。

② John Rawles, *A theory of justice*, Cambridge, MA: Harvard university press, 1971, p.560.

由此可知，对于罗尔斯而言，正是因为我们是自由而独立的自我，我们才需要一种在各种目的之间保持中立的权利框架，将权利建立在某种私人性的多元化善概念基础之上，只会导致把某种私人性的价值观念强加到他人权利之上，从而无法尊重每一个人选择他（她）自己目的以及自我完善的个人权利。罗尔斯关于权利优先于正当的这一论证，遭到了社群主义者的强烈批评。例如，当代罗尔斯的最主要批评者桑德尔就认为，

> 作为一个哲学问题，我们关于正义的反思无法合乎理性地与我们作为善生活的本性和最高的人类目的反思分离开来。作为一个政治问题，我们无法在不诉诸善观念的情况下，开始我们关于正义和权利的慎思，这些善观念表现在许多文化和传统之中，而我们的慎思正是在这些文化和传统中进行的。[1]

同时，罗尔斯式一种优先于其目的和道德依附的自我概念，无法解释我们道德经验和政治经验在某些方面的重要意义。因为某些道德义务和政治义务，例如团结义务、各种宗教义务，都是与个人选择没有关系，毋宁说是这些道德情感、依附、社会关系、政治团体以及各种承诺界定了我们不同的自我概念以及身份。

对于社群主义者的这一批评，罗尔斯在其《政治自由主义》中做出了回应，并将权利优先于善的理念做出了某些修改和完善，或者以罗尔斯的看法是对其原初观点的澄清和说明。在罗尔斯看来，主张权

---

① ［美］迈克尔·J. 桑德尔：《自由主义与正义的局限》，万俊人等译，译林出版社2011年版，第211页。

利（正当）优先于善并不是不要善观念，更不是否认在公共正义的原则当中无法运用善的理念，这些看法肯定是不正确的，

> 因为权利（正当与善）是相互补充的，任何正义观念都无法完全从权利或善中抽演出来，而必须以一种明确的方式将权利与善结合起来。权利的优先性并不否认这一点。……在公平正义中，权利的优先性意味着，政治的正义原则给各种可允许的生活方式强加了种种限制，因而公民的要求是，任何追求僭越这些限制的行为都是没有价值的。①

因此，一种政治观念必须以各种各样的善理念为根源。问题是，政治自由主义在怎样的限制之下才可以这样做？按照罗尔斯的解释，其主要的限制似乎是这样的，即它所运用的善理念必须是政治性的理念，即是说政治自由主义是为政治生活和社会生活之主要制度提供一种政治的正义观念，而不是为整个生活提供一种政治的正义观念。具体来说，这些善理念必须从属于一种合乎理性的政治正义观念，以便可以假定它们是或能够为自由而平等的公民所共享，以及它们并不以任何特殊的充分或部分的完备性学说为先决前提。在公平正义中，这一限制通过权利的优先性表达出来。权利的这种优先性意味着，可允许的善理念必须尊重该政治正义观念的限制，并在该政治正义观念的范围内发挥作用。②罗尔斯进而认为，在公平正义中依次可以发现并运用以下五种善理念：（1）作为合理性的善理念；（2）首要善的理念；（3）可允许的完备性善观念的理念；（4）政治美德的理念；（5）秩序良好的政

---

① ［美］约翰·罗尔斯：《政治自由主义》，万俊人译，译林出版社2011年版，第160页。

② 参见徐向东：《权利、正义与责任》，浙江大学出版社2021年版，第12-27页。

治的社会理论。①这五种善理念都可以而且只能在严格的政治自由主义的框架内得到应用。可见，在罗尔斯所主张的权利（正当）优先于善在以下两种意义上是限制性的：一是所运用的善观念必须是政治性的，而不是道德的、宗教的或者哲学形而上的善观念；二是这些政治性的善观念为个人的社会生活和政治生活方式提供了限制和可能，这种约束和可能特别通过罗尔斯所谓首要善的理念得以实现。

但是，罗尔斯用来证明权利所依赖的正义原则时所诉诸的那种限定意义上的善，虽然限定在政治意义上，但这并不因此使得这种政治意义上的善就不再是一种善了。否则的话，为什么我们一定要坚持主张权利优先于善呢？因此，罗尔斯意义上的权利优先于善的主张究竟是在何种意义上优先以及优先于哪种善，似乎就取决于我们是在何种意义上使用善观念。一切取决于对于善概念的某种界定。这一点也为罗尔斯的另一个重要批评者泰勒所指出：

> 如果"善"指后果主义理论中的首要目标，而权利单纯由其为这个目的的工具意义所决定，那么我们应当坚持权利优先于善。但是，如果在我们这里讨论的意义上使用"善"，而它意指的是所有被性质差别标明为高级东西，那么我们可以发过来说，在这个意义上，善总是优先于权利。其所以如此，并不在于它……提供着更基本的理由，而在于，就其表达而言，善给予规定权利的规则以理由。②

在泰勒看来，作为对道德不能根据效果而应根据道德责任以及义务论

---

① 参见［美］约翰·罗尔斯：《政治自由主义》，万俊人译，译林出版社2011年版，第162-163页。

② ［加］查尔斯·泰勒：《自我的根源：现代认同的形成》，韩震等译，译林出版社2001年版，第134页。

的思想来设想的康德主义的道德理论，其用来贬低对功利主义来说是关键的同质的欲望实现的善，但不能同时用来对于贬低包括奠定着我们道德观基础的性质差别在内的任何一种善的概念。

所以，虽然罗尔斯主张权利优先于善，但在他的理论框架和分析论证当中，一种分析意义上的善概念又悄悄地从侧门进入到了罗尔斯作为公平的正义当中。只不过，罗尔斯所诉诸的善观念在罗尔斯那里是假定的，更具体说由所存在的制度结构和品格所当然蕴含，即一种由秩序良好的立宪民主体制的政治社会所涵摄的善观念。当然，这绝非对罗尔斯所主张的权利优先于善的直接拒斥和反对。只是我们应该不要忘记，在罗尔斯的理论分析当中，他所主要面对和回答的问题和主题是正义，这种作为公正正义的基本组织化理念是一种世代相传的、长期合作的公平合作系统的社会理念。用罗尔斯的话说就是：

> 政治的正义观念刻画了公平合作项目的特征。由于正义的第一主题便是社会的基本结构，这些公平项目是通过一些原则来表达的，这些原则具体规定了社会主要制度内的基本权利和义务，并永远规导背景正义的安排，以使靠大家的努力所产生的利益得到公平分配，并为世世代代所分享。[1]

因此，权利在罗尔斯的理论框架中仅仅是次要的，而且权利优先性的理性也仅仅是罗尔斯所使用的三个政治理念（另外两个是重叠共识的理念和公共理性的理念）之一。但是，当我们直接面对权利问题本身时，权利对于社会制度和政治安排的依赖就不应该仅仅局限在秩序良好的现代立宪民主体制这种狭隘的政治社会当中，更应该是在前立宪

---

① ［美］约翰·罗尔斯：《政治自由主义》，万俊人译，译林出版社2011年版，第15页。

民主的政治社会，或者立宪民主的政治社会之下，甚至是超立宪民主的政治社会。在权利问题中，立宪民主的政治社会就成了一个问题域，而不再是唯一的题解。之所以如此，是因为在当前民主社会能够为行动提供基本理由的不可通约的善不仅具有多元性，而且人们实现并分享这些基本善所依赖的可能的大规模承诺具有多样性，当人们具体地履行自己的承诺并将这些善具体化时，实践慎思和判断对于人们重要的、自我建构的以及道德上允许的选择而言，都是必要的。[①]可以说，分析问题视野的狭隘或者宽广，在某种意义上就直接决定了所得答案的精巧以及细致的程度。对于权利问题尤其如此。

如果罗尔斯主张权利优先于善所回答的直接问题并非权利，那么主张善优先于权利的罗尔斯的批评者们则是直面权利问题本身。事实上，正是对权利问题的某种回答，才构成了对罗尔斯所主张观点的拒斥和否定。也正是在这里，可以看到主张善优先于权利的罗尔斯的批评者们在多大程度上误解了罗尔斯，甚至可以说他们和罗尔斯之间的冲突观点就并非在同一问题是对立和互竞的，而是在不同的层面回答了不同的问题。然而，这一点不重要。重要的是主张善优先于权利的学者虽然直接面对权利问题本身，但是他们对权利问题的论证和分析却是失败的。这种失败不在于他们所采取的善概念，而在于他们对于权利概念的错误理解。例如，罗尔斯的批评者桑德尔就认为，权利问题无法与有关权利所保护的实践的道德价值的实质性判断分离开来，如果我们不能就权利的这种道德价值是什么达成一致，我们就无法解决权利问题。[②]言论自由的权利是否包括恶语伤人的言论，新纳粹分子有没有权利在伊利诺伊州的斯科基游行？这个地区可是有大量大屠杀

---

① 参见［美］罗伯特·乔治：《使人成为有德之人——公民自由与公共道德》，孙海波、彭宁译，商务印书馆2020年版，第220页。

② 参见［美］迈克尔·J.桑德尔：《自由主义与正义的局限》，万俊人等译，译林出版社2011年版，第5—10页。

的幸存者的共同体；言论自由的权利又是否应该允许那些主张白种人占统治地位的群体，去散布他们的种族主义观点？对于这些权利问题，罗尔斯式的主张权利优先于善的自由主义者可能会说政府必须对其公民所信奉的各种意见保持中立，政府可以规制言论的时间、地点和方式，但不能规制言论的内容。但在桑德尔看来，这种自由主义的观点是不成的。因为这种观点无法解释如果斯科基能够挡开纳粹分子的游行，为什么南方各种族主义共同体就不能挡开20世纪50年代和60年代的民权游行？所以，对于言论自由的权利，重要的是要弄清言论在与言论可能破坏或冒犯的已确定的认同之道德特性的相互联系中，它所具有的道德重要性。在这里，按照桑德尔的观点，区分这两种情形的明显根据是新纳粹分子想要促进种族灭绝和种族憎恨，而民权运动则想要为黑人寻求权利，这些依据都与人类常识相一致。一旦能够达成这种实质性的道德价值判断，对于权利问题的分析就是明白易懂的。

然而，通过诉诸权利所保护实践的实质性道德价值来分析权利，虽然在有些情形下是可能的，但这种方法内含的复杂性也是显而易见的。这里并不是要逃避权利判断的责任，而是说通过诉诸权利所保护实践的实质性道德价值来论证权利可能高估了我们就权利所保护实践的实质性道德价值达成一致的程度。在麦金太尔看来，表现在道德价值领域的一个重要特征，"就是依据互不相容的、不可公度的道德前提之间的对抗来设想道德论争，并将道德承当（commitement）视为在这类前提之间的无标准——一种不可能给出任何合理性论证的选择——的表达"。[1]实践中，诸种道德判断所得以依凭的各种前提要比我们所能够想象的深刻和复杂得多。然而，即便不能够就权利所保护实践的实质性道德价值达成一致，仍然有时候能够分析权利问题。不

---

① ［美］麦金太尔：《追寻美德：伦理理论研究》，宋继杰译，译林出版社2003年版，第50页。

是诉诸某种实质性的道德价值判断，而是诉诸权利原则本身。在桑德尔所分析的那两个案例中，为什么新纳粹主义的行为不受言论自由的保护，而为黑人寻求权利的民权运动却属于言论自由的范围，根本原因在于新纳粹主义的行为不属于权利的正当行使，而是一种权利滥用，他们的行为从根本上违背了权利设置的目的和精神，所以不再受言论自由权利的保护。①

实际上，罗尔斯所主张的权利优先于善的政治自由主义的观点，不仅受到了社群主义者的攻击和反对，也同时受到了自由主义者内部的批评和挑战。例如，英国自由主义学者约翰·格雷认为自由主义的事业是一种野心勃勃的事业，它具有两副面孔，而不是一副。罗尔斯式的以某种理性共识原则为基础和理想而推演权利和社会制度结构安排的政治自由主义的事业，仅是自由主义传统的一面，甚至不是最主要的。在格雷看来，罗尔斯所主张的那种不以善概念为优先的严格的政治自由主义是一项堂吉诃德式的事业，权利永远不可能先于善。只有当一种自由主义的诸如"权利""正义"等核心范畴，表达了一种关于善的观点时，它们才是有内容的，否则它们就是空洞无物的。

> 有关权利的断言是漫长而复杂的运思过程的产物。当我们对人类利益有着不同观点时，我们对权利的观点也是不同的。那些宣传权利为基本之物的政治哲学忽视了这些价值冲突。然而，由于价值冲突在政治生活中是普遍存在的，因此，

---

① 我们的权利所以是相对的，而所以能成为滥用，就是因为权利具有一种精神和目的，"权利的行使方得合于社会，合于它们的使命，合于隐存于法条内的各项一般原则，而这理论的全部，构成一种内容丰富的自然法，成为一种超法律"。[法] 路易·若斯兰：《权利相对论》，王伯琦译，中国法制出版社2006年版，第257—258页。

在有关我们所拥有的权利的论争中它们再度出现。①

所以，如果对善的生活存在分歧，正义和权利之理解也必定存在分歧。政治自由主义假定正义超脱于各种相互冲突的对于善的要求，这就决定了正义理论的宏图注定将被这些冲突所瓦解。

所以，如果在现实实践中权利和正义的要求总是为各种价值冲突所纠结和缠绕的话，那么自由主义的事业就不是罗尔斯意义上的那种追求理性共识的理想，而是霍布斯式的对于和平共存问题的一个解决方案。即是说，可以也应该把自由主义看作寻求各种生活方式之间共存的条件的努力，而不是把它视为一套普遍原则。在此，可以也应该把自由主义看作调和相互冲突的价值观念的要求的某种尝试方案，而不是把自由主义价值观念看成是具有普遍权威的。自由主义哲学就不能指望一种普遍共识的幻想，而是寄希望于"权宜之计"的可能性。当然，就"权宜之计"的情况而言，格雷认为这"并不是说它是某种所有的生活方式都必定会尊崇的超验价值，而是说所有或几乎所有的生活方式都拥有一些利益，这些利益使和平共存成为值得追求的目标。和平共存之所以值得追求，仅仅是因为它促进人类利益。就像任何政治理想一样，它是一种偶然的善"。②如果格雷的上述分析可以成立的话，那么，所谓权利也就不再是一种令人激动的理想和使人心潮澎湃的事业，而仅仅成为一种尔虞我诈、勾心斗角的算计。

但是，人们一般又都承认权利保护社会交流渠道的畅通，它们使各种社会关系成为可能，例如合同自由使得各种形式的长期合作成为可能，结社自由明显地保护了群体活动。实际上，大部分自由主义者

---

① ［英］约翰·格雷：《自由主义的两张面孔》，顾爱彬、李瑞华译，江苏人民出版社2002年版，第87页。

② ［英］约翰·格雷：《自由主义的两张面孔》，顾爱彬、李瑞华译，江苏人民出版社2002年版，第138页。

将权利推崇为各种形式的社会合作的先决条件，权利还能够唤醒并发展否则只能沉睡的潜能，保护美德和能力的实践，而义务性的、专心一致的参与必然将使许多重要的人类能力枯竭。[①]因此，权利的主要功能是社会性的，它产生并促进了我们今天社会的文明，而且必将继续为我们带来新的福祉和安康。如果这一切也都是正确的话，那么格雷通过诉诸善而完成的对于权利问题的分析，就不是对于权利的正当化论证，而是在取消了权利本身，因为一种"导致逻辑混乱和社会冲突的权利理论之建构，其实并不能推进权利或正义。这类权利理论将权利和正义割裂开来，只会抹杀两者，并代之以'人类的主观愿望'、武断的权力以及暴力。这种做法会破坏基于正义、法律和权利的文明本身"。[②]权利应该促成而不是避免社会生活，一个能让各项权利共生的权利体系有其优越性，表现在它可以最大限度地实现人类的各项权利，同时也不会导致权利冲突或者在利益冲突中以剥夺权利作为判断标准。

可以说，罗尔斯的反对者通过诉诸善对于权利概念的分析大体上是失败的。但无论怎样，有一点是确定的，无论主张权利优先于善还是善优先于权利，都需要某种善观念。如施特劳斯所言："没有了光明、指引和知识，人是无法生活的；只有具备了对于善的知识，他才能找寻他所需要的善。"[③]在权利自身不能做自我解释和辩护的意义上，为了避免产生对于权利说明的无限后退和循环，需要某种善的概念。当然，善对于权利的这种优先，仅仅是在概念分析和理论建构的意义上讲的。事实上，当从内部分析权利时，不需要某种宽泛的善之界定，而是在通常意义上可以将权利视为一种善。只不过权利的这种善，有

---

① 参见［美］史蒂芬·霍尔姆斯：《反自由主义剖析》，曦中等译，中国社会科学出版社2002年版，第318-324页。

② ［美］汤姆·G. 帕尔默：《实现自由：自由意志主义的理论、历史与实践》，景朝亮译，法律出版社2011年版，第104页。

③ ［美］列奥·施特劳斯：《自然权利与历史》，彭刚译，生活·读书·新知三联书店2016年版，第39页。

着独特的品性。在这里，权利善的这种品性，可以称为一种公共善（public good）。在接下来对这个概念进行解释和说明之前，需要指出的是，分析权利问题所以存在这种善观念的需求，不在于罗尔斯所主张的由某种社会制度或概念系统的逻辑所蕴含和假定，也不在于这种善能提供对于某种权利的存在或范围的证成；相反，权利公共善这一概念的功能和作用仅仅是权利得以存在的约束条件。正如哈奇森所言：

> 在某些境遇中普遍为人所允许的施行某种行为以及命令或拥有某物的能力，在整体上趋于总体善，我们就说，处于这种情境的某人都有权利去施行某种行为以及拥有或要求那件事。根据公共善之趋向的强弱，这种权利就会有大有小。①

第四节　作为公共善的权利

一、公共善的含义

看到"公共善"这个术语，人们可能首先想起功利主义者的"最大多数人的最大利益"。对此意义上的公共善，人们普遍同意在有限的社会环境之外，这种想法不仅实际上不可行，而且内在地具有前后矛盾、没有意义的缺陷，像功利主义的批评者所经常指出的那样，它忽视了人与人之间的区别，而且将个人作为达到某种共同的、确定的集体目标的手段，因此公共善在此种意义上必然是空洞的、不可取的。

---

① ［英］弗兰西斯·哈奇森：《论美与德性观念的根源》，高乐田等译，浙江大学出版社2009年版，第198-199页。

但此处所谓的公共善却并不是在这种意义上说的，为了避免混淆，可以将公共善界定为以下三种含义。

首先，权利公共善的首要含义是指权利在实践领域中总是得不到完全充分的界定，权利的这种不完全充分界定的特征就使得权利所承载和允诺的部分价值总是处于公共领域（public domain）之中，成为一种可耗散的公共租值。所有的权利仅仅是程度的存在，权利因此是一个不断获得并放弃的东西。权利的这种公共属性意味着，作为允诺某种应得事物的权利，主体必须进行积极主张，才能成为个人的。主张权利是个体承担的义务，如菲尼斯指出：

> 当我们对正义的要求进行解释的时候，通过参照共同的善不同层次的要求，我们发现有理由认为义务、责任或要求的概念较之于权利概念更具有策略性的解释功能。但权利的概念并不是因为这个原因而变得不重要或不崇高：因为共同的善确切地就是这些个体的善，这些个体通过别人对义务的履行而获得的好处，就是他们的权利，因为正义就是这样要求其他人的。[1]

权利在实践中总是无法充分界定，经由个体的主张之后权利才具有通常所理解的独占性。当然，实践中有些权利个体不愿去主张，可能更多地由事实因素所造成，无法认识到处于公共领域中的权利，或者虽认识到权利的存在，但主张的成本过高而收益过低从而不愿去主张，等等。在这个意义上，作为一种公共善的权利观念，权利的规范性虽然有时有规则制度意义的协助，但在实践中，权利的规范性在很

---

① ［英］约翰·菲尼斯：《自然法与自然权利》，董娇娇等译，中国政法大学出版社2005年版，第169页。

大程度上，或者最主要由作为权利的外部约束条件的诸种事实性因素所界定和维护着。规范由事实所成就和维护，事实则受规范所塑造和影响。

其次，权利是一种公共之物。公共之物的意思是说，对于权利本身并不排他性地专属于某个人或者某些人，一个人对于权利的拥有和使用并不排斥他人对于同样或者其他权利的拥有和使用。如马里旦指出的那样，"共同善不是一系列的益处和便利，在本质上是一种整全性的生活，亦即普罗大众所拥有的好的和正当的人类生活。所以，正义和道德正当性是共同善的核心要素"。①权利并不等同于权利所指之物，权利本身并不是稀缺的，虽然权利所意指之物可能是稀缺的。这里公共的意思，可以借助于经济学意义上的公共物品来进行理解。公共物品有一种独特品质，即一个人消费更多的数量并不会减少其他人的消费量，同时并不会破坏事物的性质，也并不排斥另一个同时对该物品的享用。②例如，灯塔、道路、国防等是典型意义上的公共物品。在权利是经济学中的公共物品的意义上，需要予以区分的便是权利与权利标的。权利，典型意义上的如民法上的所有权，一个重要的性质就是排他性。说一个人对某物拥有所有权，就是说对某物的占有、使用、收益和处分能够排除另一个人的非法干涉，"一物不能有二主"，当然共同所有权除外。但是，对某物的所有权以及所有权本身是不同的。对某物的所有权当然排斥另一个人对同一物的所有权，但这并不是说一个人拥有和享有所有权，另一个人就不能就另一物享有所有权。就所有权本身而言，任何一个人都可以拥有和享有。

因而，权利标的所体现的是人与物之间的关系，而权利概念表征的则是人与人之间的关系。所有权并非是赋予物体的权利，实际上所

① [法] 雅克·马里旦：《人权与自然法》，吴彦译，商务印书馆2019年版，第12—13页。

② 参见张五常：《科学说需求》，中信出版社2010年版，第211—213页。

有权定义了人与人之间的关系。"说我拥有一块土地，或一件燕尾服，或一首歌，是说我有权利在不同程度上控制你与我所拥有东西有关的行为。我控制的不是这个东西，而是其他人与它互动的方式。"①权利的这种关系依赖性需要避免把权利看作是人与人之间的财产或资源做出分配和归属的安排。这个静态模型会错误地表明权利安排总是一个零和博弈，因此人们也就不需要就权利的性状、种类以及结构达成新的组合方式。在公法领域，权利体现的是一种人和国家的多维关系，而所有这些权利的本质形式就是公共性。②在私法领域，权利并不是解决人与物之间的静态关系，在最终的意义上，权利概念总是可以归结为人与人之间的关系。鲁滨逊一人世界里，无论他有什么重要的利益，说他拥有一项权利就显得很古怪，例如受教育权，除非在比喻的意义上说。如果没有其他的人作为可能的义务承担者，否则便没有权利。主张权利也就是主张某种人与人之间的关系，不仅仅是主张一个非常重要的利益。在权利所表征的是人与人之间关系的意义上，我们可以说权利概念主要是一个道德上的概念，就道德主要涉及与他人之间关系上是如此。

最后，现代意义上权利的观念，与人的权利相对立的概念，或者说权利所反对的不是"无权"（no-rights），毋宁说是等级社会结构中的"荣誉"以及特权。作为一种理念和价值的权利，在一个自由社会里不专属于某个人或者某些人，但又属于每一个人。在这个意义上，权利是一种公共善。荣誉与内在不平等相联系。获得诺贝尔奖对于每一个文人志士都是一种巨大的褒奖和荣誉，但如果瑞典皇家科学委员会给每个人发一块，那么它也就不再是荣誉的象征。但在谈论内在的人的尊严以及权利的地方，则是在普遍和平等的意义上使用它们。我们不

---

① ［美］亚伦·普赞诺斯基、［美］杰森·舒尔茨：《所有权的终结：数字时代的财产保护》，赵精武译，北京大学出版社2022年版，第31页。

② 参见韩水法：《批判的形而上学》，北京大学出版社2009年版，第204页。

再仅仅是因为他或她富有和高贵，我们才称呼他们为"先生"或者"太太"，而是每一个男人和已婚女人，我们都这样称呼。这里作为基础的前提是，每一个人都拥有它。

因而，所谓权利并非通常所理解的具有个人意义上的排他性、唯一性和独占性，权利本身具有公共善的属性。进一步，这种公共善的属性不应混同于拉兹所提出来的"共同善权利观"。拉兹的"共同善权利观"试图超越义务论与功利主义的对抗，为权利理论找到一条新路。[①]据此，权利的重要性超过了权利人利益的重要性，权利可证成其他人对权利人的义务，但权利人的利益则无法做到这一点。这一权利观的最终目标是指出权利存在的价值在于它对共同善的贡献，共同善是决定权利存在的最重要的理由。此处强调权利的公共属性，则是指出权利在概念上和公共善具有同等的地位，在权利是公共善之一种的意义上，必须回答的问题是权利实现公共善的方式，而非权利与善之间的权衡，也非权利保护时冲突的公共善之间的具体权衡问题。

二、权利公共善的意义

通过将权利看作是一种公共善，对权利问题的分析具有重要的理论和实践意义。首先，在概念分析和理论建构上，权利本身作为（公共）善的一种，与善之间就并不存在必然的优先关系，因此可以在一定程度上澄清权利和善之间的争论。通过定义，权利作为善的一种，即公共善，还能够更好地帮助我们理解权利的结构。权利公共善的属性告诉我们，权利的概念从分析的角度也可以以某种善的概念为前提，在逻辑上依附于后者。因此，权利和相应的善之间的关系就不再是同一科目下的两个种，不是自然分类的同辈关系，而是一种前者需要后者的价值运作关系。当然，诸种关于权利的问题并不能仅仅通过重新

---

① 参见朱振：《共同善权利观的力度与限度》，《法学家》2018年第2期。

定义一些概念就可以解决的。但把权利看作一种和其他的善的事物之间并不是本质上区别的事物，我们就可以进一步追问在何种意义上权利是一种善，又在何种意义上（如果有的话）权利的这种善会优先或者让位于其他的善。从共同善的视角看，权利的自由主义根基就不是绝对的，实际上，某些父爱式的法律有助于共同善的确认和保障，不仅使社会有效和有序运转，而且能够让个人目标和价值得到有效实现。①

一方面，把权利看作善能够在一定程度上抵制其他善对权利的侵蚀。与此同时，对权利的忠诚又不会替代和妨碍对其他善的追求和实现。在这个意义上，我们就不能说权利的成立基础以及行使的界限和范围必须总是以某种公共善观念（特别是表现为某种通常所谓的公共利益、公共道德、公共健康以及公共秩序等这类模糊的观念）为前提和基础，或者总是轻易地受到它们的限制和压倒。因为在权利是一种公共善的意义上，维护权利也是公共善的一个基本组成部分。

另一方面，如果承认权利是一种公共善，那么我们就不会把权利看作是绝对的，或者像德沃金所说的那样将权利称为"王牌"，②以致不接受任何对权利的公共善的限制和约束。因为对权利的追求和实现，有时候必须受制于乃至让位于对于道德、公共健康、社会秩序以及国家安全等诸种公共善的限制和实现。在现代几乎所有有关权利的规范性文件的说明和解释中，对于这些善观念的提及既是合理的，也是必要的。因为现代意义上的权利话语"并非自杀契约"，权利必须在具体的社会环境中不断地主张和具体地展开。在实际情形中，为了保证一些人的自由、社会的安全以及其他非权利的价值和事物，另一些人的

---

① 参见郭春镇：《论法律父爱主义的正当性》，《浙江社会科学》2013年第6期。

② See Ronald Dworkin, "Rights as Trumps", in *Theories of Right*, edited by Jeremy Waldron, Oxford: Oxford university press, 1984, p.153.

权利有时候必须被限制或者被剥夺，这仍然是正确的。如果权利是一种神圣的、不可侵犯的价值，就不会有这样一项原则来调和诸种善之间的冲突。

其次，权利作为一种公共善，权利的这种公共品格还要求我们进一步区分对权利的争议和利益之间的冲突这两个完全不同的问题。"利益冲突的程度是定量的，定量的问题不容许存在细小的差别。"①当纯粹利益之间出现冲突的时候，由于利益本身的私有性和稀缺性，对其一方的确认和保护必然直接伤害到利益主张的另一方。而权利争议与此不同，有时候权利争议本身并不直接蕴含某种私人性的利益。即便是在权利和利益相关的意义上，当我们决定是否将某种利益上升为权利的时候，利益本身仍然是人们之间共同关注的东西。②人们只是对是否称之为权利以及如果可以称之为权利的话，权利的范围和界限又在哪里等问题存在争议，利益本身并不是争议的直接对象，也不存在之间的利益冲突。

当然，一个人对于这些问题的意见与获得多数支持的意见之间可能存在分歧，他可能会认为其自身利益没有得到正当的考虑和对待，甚至有可能认为存在一个对其个人的利益之严重威胁。但是，一个人的利益无须成为这个分歧的主题。

> 如果所有当事人以公共精神的方式达成这个决定，那么他们所争议的主题并不必然反映出对各自自我利益不同程度的关心。下述情形可能是正确的：就是否正当考虑 A 的利益

---

① [美] 乔治·斯蒂格勒：《知识分子与市场》，何宝玉译，首都经济贸易大学出版社 2001 年版，第 29 页。

② 参见方新军：《权利客体的概念及层次》，《法学研究》2010 年第 2 期；方新军：《一项权利如何成为可能？——以隐私权的演进为中心》，《法学评论》2017 年第 6 期。

而言，A可能与B和C存在分歧；但是A也可能就是否正当考虑B的利益而与B和C存在分歧。他可能认为B和C（他们两者组成决策多数）正低估他们拥有但是他缺乏的利益的重要性。①

　　而且，一旦某种利益可以称为权利，这时候利益本身也便同时取得了权利独特的形态和特征，即正当的属性。在权利人进行具体的行为和选择的时候，实践中的一些利益形态便成为不相干以及不重要，从而排除在行为的考量因素之外。

　　最后，将权利做如此意义上的界定，所谓权利也便存在于对于公共善的追求当中，权利类似于阿伦特所命名的"积极生活"（vita activa），即一种致力于公共事务的政治生活。②当为权利做正当性辩护时，我们总是假定拥有（某些）权利对于（每）一个人来说是珍贵的，权利必须得到实现。于此而言，如果某人谈论"权利"，那么他便预设一个新的不同的语言游戏，成为一个新的共同体成员的机制。"享有一项权利意味着成为一个共同体中被承认的一员。"③将权利界定为一种公共善便有一个特别好处，即并不仅仅涉及权利在形式上规定，还涉及权利在实践中的切实实现。正如德肖维茨所言：

　　　　我们不应该致力于追求一致而单一的绝对正确道德、真理或正义。主动而永不停止的道德化、真理搜寻与正义寻求过程，要比被动地接受单一真理好得多。权利化的过程就跟

---

① Jeremy Waldron, *Law and Disagreement*, Oxford: Oxford university press, 1999, p.13.

② 参见［美］汉娜·阿伦特：《人的境况》，王寅丽译，上海人民出版社2009年版，第3-15页。

③ ［德］格奥尔格·罗曼：《论人权》，李宏昀、周爱民译，上海人民出版社2018年版，第80页。

真理化的过程一样，是不断持续的。事实上，接受——并且遵循——单一道德哲学本身即隐含着某些危险。彼此冲突的道德可以用来钳制单一真理的暴政。我不愿生活在由边沁或密尔的功利主义统治而排除所有康德与新康德主义取向的世界里，也不愿生活在全然康德式而必须永远如奴隶般顺从定言令式（categorical imperative）的世界中。边沁可以钳制康德，反之亦然，正如宗教可以钳制科学，社会主义可以钳制资本主义，反之亦然。权利可以钳制民主，而民主可以钳制权利。①

这种意义上的权利实现可以称为权利现实。对于人本身来说，某种事物是否称为权利是不重要的，重要的是称为权利的东西是否能够提供该种事物，如果这种事物本身是人所非常珍视的。语词本身是不重要的，重要的是语词所指示的意义或者隐喻的事物。

当然，权利公共善的意义或者善对于权利的优先，仅仅是在分析的意义上说的，是权利的一种界定性特征，是善对于权利的概念奠基。但这一概念奠基本身对于权利问题并没有做出任何有意义的回答，权利公共善的作用是确定某种有效的权利论证前提，最终支持某种意义上的权利概念；然而，权利公共善并不是直接提供那样的论证。按照我们的分析，权利和善不是实质上的关系而是分析上的关系，不是得出结论的前提而是对论证的概括。作为公共善的权利，毋宁是它让我们能够从一个新的视角看到并理解权利独特品性，对权利的分析不至于空洞无物、没有基础，为分析权利问题指明了方向。权利与善彼此相关，在这种相关的意义上，所剩下来的问题便是：权利对于善的追

①［美］艾伦·德肖维茨：《你的权利从哪里来?》，黄煜文译，北京大学出版社2014年版，第95—96页。

求和实现的具体种类以及方式。对于善的权利追求，必须在康德意义上的实践理性的结构中进行。权利的概念必须符合实践理性的内部构造，从而不至于失掉权利概念的本真含义和理想图景。

第五节　实践理性视域下的权利构造

上面分析将权利界定和描述为一种公共善，如果这种分析是可以成立的话，那么权利作为公共善这种界定性特征就与康德的权利概念存在着某种程度的耦合与一致。的确，在康德看来，

> 从公共权利的全部质料之中进行抽象，那么我们就只剩下公共性这一形式；这种可能性是每一项权利要求中都包含有的，因为没有它就不会有正义（正义是只能被想象为可以公开宣告的），因而也就不会有权利，权利是仅仅由正义所授予的。①

更进一步，康德把权利的概念与一个人外在的关系等同起来，因而不同于伦理学，后者从行为人的内在视角分析行为。康德权利哲学的焦点就不再是行为人的美德和品行，而是与所有其他人的自由的一致性，这体现在康德对于权利概念的定义之中，即权利是"诸种条件的总和，在这些条件下，一个人的选择能够与另外一个人的选择相联合，并与普遍自由法则相一致"。②

---

① ［德］康德：《历史理性批判文集》，何兆武译，商务印书馆2010年版，第147页。

② Immanuel Kant, *The Metaphysics of Morals*, Mary Gregor Trans, Cambridge：Cambridge University Press，1991，p.56.

实际上，康德的权利概念是康德本人在其《道德形而上学奠基》中所建构出来的道德原则的一种逻辑上应用的结果，又如果康德意义上的权利概念可以作为一种值得捍卫的理想，可以代表权利概念的本真含义，那么在逻辑上，对于体现在公共善之中的权利诉求和主张，必须符合实践理性的要求，坚持正当对于善在逻辑上的优先。

一、实践理性的内在结构

实践理性在通常的意义上经常被理解为表现在做出决定、采纳承诺、选择并执行计划等行为中的审慎以及合理，即一种经验上的理性，非专断，非任意的行为品性。例如菲尼斯就认为，表现在这种意义上的实践理性就具体包括有条理的人生计划、不恣意偏爱某个价值、不恣意偏爱某个人、超然和承诺、结果的有限相关性、尊重每一种行为所蕴含的每种基本价值、共同的善的要求以及遵从我们的良心等方面，它们共同合力一起为我们对个人性的善的追求提供了合理的约束和结构。[①]然而，康德的实践理性不同于我们通常意义上所理解的那种行为中的审慎以及合理，而且这种意义上的实践理性本身并没有解释为什么我们必须要遵守那些要求，特别是菲尼斯所列举的这些要求又从何而来？因此，要想理解康德实践理性的含义，最好把"实践"和"理性"这两个词分开，看一下在康德那里它们各自所意指什么。康德强调：

> 理性永远不直接和一个对象发生关系，而只和知性发生关系，并借助于知性而和理性自由的经验性运用发生关系，所以它并不创立任何（关于客体的）概念，而只是整理这些

---

① 参见［英］约翰·菲尼斯：《自然法与自然权利》，董娇娇等译，中国政法大学出版社2005年版，第84-103页。

概念，并赋予它们以在其最大可能的拓展中所可能具有的那种统一性，也就是在与诸系列的总体性关系中的统一性。①

由此可见，康德意义上的理性主要功能就是整理概念，使其系统化为一个连贯的统一体。理性所建构的这种体系统一性，从逻辑的角度看，就需要预设某种联结诸种知性概念的方式，预设某些焦点，它们决定了每个部分之间的逻辑顺序以及与其他部分之间的关系，从而保证诸种概念之间的统一性和系统性，而不仅仅是偶然聚合在某一标题之下单纯的概念排列以及数量堆积。从指向不同的实践领域看，实践理性可以体现为道德哲学、政治哲学与法律哲学等特定形态，其特点在于考察人类实践活动的不同方面。然而，理论前提的法哲学批判层面的研究，则是对行动和实践本身的研究。②这一层面的研究所涉及的是行动或实践的一般特点，行动或实践的合理性品格，行动或实践有效展开的前提及条件，行动或实践过程中意向性与规范性、理由与原因、内在机制与外在背景的关系，等等。

在理论前提的法哲学批判层面，康德所界定的理性就可以运作于不同类型的概念之上。某些概念与我们经验世界中的东西相关联，而另一些概念只与我们意志运作而生的东西相关联。康德的实践理性只与后者相关，即有关我们意志的运作，而一切通过意志自由而可能的东西都是实践的。按照康德对于理性概念的界定：

> 如果施行我们的自由的任意条件是经验性的，那么理性在此就只能有一种调节性的运用，并且只用于产生经验性规

---

① ［德］康德：《纯粹理性批判》，邓晓芒译，人民出版社2004年版，第506页。

② 参见杨国荣：《人类行动与实践智慧》，华东师范大学出版社2022年版，第3-4页。

律的统一性，例如在教人明智的训导中，把我们的爱好向我们提出的一切目的都在一个唯一的目的、也就是幸福里面结合起来，并使达到幸福的手段协调一致，这构成了理性的全部工作，理性因此之故只能提供出自由行为的实用的规律，以达到感官向我们推荐的那些目的，因而决不能提供完全先天规定的纯粹规律。与此相反，纯粹实践规律的目的是理性完全先天地给出的，这些规律不以经验性的东西为条件，而是绝对地命令着的，它们将是纯粹理性的产物。①

因此，康德意义上的实践理性就从碰巧具有的内容中抽象出自由选择的形式，且使这种形式决定自由意志的运作。这种不以经验性内容为条件，仅仅涉及意志运作的理性所构造的实践概念的理想，把一切内容特别是关于对象的知识抽空之后，剩下来的就只是一个形式，这个形式就是"只照你能够立志要它成为普遍规律那个格准去行为"。②实践理性理想所包含的只有行为格准要合乎普遍规律这种必要。但是，规律并不包含着限制规律的条件，所以行为的格准只应该合乎规律本身的普遍性。康德将这个形式称之为"无待命令"，以区别于假如要达到意志所意欲的目的的东西，那么就一定要做某一件事的"有待命令"。与之相反，无待命令说的是这一行为是客观地必须实行的，就是说不用说到其他目的，它自身就是必须实行的。③

绝非无关紧要的是，在康德完成这一实践理性的理想之后，康德坚决反对将无待命令转换成仅仅是有待命令的一个形式的诸种尝试，

① [德] 康德：《纯粹理性批判》，邓晓芒译，人民出版社2004年版，第608-609页。

② [德] 康德：《道德形上学探本》，唐钺译，商务印书馆2012年版，第38页。

③ 参见 [德] 康德：《道德形上学探本》，唐钺译，商务印书馆2012年版，第30页。

在康德看来：

> 无待命令何以可能，是由于自由这个观念使我成为智性世界的一分子。假如我只属于智性世界，那末，我的一切行为一定会永远合乎意志的自律。但是，因为我直觉我也是感觉世界的一分子，我只能说我的行为应该合乎意志的自律。所以无待的"应该"是个超验的综合命题。在我的被感性欲望左右的意志之上，又综合地加上我的属于智性世界的，因而纯粹并自决的意志这个观念。①

至于无待命令所得以依凭的自由，康德认为我们无法解释，只能予以辩护，或者仅仅作为一种逻辑假定。这是因为康德强调：

> 只有服从那些它的对象可以由经验呈献给我们的规律的事物，我们才能够解释它。但是，自由只是一个理念，它的客观的实在性绝不能依据自然律指明，因之，也不能由经验呈献给我们。因为这样，自由是始终不能够了解或觉察到的，因为我们不能用任何种比拟给它找到实例。其实，只是相信自己觉得有意志，就是，有欲望不同的能力（这个能力就是以智性资格决定行为，即超乎本能而依照理性的规律决定行为的能力）者在理性方面必须有这么个假设罢了。②

因此，自由意志和实践理性都可以用彼此的术语来定义：自由意

---

① ［德］康德：《道德形上学探本》，唐钺译，商务印书馆2012年版，第74页。

② ［德］康德：《道德形上学探本》，唐钺译，商务印书馆2012年版，第79页。

志是一种决定能力，它来自实践理性而非倾向性。而实践理性则是一种自由选择，它以概念上的逻辑发展顺序决定着自己。自由选择和实践理性离开了对方都不可理解。

在康德实践理性的视域下，我们看到了康德对于将其运用于法权领域（rechtslehre）时，康德对于权利概念的界定。①权利的原则是实践理性的外在方面，或者是与自由意志相互作用相关的实践理性。②通过逐次抽象掉外在的实践关系所不具有的内容，康德将权利的概念带到了一个高级的信仰当中，维护了权利概念在外在的实践关系中所可能发生作用的方式、层次以及顺序。在康德实践理性的意义上，权利概念重要性的问题，就不是一个自由意志需要实现的特定目的，而只是想要实现它的一个自由选择。只有自由选择的形式而非内容，才是需要我们去考虑的东西。因此，权利的概念不要求任何特殊的肯定行为，它限定了一个许可的区域，在那里任何行为人能够努力实现他们所欲求和需要的任何目的，条件是只要该行为与自由意志运作产生的关系形式相一致。

因此，作为对于权利概念的分析，康德的实践理性解释了这样的一种共同信念：权利理论应该努力去设计一个合适的权利实现的逻辑秩序。"权利的这种逻辑次序"排除了权利的经济分析，经济分析的缺陷不仅仅在于它的理论结构和概念框架与康德权利的非工具特点不一致。更重要的是，通过分析诸如福利而非自由这个逻辑上更为基本的

---

① 如温里布所说："在康德的法律哲学中，权利的概念普遍存在于法律体系之中，赋予了它的规范特征和哲学的洞察力。权利是可以理解的、统一的和系统的，包含了从意志运作到实体法律学说和制度的每一件事。没有权利的概念，法律仅仅是经验的现象；像一个木头脑袋，美丽但愚蠢，它将缺乏内在的可理解性。"［加］欧内斯特·J.温里布：《私法的理念》，徐爱国译，北京大学出版社2007年版，第115页。

② 参见尹奎杰：《权利正当性观念的实践理性批判》，科学出版社2008年版，第5—21页。

问题，权利的经济分析最大的坏处在于它给予权利的来源反而是颠倒、败坏权利，毁灭权利的本真以及令人激动人心的品质。因为这些来源把为善和为恶的动机弄成同类，只教会我们如何做更好的自我利益的最大化者，这样一来的话，恶与善的分别就被掩盖进而消失了。

总之，在实践理性内在框架之内注定了权利概念的复杂的、历史的、多层面的特征。假如想理解权利概念，那么在概念逻辑发展中，至少有三个阶段必须逐一认明，而且所有这三个阶段都有其自身的概念背景。第一阶段要求有一种有关自由而非福利的背景解说，第二阶段要求一种实践概念的某种背景解说，而第三个阶段则要求对在何种意义上现行的规则、标准以及社会制度不仅在权利的实施方面，而且还构成对权利概念的解释和证成方面的作用问题给予一种充分的解说。在权利概念的逻辑发展过程中，每一个较后的阶段都以前一阶段为先决条件，反之则不然；同时，每一个较前的阶段不仅被后一阶段所修正、根据后一阶段而被重新解释，而且为后一阶段提供本质性的要素。在实践理性的意义上，权利就形成了一种逻辑上运转的动态体系，而我们对权利的理解和把握因此便有了一个更为丰富和饱满的整体形象。

二、善的权利奠基

在实践理性的结构之内，权利概念发展的第一个阶段是需要对于自由概念有着某种背景性的解说。在权利以自由为逻辑预设的概念起点的意义上，权利首先意味着一种自治的生活方式，与某种特定化的福利没有直接的关系。①福利之所以不适合作为权利概念的逻辑起始点，是因为权利处理的是行为的限制和协调的条件，产生于自由意志的结构。某种意义上，以霍布斯为核心的启蒙思想家对权利论述的最

---

① 权利概念的基础在于个人能力的应用和展示，而福利制则仅仅是外在条件上与能力相关联，并没有内在关联。参见刘科：《权利、德性与幸福生活》，《华东师范大学学报》（哲学社会科学版）2015年第2期。

大贡献便是，权利只有在个体性的主体或者意志（wille）中找到其依据（boden）。①为了理解权利，我们使用的正当理由的考量必须反映权利关系的双极特征。权利并不等同于利益。因为我能够侵犯你的权利而并不因此减少你的利益，比如在一个案件中，法院会命令我对你予以名义上的赔偿；我能够减少你的福利而并不因此侵犯你的权利，例如我从事一项商业活动，成功地与你进行竞争。

在权利概念中，所谓自治就是指对自己行为的控制权，即完全所有权，就是指能够在不同办法中作选择的能力，而这种选择能力，事实上就是我们在"支配"我们的行为。也就是说，让这些行为真正出于我们的意志。在最根本的意义上，"存在着某种做人的方式，它是我的方式。我被号召以这种方式，而不是模仿别的任何人的方式，过我的生活。而这就将新的重要性给予了对我自己真实（being true to myself）。如果我不这样，我就没有领会生活的目的，我就没有领会对我而言什么是做人"。②因此，做一名真正的主人就是说成为能支配自己行为的主体，也就是一个可按独立意志行事，因而可以为自己负责的人，这样才能提到行为人在完成为他人和自己（至少在自我保护方面）所担负的义务而采取必要行为时可能涉及的正义或权利问题。

需要指出的是，关于权利所表征的这种自治的生活方式，有两个重要的不同的层面，而混淆这两种不同层面对于权利概念的正确理解则是灾难性的。这两个不同的层面，一个涉及行为和决定的方式（manner），另一个涉及行为的质料（matter）或内容（content）。作为一种自治生活方式的权利是仅仅在第一个层面上说的。在这个层次上，权利清楚地与信奉某种生活目的或形式有关，是自指示的，即这必须

---

① 参见［美］史蒂芬·B. 史密斯：《黑格尔的自由主义批判：语境中的权利》，杨陈译，华东师范大学出版社2020年版，第136页。

② ［加］查尔斯·泰勒：《本真性的伦理》，程炼译，上海三联书店2012年版，第37页。

是我的取向和生活方式。但是这并不意味着，在另一层次上，权利所涵盖的内容也必须是自指示的。因为我的目标必须以某个在这些之外的东西为背景，来表达或满足我的欲望和希求。我可以在他人那里、在一个社会团体中、在一项政治事业里找到满足。实际上，我们将只能在这些事情中找到真正的满足，它们具有独立于我或我们的欲望的重要性。权利所表征的是一种人与人之间的关系。我对于某种特定东西的需要和欲望，也就只能通过在某种关系中得到实现，而之所以能够如此是因为这是我自由意志的选择。我对于他人、社会团体、政治共同体的需要，或者我处于其中，存在某种情感、依附与承诺，也并没有因此取消我的自主。自主仅仅意指的是某种生活方式，而不是生活的目的以及内容。

但是，当论及权利概念表征的生活所蕴含的内容时，私人性的目的、福利或者善就会进入权利概念的构成要素当中，尽管这种私人性的目的、福利或者善不一定意指是"我"的目的、福利或者善。权利概念的逻辑起点仍然是自由，而非自由以外的其他东西。由于实践理性是从意志运作的概念因果关系和形式的立场来评估特定的行为，在这个过程中，自由选择是确定的，同时目的性也被预设在所有特定的目的性行为中。[①]在此意义上，实践理性所塑造的意志运作的概念因果关系和形式，并不意味着行为没有内容或者目的性行为转化成了沉思，而只是说这个内容只是未加工的材料，目的性的生命与其特定的目的连接在一起，连接的方式是自由选择的形式而不是由外部感官刺激的某种冲动性欲望和需求的强加。用温里布的话说就是：

> 权利与福利的关系，产生于基础性的作用力概念。作为特定目的现实化，作用力同时具有特定方面和普遍方面。特

---

① 参见屠凯：《论文化权利与表达自由的界分》，《法商研究》2020年第5期。

定方面存在于与特定目的的执行相关的环境，包括在人类的情况下，福利元素构成了作用人试图满足的需要和愿望。对比之下，普遍的福利存在于作用人的能力中，也就是自由和目的性的生命从特定目的中抽象的能力。普遍方面把作用人描述成自由；特定方面构成了体现该自由的物。两个方面对作用力都是必需的。没有特定方面，作用力不能够执行一项自由。没有普遍方面，作用力不能够实施自由。康德的权利因此并不漠视人类的福利和其他特定的因素。而且，因为普遍性带有作用力的规范因素，康德的权利以普遍性看待特定性。①

在实践理性所依赖的自治概念之下，权利概念便具有了内容可变的普遍性。倘若我需要诉诸权利以实现某种生活目的和内容，或者某种具体的要求和欲望，那么我就必须选择进入某种关系，或者以某种关系为依托，从而参与到某种意义上的实践活动中。于是，权利概念发展的第二个逻辑阶段是我们必须需要一种实践概念作为更充分的背景性解说，以对于权利概念所编织的关系的性质以及权利概念所能够允诺的具体的利益种类有一个更进一步的理解和逻辑上的把握。

在权利概念发展的第二阶段，我们需要一种独特的实践概念的背景性解说。不同于与"理论"相对应的实践，这里的实践概念是实践理性逻辑发展顺序中的一个环节，指的是着眼于决定和行动，它考虑的是一个人应当做什么。需要强调的是，这种意义上的实践中所含有

---

① ［加］欧内斯特·J.温里布：《私法的理念》，徐爱国译，北京大学出版社2007年版，第138页。

的两种利益类型，即内在利益与外在利益。①以篮球比赛为例来说明实践中的内在利益与外在利益之间的区别。一个在某种职业联赛中参加篮球比赛的球员，他可能抱着各种目的而参加篮球比赛，例如获得比赛所提供的奖金，或者显示自己更高的能力以获得更高的合约酬金，或者享受现场的观众对于自己的精彩球技所带来的欢呼和掌声等。当然，所有目的要想实现必须以取得胜利为根本前提。要想胜利，一个球员所需要具备的就不仅仅是基本的篮球技巧，他需要懂得如何与他的队友培养默契和信任，进而形成一个5个人的有机整体，而不是5个人的随意、偶然的组合；对于比赛过程中的执着和冷静；对教练作战技巧的领悟和把握，作战技术的执行力以及对场上随机应变的能力；特别是关键时刻处理关键球的信心和强大的心理素质等因素。这些都是赢得一场比赛所需要。由篮球比赛这种实践活动所当然蕴含。

　　由此可见，要想有意义地参加一场篮球比赛，一个球员所需要的并不是以上所说的那些获得胜利的诸种技巧。为此，他必须首先加入一个球队，成为某一球队的成员，遵守球队的组织和纪律；接受球员工会的领导，遵守工会有关工资帽规定；作为职业联盟的一个成员，维护整个联盟的整体形象，接受职业联盟所规定的各种规章和制度；特别重要的是，在比赛的过程中，遵守篮球比赛中有关得分、进攻、防守、犯规等的规则等要素，也都作为背景性因素存在于篮球比赛这种实践活动当中，这些背景性因素协助了篮球比赛这种实践的有序进行。正是在参加篮球比赛典型意义上的实践活动中，一个球员才可能获得两种利益。一方面，存在着那些由于社会环境因素的缘故而外在地、偶然地附丽于篮球比赛或其他实践的稀缺利益，如篮球比赛中比赛所提供的奖金之类的东西，其他实践中诸如权势、金钱或者地位等

---

　　① 此处关于实践中的内在利益和外在利益的区分，主要遵循麦金太尔的分析，具体论述参见［美］麦金太尔：《追寻美德：伦理理论研究》，宋继杰译，译林出版社2003年版，第238-242页。

竞争性利益，可以将这种利益称为外在利益。就此类利益而言，其特征在于每当这些利益被某个人得到时，它们就成为某个个人的财产与所有物。而且，最为独特的是，某人占有它们越多，留给其他人的就越少。这是必然的，否则如果这种利益的不因外在因素而发生数量上的改变，那么它们也不会得到人们实践上的兴趣。可见，外在利益在实践中主要是竞争的对象，而在竞争中则必然既有胜利者也有失败者，既有多得者也有少得者。另一方面，篮球比赛这种意义上的实践也存在着除了上述奖金、酬金之类的外在稀缺的竞争利益之外的其他种利益，即内在利益，诸如团队的合作精神、沉着冷静、随机应变的能力以及强大的心理素质等方面的利益。将这种利益称为内在的，主要基于以下两个理由：首先，这种利益只能依据篮球比赛或其他某种特定的实践类型得以存在和理解，除此之外，内在于实践中的这种利益就不能理解；其次，这里内在利益只能由参与某种实践类型的人获得，而且这种利益只能凭借参与上述这种类型的实践的经验来辨别，缺乏相关实践经验的人就不能胜任内在利益的批评者以及成为该种利益的获得者。

然而，有关实践及其两种利益的界定与权利概念有什么关系呢？对于权利概念的其他理论说明，特别是功利主义的权利理论不可能接纳实践的内在利益和外在利益的这种区分。在功利主义权利理论的主张者看来，权利仅仅是获得个人利益的一种手段，而与任何的内在利益无关。任何重要形式的实践具有不可遮蔽的真理，即

> 我们不得不承认正义、勇敢与诚实的美德乃是任何具有内在利益和优秀标准的实践的必要成分。因为不承认这一切，……就会极大地妨碍我们获得优秀的标准或实践的内在利益，从而使得这种实践本身除了作为获得外在利益的手段

之外，毫无意义。①

　　内在利益和外在利益的区分保证了在权利概念逻辑发展顺序中，权利是一种参与性、获得性的人类品质，对它的拥有与践行使我们能够获得内在于实践中的利益，而缺乏这种品质就会严重地妨碍我们获得任何诸如此类的利益。在这种参与性的实践过程中，处于公共领域中的租值就不断地转变成为具体的私人性的权利租值。权利概念在具有内在利益与外在利益区分的实践中得到了某种圆满。

　　但是，任何仅仅以实践为基础的权利解释仍然是一种不完全的解释。因为在权利概念逻辑发展的这个阶段，各种私人性的目的与善观念进入到了权利概念的因素当中，这就不可避免地导致以目前所界定的权利概念为组织原则的实践关系和生活方式会有以下缺陷，即它可能被太多的冲突和专断所充满。由于在权利概念发展的这个阶段包含有大量的私人性目的和善观念进入权利的概念运转当中，通情达理的人难免就权利产生分歧。拉莫尔指出：

　　　　在生活意义的问题上通情达理的人们自然而然地会产生分歧。我们已经意识到，在关于完备的生活、人类之善和自我实现的性质——这些概念对于古代伦理的以德性为中心的观念是本质性的——问题上，我们讨论的愈多，我们的分歧就愈多，甚至我们与自己的分歧也会愈多。②

　　因此，即便在某种富有美德的生活场景中，当一种权利指向一个

---

　　①［美］麦金太尔：《追寻美德：伦理理论研究》，宋继杰译，译林出版社2003年版，第242-243页。
　　②［美］查尔斯·拉莫尔：《现代性的教训》，刘擎、应奇译，东方出版社2010年版，第11页。

方向，另一种权利指向另一个方向时，冲突就有可能产生，以致人们可能发现自己在以一种任意专断的方式左右摇摆而不是进行合理的选择。如果一种有德性的权利生活不时地被各种选择所打碎，那么权利实践的内在利益其权威似乎最终就来源于我们每个人的个人选择，权利的主观任意性又会重新占据权利概念的全部，无标准的权利实践就可能淹没在个人之间的分歧之上，尽管这种分歧是合理的分歧。在这个意义上，一个能够解决合理分歧的制度性的第三方出现在权利概念发展顺序上就是必要的。

因而，任何一种有意义的实践都必然包含着优秀的各种标准、对各种规则的服从、利益获得的方式和种类以及社会制度的权威。要进入一种实践类型，就是要承认以上那些东西的存在以及权威性，并且用它们来批评我们自身行为表现的不足，指导我们的行为选择。实际上，在权利以及权利实践已然存在的地方，总是可以发现某种规则、标准以及社会制度作为背景性的约束条件。当然，以某种规则、标准以及社会制度作为权利存在及其实践的背景性条件并不是说它们本身不可质疑，而是说我们无法在不可能不承认目前的某种规则、标准以及社会制度的权威的情况下，就进入一种实践。

可以说，尽管基于所有的目的和意图，权利背后所隐藏的利益是一致的，但相应权利却随着界定和维护这种利益的规范性的规则、标准以及社会制度的不同而有着不同的样态。①作为法律权利，美国的言论自由无论是在权利规定和权利实践上，明显不同于中国的言论自由，虽然言论自由背后所保护的利益在美国和中国是相同的。权利就不仅仅是某种利益充分重要性的主张，而是在一个已经存在的规范性框架和制度之内有关它们所编织的社会实践关系的种类及其性质的适当性的问题，该规范性的规则、标准以及社会制度维护和界定利益进而权

---

① See J. E. Penner, "The Analysis of Rights", 10 *Ratio Juris* 300（1997）.

利得到保护的方式和范围。这一点经常受到权利分析论者的忽视，根本原因在于权利所得以存在的某种规范性规则、标准以及社会制度已经存在那里，作为当然的制度背景，所剩下的工作就是分析制度背后的利益。

正是在这个意义上，权利的实践概念本身无法解释为什么维护权利的诸种背景性条件会存在着不同，更无法解释为什么诸种背景性条件会发生变化。因为诸种背景性条件各自都有着一个不断改变、完善以及发展的历史，而不是静止固定不变的某种客观地存在。如果对权利概念的理解停止于此的话，即权利仅仅是既存的规则和制度及其实践的产物，那么权利就成为一种相对之物、流俗之物，对于权利概念的理解也必定丧失权利传统概念所独特蕴含的一个独特功能，即权利的批判性功能。甚至有学者认为，在历史上甚至在某种程度上在现代权利所具有的主要功能甚至唯一的功能便是，能够作为检验现存规则和制度以及实践的合法性的判准，而不是通常意义上所理解的个人对于某种事物的要求以及主张。①所以，权利概念的逻辑发展就必须被推到一个更深入的阶段中去。

权利概念发展的最后一个阶段是，我们需要对于权利及其实践所依赖的规则、标准以及社会制度的背景性条件有更充分的分析和更深入的理解。权利概念虽然主要是道德上的概念，但权利的这种概念更需要作为约束条件的规则制度意义上的协助。虽然权利实践需要这些背景性因素，但应该予以强调的是，权利对于规则和制度的这种背景性的依赖并没有严格的性质上的要求，既非局限于罗尔斯所主张的立宪民主的那种政治社会，也非拓展到任何一种偶然存在的社会组织以及人的联合当中。权利的这种特殊主义的实践理性观念的失误并不在

---

① See Christine Chwaszcza, "The Concept of Rights in Contemporary Human discourse", 23 *Ratio Juris* 333, 360-363 (2010).

于它们把注意力集中在相当具体的某种规则和制度所建构和维系的实践关系上，也不在于它们注意的是可以被某些行为者接受或者不能合理拒绝的条件，而在于它们假定只有已经共享相当具体的规则和制度、情感和依附的特定的行为者才有必要遵循实践理性的要求。这种特殊主义的实践理性，从根本上说乃是局限于"团体内部的人"的推理，随着语境的不同，甚至可以说是种族中心或者是自我为中心的。但是，康德式的实践理性并不具有这种限定的范围。

上面分析已经指出，康德的实践理性在最终的意义上可以归结为行为的格准只应该符合规律本身的普遍性这一无待命令。康德这条普遍性原则的检验标准经常被学者批评为仅仅是一条形式原则，而并不包含有任何内容。然而，形式与内容的二元对立模糊进而遮蔽了康德的普遍性原则所蕴含的独特理论意义。实际上，康德的普遍性原则并非没有内容，而只是说一种纯粹形式的原则乃是一个非质料的原则。康德伦理学当代研究者芭芭拉·赫尔曼认为：

> 在区分质料的和纯粹形式的实践原则时，康德是在把行为者所可能具有的各种不同的理由加以分类。由质料所支持的实践原则所支持的理由是偶然的：依赖于行为者的欲望和利益。而纯粹的形式原则，与之不同，则可以被说成是给出了一些必然而且是普遍有效的理由，这些理由之所以成立是因为它们具有构成我们理性本性的特征。纯粹形式原则并不是不具有任何内容；它们具有非偶然的内容。①

因此，康德的普遍原则最好从以下方面予以理解：首先，实践推

①［美］芭芭拉·赫尔曼：《道德判断的实践》，陈虎平译，东方出版社2006年版，第327页。

240

理的行为者所塑造的理由应该不能是依附于偶然的私人性的欲望和利益，毋宁是这种理由同时也应该被他人所遵循或采纳，或者这种行为理由是他人没有合理的理由不能拒绝的；其次，实践推理并不局限于那些行为者是彼此十分类似的或者局限于某种同质的共同体之内，毋宁是一种不断拓展实践推理适用范围和效力的各种尝试。在进行实践推理时，在为我们的行为理由提供辩护时，在批评他人的行为时，我们总是诉诸一个更广泛的团体，而对于这种团体的边界，我们常常缺乏明确的观念。

因此，权利对于规则、标准和社会制度的背景性依赖是能够随着实践的语境而不断拓展的，并不局限于某种特定的规则、标准和社会制度之内。但是，按照定义，社会制度的本质性特征并不必然在于建构和维系权利实践所需要的那种关系性质，或者说并不总是如此。相反，社会制度机构从特征上将必然关心上面我们所界定的那种外在利益：它们沉溺于获取金钱与其他物质利益；它们依据权力与地位来建构，并且将金钱、权力与地位作为报酬予以分配；当然还包括处于公共领域中的权利租值。诚然，实践以及实践的外在利益和内在利益与社会制度机构之间的关系是如此密切，以致社会制度机构与实践非常鲜明地形成了一种单一的因果次序，其中实践的理想与创造性始终易受社会制度机构的贪婪性的竞争性的伤害。

尽管如此，完全以追求外在利益为归宿的社会制度如果存在的话，在经验上也是非常罕见的。如果它们要维持的不仅是它们自身，而且还有它们所负载的各种实践的话。原因并不在于这些社会制度机构的仁慈或者自我约束，也不在于它们制度结构性质的根本性转变使得它们对于外在利益获得更加困难，而在于社会制度机构对于竞争性利益的追求始终受到权利事实性约束条件的限制，即作为公共善的权利总是不可能做到完全充分的界定。权利不完全充分界定的特征，从一方面看使得部分权利租值落入公共领域中，成为无主之物，出现权利租值的耗散；但从另一方面看，处于公共领域中本应该完全耗散的权利租值却并没有完全耗散，虽然可以循环地说这是因为权利本身不能得到完全充分的界定，但也可以说之所以会出现应该耗散的权利租值没有耗散，是由作为外部的社会制度结构所部分予以维护着。也就是说，作为外在利益获取者的社会制度机构事实上部分地保护着处于公共领域中权利租值。在这种情境下，权利的本质功能是很明显的。权利与一种黑格尔式的伦理意义上的道德的自我实现与自我发展密切相关。黑格尔对道德人格理解的核心在于：

> 这种人格绝非是被给予的而是在生成之中。人格具有一个人发展成为个体性的且具有独特性的某物的内涵。每个个体，由于这种原因，就会具有一个有待发展的核心人格。①

没有正义、勇敢与诚实，从而也没有社会制度机构，权利所含有的内在利益就可能也不会存在，而在任何只承认外在利益的社会中，竞争性就是最显著的，甚至是唯一的特征。

所以，假如社会制度机构的确有腐蚀力，那么各种形式的人类共同体（从而也包括社会制度机构）的构建与维系本身就具有实践的一切特征，并且是一种与美德的践行有着特别密切关系的实践所具有的一切特征。各种形式的共同体和组织机构的建构和维系进而完善和发展的过程，在某种意义上就是为了减低处于公共领域中的租值耗散所进行的诸种尝试和努力，只是在更大程度上减低权利租值耗散的社会制度机构才能够更少地免于来自其他社会制度结构之间的竞争，从而保持自身的生命力和对于外部环境的适应力。权利在这个意义上也就

---

① ［美］史蒂芬·B. 史密斯：《黑格尔的自由主义批判：语境中的权利》，杨陈译，华东师范大学出版社2020年版，第165页。

成为促进社会制度机构不断予以改善的动力之源，而不是仅仅成为某种既存的社会制度机构的产物，进而成为流俗之物。因此，某种现存的特定规则和社会制度机构界定并创造权利，塑造权利所存在的方式和形态。更重要的在于，现存的规则和制度及其实践不仅在权利的实施方面发挥作用，而且它们在对于权利概念的解释和证成中也应该占据着不可或缺的角色和地位。①

第六节　小结

　　分析权利和善之间的优先关系，有一个最根本的逻辑预设还没有指出，那就是权利和善之间彼此相关。但，权利与善之间的这种相关关系并不是一个必然性的真理。因为与权利相关的东西当中，善仅仅是其中的一个，与权利相关的东西还可以是或者义务，或者权力，或者救济，等等。只是在权利和善相关的意义上，我们才可以说权利需要善的某种奠基；在权利是一种善的意义上，我们更需要完成善的权利奠基，如此善的权利奠基，与权利的公共善的概念奠基不同之处在于：后者作为对于权利的奠基，在分析的意义上，先于所有的权利思考，而前者只是权利体系本身的一部分。面对善，权利自身必须自辩。善对于权利而言，只是诸主题中的一个。事实上，善绝非权利的首要或核心主题：具有首要位置的，毋宁是和义务之间的关系。我们应该满足于重复下述论断：善是权利诸主题中的一个。权利的公共善奠基，是对权利的概念奠基；与此同时，善的权利奠基，只是权利体系中的一个部分。

①　See Andrea Sangiovanni, "Justice and the Priority of Politics to Morality", 16 *Journal of Political Philosophy* 137（2008）.

如果说公共善对权利的奠基中的权利仍然处于抽象的、界定性的、描述性的形态，那么经由实践理性奠基的权利则是具体的、饱满的、规范的权利现实。这种权利现实一方面需要由某种既定的社会制度予以界定和维护并塑造其形态和种类；另一方面权利的这种现实需要个人积极参与某种具体社会实践关系中予以主张和要求，代表的是一种自治的生活方式，体现在做自己的主人的体悟和觉察；更重要的在于权利的这种现实并不一定意味着某种个人性的外在利益，还表现在权利实践所包含的某种内在利益，即是说经由权利我们所获得的不仅仅是私人性的竞争利益，还包括个人身份和社会的认同。经由实践理性所奠基的权利观念，在最根本的意义上依赖于对于康德自由概念的逻辑假定。对于权利概念的这种实践理性解释，对此反对的举证负担必须由反对者予以提供和证明。在权利和善相关的意义上，在没有更好的替代概念系统提出来的情况下，我们只能遵循康德意义上的实践理性对于权利概念的所依次提出的逻辑要求。

结语 权利理论研究方法的转型

从理论建构角度，确立了理论研究的论域和资源，需要选择并构想一种合适的研究方法。考虑到当前中国的权利理论更多地停留于中国学者内部、学科布局主要停留于法学与部门法学的交叉以及理论体系的构建，权利理论的研究方法需要进行一种范式转型。权利研究方法的转型使一种新型的权利理论的构建具有了可能性。

一、从自说自话转变为中西对话

从发生学意义上，现代权利可以追溯到启蒙运动。[①]针对权利观念所存在的问题，在西方语境中，同样存在着反思和批判"权利话语"的大量研究。从20世纪70年代以来，西方学术界对以权利为基础（rights-based）问题的理论讨论，已经相当广泛而深入。[②]这场大讨论不仅涉及学科广，而且参与学派多、讨论视域宽。就参与学派来说，英美学术界几乎所有重要学派，如自由主义、社群主义、功利主义、后马克思主义、公民共和主义、后现代主义、女权主义、批判法学等，

---

① 当然，对现代权利观念是否起源于启蒙运动存在着分歧，在神学家看来，现代权利观念特别是人权，是对暴力经验的反思，深嵌于基督教之普遍人类尊严信仰，是人之尊严不断神圣化的过程。参见［德］汉斯·约阿斯：《人之神圣性：一部新的人权谱系学》，高桦译，上海人民出版社2017年版，第123页。

② 参见黄文艺：《权利本位论新解——以中西比较为视角》，《法律科学》2014年第5期。

都加入到权利本位论的大讨论之中。就讨论视域来说，由于权利本位讨论是更大范围的对罗尔斯等人的当代自由主义哲学之大讨论的一部分，因而英美思想家是在相当宏大的学术视野和问题框架下思考权利本位问题。除了权利与功利、权利与义务等问题外，他们还讨论了个人的理性选择与社会决定、文化普遍性与特殊性、道德主观主义与客观主义、国家的中立性与非中立性等与权利直接或间接相关的伦理学、政治学、社会学等方面的问题。

可以说，在当今学术全球化背景下，无视英美权利理论研究的存在而自说自话，显然是一种不适当的学术态度和立场。对此，我们要善于融通有关权利的古今中外各种资源，尤其是马克思权利思想的文本资源、中国传统文化中的权利叙事资源以及国外哲学社会科学的理论资源。习近平总书记强调，构建中国特色哲学社会科学，"要坚持古为今用、洋为中用，融通各种资源，不断推进知识创新、理论创新、方法创新"。①在权利成为共同话语的当前国际社会，中国权利理论研究者应加强对英美权利理论研究争论的研究，积极参与权利基础性问题研究的国际对话。一方面，在权利理论研究展示中国的研究成果，发出中国的学术声音，形成一定的国际话语权和影响力；另一方面，通过合理地借鉴和吸收英美权利理论研究论题、理论观点、研究方法，增强中国权利理论研究的广度和厚度，推动中国权利理论研究更为深入、细致和严谨。

二、从交叉学科研究到超学科研究

从学科归属上看，通常学者将权利本位论定位为一种法哲学研究范式。作为法哲学理论的权利理论研究，主要关注和讨论权利在法律价值体系中的地位问题，特别是权利与义务、权利与立法之间的价值

---

① 《习近平谈治国理政》（第二卷），外文出版社2017年版，第339页。

关系问题。中国的权利理论研究不仅要打破中西学术上的壁垒，更要冲破学科之间的藩篱。因为从学科领域来看，权利的理论研究属于一种跨学科理论，而不只是一种法哲学理论。从英美权利本位论的存在形态来看，权利的理论研究至少可以在伦理学、政治学、法学等三个学科领域内存在。作为道德哲学理论的权利理论研究，主要关注和讨论权利在整个社会价值体系中的地位问题，特别是权利问题牵涉的更深层次的人与自然、人与人、个人与社会等关系问题。作为政治哲学理论的权利理论研究，主要关注和讨论权利在政治价值体系中的地位问题，特别是公民权利与国家权力之间的价值关系问题。在不同形态的权利的理论研究中，作为道德哲学理论的权利理论研究具有更为基础性的意义，负责回答和阐释权利理论研究所涉及的很多相当复杂的前提性、根本性问题。

因而，权利理论研究的推进有赖于法哲学界、道德哲学界、政治哲学界的共同努力和通力合作。法哲学界应主动邀请从事道德哲学和政治哲学研究的学者参与权利本位论的讨论，形成权利理论研究研讨上的多学科对话与交流的格局。同时，道德哲学界、政治哲学界应当从翻译和介绍英美权利理论研究的状态中走出来，探讨在中国建立权利理论研究的道德哲学理论、政治哲学理论的可能性和学术前景。只有从道德哲学、政治哲学、法哲学等多个学科视角思考和分析权利基础性问题，中国的权利理论研究才有可能得到进一步的推进和深化。

三、从理论体系转变为实践方法论

权利的理论研究虽然需要学者进行跨学科的交流和对话，不过，在某一学科内进行权利的深度理论研究仍然是可能的。宽泛意义上说，权利不仅是一个理论研究的概念和范畴，也是实践应用的方法和工具。基于此，权利的理论研究就不能停留于理论体系的抽象建构上，更要体现在社会实践上。权利理论研究可以转化为政治和法律实践的方法论。简单地说，作为政治方法论的权利理论研究，既要求政治家把尊重和保障权利确立为治国理政的基本原则，更要求政治家在治国理政的实践中认真回应权利诉求、认真实施权利立法、认真提供权利救济、认真防范侵权行为。

作为法律方法论的权利理论研究，既要求法律人把运用法律保障权利确立为法律实践的基本宗旨，除关注如何将新的诉求上升为法律规则的层面外，更注重以法教义学的方式凝聚理论与实践共识，提升权利理论研究的实践问题导向；更要求法律人在法律实践中，尤其是在司法过程中，善于进行权利发现、权利推定、权利解释、权利推理以及权利论证等。当下中国还较少从法学方法论的角度来考虑法官如何保护公民权利问题。①可以预期，把权利理论研究转化为政治方法论和法律方法论，不仅有助于推动权利本位论走向政治实践领域和法律实践领域，增强权利理论的实践功能和社会影响力，也有助于进一步拓展权利理论的概念内涵。

在当前中国，权利的理论研究与改革开放同行，在理论争鸣中不断发展，已成为一种颇具影响力的法哲学理论，很多批判者甚至已将其视为是主流的或正统的法哲学理论。从思想史来看，一旦某一学说被人们推上正统的或主流的位置，就很容易停止前进的学术脚步，不知不觉间走向寿终正寝。为了超越这种历史命运，中国权利理论研究就必须不断开拓新的研究空间，步入新的学术境界。我们需要审慎地对待如下问题，即如何最好地服务当前法治中国建设的大局，以及何种权利话语能使我们做到这一点。

---

① 有关权利理论在司法中的运用，参见张昌辉：《新兴权利确认：司法路径的正当性阐释》，《宁夏社会科学》2017年第2期；方新军：《一项权利如何成为可能？——以隐私权的演进为中心》，《法学评论》2017年第6期；陆幸福：《权利分析理论在司法中的应用——法理有用性的一个例证》，《法制与社会发展》2021年第5期。

总之，权利的研究需要在某种理论框架内进行，更为具体地说需要以某种概念为参照，在某种关系框架内展开。当然，遵循理论前提法哲学批判的精神，有关权利的任何一种理论言说也必然是有问题或者有局限的。不过，权利理论言说的这种问题或者局限并非是值得哀叹的现象，毋宁是权利的力量及其弱点得以正确认识和理解的关键。在建构并实现美好世界的过程中，权利是一种可能的解决问题的方案，但如果所有问题都以权利之名得以解决，那么，方案本身难免会成为解决问题的一部分。权利研究者理应对此保有清醒的认知。

结语　权利理论研究方法的转型

参考文献

一、中文著作

［1］北京大学哲学系外国哲学史教研室编译：《西方哲学原著选读》（下卷），商务印书馆1982年版。

［2］毕竞悦：《社会视角下的民初政治转型：1912—1928》，华夏出版社2020年版。

［3］曹海军编：《权利与功利之间》，江苏人民出版社2006年版。

［4］陈义钟编校：《兴革条例》，《海瑞集》（上册），中华书局1962年版。

［5］陈志武：《文明的逻辑——人类与风险的博弈》，中信出版社2022年版。

［6］程燎原、王人博：《赢得神圣——权利及其救济通论》，山东人民出版社1998年版。

［7］公丕祥：《权利现象的逻辑》，山东人民出版社2002年版。

［8］韩大元、王建学：《基本权利与宪法判例》，中国人民大学出版社2013年版。

［9］韩水法：《批判的形而上学》，北京大学出版社2009年版。

［10］何志鹏：《权利基本理论：反思与构建》，北京大学出版社

2012年版。

[11] 胡玉鸿：《法学方法论导论》，山东人民出版社2002年版。

[12] 胡玉鸿：《"个人"的法哲学叙述》，山东人民出版社2008年版。

[13] 黄裕生：《权利的形而上学》，商务印书馆2019年版。

[14] 李季璇：《从权利到权力：洛克自然法思想研究》，江苏人民出版社2017年版。

[15] 刘志强：《人权法国家义务研究》，法律出版社2015年版。

[16] 刘作翔：《权利冲突：案例、理论与解决机制》，社会科学文献出版社2014年版。

[17] 彭诚信：《现代权利理论研究》，法律出版社2017年版。

[18] 桑本谦：《理论法学的迷雾：以轰动案件为素材》，法律出版社2015年版。

[19] 沈宗灵：《现代西方法理学》，北京大学出版社1992年版。

[20] 孙正聿：《理论思维的前提批判：论辩证法的批判本性》（第2版），中国人民大学出版社2010年版。

[21] 孙正聿：《哲学：思想的前提批判》，中国社会科学出版社2016年版。

[22] 秦奥蕾：《基本权利场域：理论、规范、生活》，知识产权出版社2016年版。

[23] 汪进元：《基本权利的保护范围：构成、限制及其合宪性》，法律出版社2013年版。

[24] 王岩云：《当代中国权利问题研究检视：一个学术史的考察》，法律出版社2012年版。

[25] 王涌：《私权的分析与建构：民法的分析法学基础》，北京大学出版社2020年版。

［26］吴钧：《中国的自由传统》，复旦大学出版社2014年版。

［27］夏勇：《人权概念的起源》，中国政法大学出版社1992年版。

［28］夏勇编：《公法》（第一卷），法律出版社1999年版。

［29］熊万鹏：《人权的哲学基础》，商务印书馆2013年版。

［30］熊逸：《政治哲学的巅峰对垒》，北京联合出版公司2020年版。

［31］徐显明：《人权法原理》，中国政法大学出版社2008年版。

［32］徐向东：《权利、正义与责任》，浙江大学出版社2021年版。

［33］严海良：《人权论证范式的变革——从主体性到关系性》，社会科学文献出版社2008年版。

［34］姚建宗：《新兴权利研究》，中国人民大学出版社2011年版。

［35］尹奎杰：《权利正当性观念的实践理性批判》，科学出版社2008年版。

［36］张恒山：《义务先定论》，山东人民出版社1999年版。

［37］张恒山：《法理要论》，北京大学出版社2002年版。

［38］张文显：《法哲学范畴研究》（修订版），中国政法大学出版社2001年版。

［39］张文显：《二十世纪西方法哲学思潮研究》，法律出版社2006年版。

［40］张文显：《权利与人权》，法律出版社2011年版。

［41］张五常：《科学说需求》，中信出版社2010年版。

［42］张五常：《收入与成本》，中信出版社2011年版。

［43］张翔：《基本权利的规范建构》，法律出版社2017年版。

［44］赵明：《近代中国的自然权利观》，山东人民出版社2003年版。

［45］赵汀阳：《坏世界研究：作为第一哲学的政治哲学》，中国人

民大学出版社2009年版。

[46] 赵汀阳：《没有答案：多种可能世界》，江苏凤凰文艺出版社2021年版。

[47] 郑永流：《法是一种实践智慧：法哲学和法律方法论文选》，法律出版社2010年版。

[48] 周永坤：《法理学：全球视野》（第三版），法律出版社2010年版。

[49] 朱振、刘小平、瞿郑龙等编译：《权利理论》，上海三联书店2020年版。

二、外文译作

[50] ［奥］维特根斯坦：《哲学研究》，李步楼译，商务印书馆1996年版。

[51] ［澳］凯特·曼恩：《应得的权利：男性特权如何伤害女性》，章艳译，北京联合出版公司2022年版。

[52] ［澳］彼得·辛格：《行最大的善：实效利他主义改变我们的生活》，陈玮、姜雪竹译，生活·读书·新知三联书店2019年版。

[53] ［德］费希特：《费希特文集》（第2卷），梁志学编译，商务印书馆2014年版。

[54] ［德］哈贝马斯：《在事实与规范之间：关于法律和民主法治国的商谈理论》，童世骏译，生活·读书·新知三联书店2003年版。

[55] ［德］诺伯特·霍斯特：《法是什么？法哲学的基本问题》，雷磊译，中国政法大学出版社2017年版。

[56] ［德］阿克塞尔·霍耐特：《自由的权利》，王旭译，社会科学文献出版社2013年版。

[57] ［德］汉斯–格奥尔格·加达默尔：《诠释学Ⅰ：真理与方

法》，洪汉鼎译，商务印书馆2011年版。

［58］［德］康德：《纯粹理性批判》，邓晓芒译，人民出版社2004年版。

［59］［德］康德：《纯然理性界限内的宗教　道德形而上学》，李秋零主编：《康德著作全集》（第6卷），中国人民大学出版社2007年版。

［60］［德］康德：《历史理性批判文集》，何兆武译，商务印书馆2010年版。

［61］［德］康德：《道德形上学探本》，唐钺译，商务印书馆2012年版。

［62］［德］拉伦茨：《德国民法通论》（上册），王晓晔等译，法律出版社2003年。

［63］［德］尤利安·尼达-鲁莫林：《哲学与生活形式》，沈国琴、王鸷嘉译，商务印书馆2019年版。

［64］［德］格奥尔格·罗曼：《论人权》，李宏昀、周爱民译，上海人民出版社2018年版。

［65］［德］卡尔·施米特：《宪法学说》（修订译本），刘锋译，上海人民出版社2016年版。

［66］［德］格奥尔格·耶里内克：《〈人权与公民权利宣言〉：现代宪法史论》，李锦辉译，商务印书馆2012年版。

［67］［德］耶林：《为权利而斗争》，郑永流译，商务印书馆2017年版。

［68］［德］汉斯·约阿斯：《人之神圣性：一部新的人权谱系学》，高桦译，上海人民出版社2017年版。

［69］［法］乔治·巴塔耶：《被诅咒的部分》，刘云虹、胡陈尧译，南京大学出版社2019年版。

［70］［法］邦雅曼·贡斯当：《古代人的自由与现代人的自由》，阎克文等译，上海人民出版社2017年版。

［71］［法］安托万·孔帕尼翁：《理论的幽灵：文学与常识》，吴泓缈、汪捷宇译，南京大学出版社2017年版。

［72］［法］雅克·马里旦：《人权与自然法》，吴彦译，商务印书馆2019年版。

［73］［法］路易·若斯兰：《权利相对论》，王伯琦译，中国法制出版社2006年版。

［74］［古希腊］亚里士多德：《范畴篇 解释篇》，方书春译，上海三联书店2011年版。

［75］［荷］格劳秀斯：《战争与和平法》，何勤华等译，上海人民出版社2005年版。

［76］［荷］扬·斯密茨：《法学的观念与方法》，魏磊杰、吴雅婷译，法律出版社2017年版。

［77］［加］约翰·M.瑞斯特：《真正的伦理学：重审道德之基础》，向玉乔等译，中国人民大学出版社2012年版。

［78］［加］查尔斯·泰勒：《自我的根源：现代认同的形成》，韩震等译，译林出版社2001年版。

［79］［加］查尔斯·泰勒：《本真性的伦理》，程炼译，上海三联书店2012年版。

［80］［加］欧内斯特·J.温里布：《私法的理念》，徐爱国译，北京大学出版社2007年版。

［81］［美］汉娜·阿伦特：《极权主义的起源》，林骧华译，生活·读书·新知三联书店2008年版。

［82］［美］汉娜·阿伦特：《人的境况》，王寅丽译，上海人民出版社2009年版。

［83］［美］阿希尔·阿玛尔、莱斯·亚当斯：《美国〈权利法案〉公民指南》，崔博译，北京大学出版社2016年版。

［84］［美］理查德·A. 爱泼斯坦：《私有财产、公共行政与法治》，刘连泰译，浙江大学出版社2018年版。

［85］［美］罗伯托·曼戈贝拉·昂格尔：《法律分析应当为何?》，李诚予译，中国政法大学出版社2007年版。

［86］［美］查尔斯·贝兹：《人权的理念》，高景柱译，江苏人民出版社2018年版。

［87］［美］布赖恩·比克斯：《法理学：理论与语境》，邱昭继译，法律出版社2008年版。

［88］［美］理查德·A. 波斯纳：《法理学问题》，苏力译，中国政法大学出版社2002年版。

［89］［美］理查德·A. 波斯纳：《法律理论的前沿》，武欣、凌斌译，中国政法大学出版社2003年版。

［90］［美］詹姆斯·布坎南：《成本与选择》，刘志铭、李芳译，浙江大学出版社2009年版。

［91］［美］詹姆斯·M. 布坎南：《自由的界限》，董子云译，浙江大学出版社2012年版。

［92］［美］斯蒂芬·达尔沃：《第二人称观点：道德、尊重与责任》，章晟译，译林出版社2015年版。

［93］［美］艾伦·德肖维茨：《你的权利从哪里来?》，黄煜文译，北京大学出版社2014年版。

［94］［美］罗纳德·德沃金：《认真对待权利》，信春鹰、吴玉章译，中国大百科全书出版1998年版。

［95］［美］罗纳德·德沃金：《原则问题》，张国清译，江苏人民出版社2008年版。

［96］［美］罗纳德·德沃金：《民主是可能的吗？新型政治辩论的诸原则》，鲁楠、王淇译，北京大学出版社2012年版。

［97］［美］罗纳德·德沃金：《身披法袍的正义》，周林刚、翟志勇译，北京大学出版社2014年版。

［98］［美］罗纳德·德沃金：《刺猬的正义》，周望、徐宗立译，中国政法大学出版社2016年版。

［99］［美］查尔斯·蒂利：《身份、边界与社会联系》，谢岳译，上海人民出版社2021年版。

［100］［美］保罗·法伊尔阿本德：《反对方法：无政府主义知识论纲要》，周昌忠译，上海译文出版社2007年版。

［101］［美］J. 范伯格：《自由、权利与社会正义——现代社会哲学》，王守昌等译，贵州人民出版社1998年版。

［102］［美］大卫·D. 弗里德曼：《经济学与法律的对话》，徐源丰译，广西师范大学出版社2019年版。

［103］［美］弗朗西斯·福山：《身份政治：对尊严与认同的渴求》，刘芳译，中译出版社2021年版。

［104］［美］马克·格兰诺维特：《社会与经济》，罗家德、王水雄译，中信出版集团2019年版。

［105］［美］大卫·格雷伯：《规则的悖论：想象背后的技术、愚笨与权力诱惑》，倪谦谦译，中信出版社2023年版。

［106］［美］玛丽·安·格伦顿：《权利话语——穷途末路的政治言辞》，周威译，北京大学出版社2006年版。

［107］［美］亚历山大·汉密尔顿、詹姆斯·麦迪逊、约翰·杰伊：《联邦党人文集》，杨颖玥、张尧然译，中国青年出版社2014年版。

［108］［美］加里·R. 赫伯特：《权利哲学史》，黄涛、王涛译，华东师范大学出版社2020年版。

［109］［美］芭芭拉·赫尔曼：《道德判断的实践》，陈虎平译，东方出版社2006年版。

［110］［美］阿尔伯特·赫希曼：《反动的修辞：保守主义的三个命题》，王敏译，江苏人民出版社2012年版。

［111］［美］路易斯·亨金：《权利的时代》，信春鹰等译，知识出版社1997年版。

［112］［美］史蒂芬·霍尔姆斯、凯斯·桑斯坦：《权利的成本——为什么自由依赖于税》，毕竞悦译，北京大学出版社2004年版。

［113］［美］盖多·卡拉布雷西：《法和经济学的未来》，郑戈译，中国政法大学出版社2019年版。

［114］［美］盖多·卡拉布雷西、菲利普·伯比特：《悲剧性选择：对稀缺资源进行悲剧性分配时社会所遭遇到的冲突》，徐品飞等译，北京大学出版社2005年版。

［115］［美］安东尼·J. 卡斯卡迪：《启蒙的结果》，严忠志译，商务印书馆2006年版。

［116］［美］尼尔·K. 考默萨：《法律的限度——法治、权利的需求和供给》，申卫星、王琦译，商务印书馆2007年版。

［117］［美］罗伯特·考特、托马斯·尤伦：《法和经济学》，张军等译，上海三联书店1991年版。

［118］［美］罗纳德·哈里·科斯：《论生产的制度结构》，盛洪、陈郁译，上海三联书店1994年版。

［119］［美］罗纳德·哈里·科斯：《企业、市场与法律》，盛洪、陈郁译，格致出版社、上海三联书店、上海人民出版社2009年版。

［120］［美］邓肯·肯尼迪：《判决的批判：写在世纪之末》，王家国译，法律出版社2012年版。

［121］［美］孔飞力：《中国现代国家的起源》，陈兼、陈之宏译，

生活·读书·新知三联书店2013年版。

［122］［美］托马斯·库恩：《科学革命的结构》，金吾伦、胡新和译，北京大学出版社2012年版。

［123］［美］查尔斯·拉莫尔：《现代性的教训》，刘擎、应奇译，东方出版社2010年版。

［124］［美］约翰·罗尔斯：《政治自由主义》，万俊人译，译林出版社2011年版。

［125］［美］约翰·罗尔斯：《政治哲学史讲义》，杨通进等译，中国社会科学出版社2011年版。

［126］［美］路易斯·梅南：《形而上学俱乐部》，舍其译，上海译文出版社2020年版。

［127］［美］C.赖特·米尔斯：《社会学的想象力》，陈强、张永强译，生活·读书·新知三联书店2016年版。

［128］［美］亚历山大·米克尔约翰：《表达自由的法律限度》，侯健译，贵州人民出版社2003年版。

［129］［美］塞德希尔·穆来纳森、埃尔德·沙菲尔：《稀缺：我们是如何陷入贫穷与忙碌的》，魏薇、龙志勇译，浙江人民出版社2018年版。

［130］［美］托马斯·内格尔：《人的问题》，万以译，上海译文出版社2004年版。

［131］［美］罗伯特·诺齐克：《无政府、国家和乌托邦》，姚大志译，中国社会科学出版社2008年版。

［132］［美］理查德·E.帕尔默：《诠释学》，潘德荣译，商务印书馆2012年版。

［133］［美］汤姆·G.帕尔默：《实现自由：自由意志主义的理论、历史与实践》，景朝亮译，法律出版社2011年版。

［134］［美］罗斯科·庞德：《普通法的精神》，唐前宏等译，法律出版社2001年版。

［135］［美］罗斯科·庞德：《法理学》（第三卷），廖德宇译，法律出版社2007年版。

［136］［美］迈克尔·佩里：《权利的新生：美国宪法中的人权》，徐爽、王本存译，商务印书馆2016年版。

［137］［美］卡罗尔·佩特曼：《参与和民主理论》，陈尧译，上海人民出版社2012年版。

［138］［美］亚伦·普赞诺斯基、［美］杰森·舒尔茨：《所有权的终结：数字时代的财产保护》，赵精武译，北京大学出版社2022年版。

［139］［美］罗伯特·乔治：《使人成为有德之人——公民自由与公共道德》，孙海波、彭宁译，商务印书馆2020年版。

［140］［美］奥斯汀·萨拉特编：《布莱克维尔法律与社会指南》，高鸿钧等译，北京大学出版社2011年版。

［141］［美］约翰·塞尔：《人类文明的结构：社会世界的构造》，文学平、盈俐译，中国人民大学出版社2015年版。

［142］［美］迈克尔·J.桑德尔：《自由主义与正义的局限》，万俊人等译，译林出版社2011年版。

［143］［美］迈克尔·桑德尔：《民主的不满：美国在寻求一种公共哲学》，曾纪茂译，中信出版社2016年版。

［144］［美］凯斯·R.桑斯坦：《权利革命之后：重塑规制国》，钟瑞华译，中国人民大学出版社2008年版。

［145］［美］托马斯·斯坎伦：《宽容之难》，杨伟清等译，人民出版社2008年版。

［146］［美］詹姆斯·C.斯科特：《六论自发性：自主、尊严，以及有意义的工作和游戏》，袁子奇译，社会科学文献出版社2019年版。

［147］［美］乔治·J. 施蒂格勒：《价格理论》，李青原等译，商务印书馆1992年版。

［148］［美］乔治·施蒂格勒：《知识分子与市场》，何宝玉译，首都经济贸易大学出版社2001年版。

［149］［美］朱迪丝·N. 施克莱：《不正义的多张面孔》，钱一栋译，上海人民出版社2020年版。

［150］［美］安娜·史蒂茨：《自由的忠诚》，童志超、顾纯译，中央编译出版社2017年版。

［151］［美］史蒂芬·B. 史密斯：《黑格尔的自由主义批判：语境中的权利》，杨陈译，华东师范大学出版社2020年版。

［152］［美］施特劳斯：《什么是政治哲学》，李世祥等译，华夏出版社2011年版。

［153］［美］列奥·施特劳斯：《自然权利与历史》，彭刚译，生活·读书·新知三联书店2016年版。

［154］［美］马克·图什内特：《让宪法远离法院》，杨智杰译，法律出版社2009年版。

［155］［美］约翰·维特：《权利的变革：早期加尔文教中的法律、宗教和人权》，苗文龙等译，中国法制出版社2011年版。

［156］［美］约翰·维特：《法律与新教：路德改革的法律教导》，钟瑞华译，中国法制出版社2013年版。

［157］［美］理查德·M. 维沃：《思想的后果》，王珀译，江西人民出版社2015年版。

［158］［美］卡尔·威尔曼：《真正的权利》，刘振宇等译，商务印书馆2015年版。

［159］［美］约翰·哈特·伊利：《民主与不信任：司法审查的一个理论》，张卓明译，法律出版社2018年版。

［160］［日］大沼保昭：《人权、国家与文明：从普遍主义的人权观到文明相容的人权观》，王志安译，生活·读书·新知三联书店2003年版。

［161］［瑞典］奥萨·维克福什：《另类事实：知识及其敌人》，汪思涵译，中信出版集团2021年版。

［162］［斯洛文尼亚］斯拉沃热·齐泽克：《意识形态的崇高客体》，季广茂译，中央编译出版社2017年版。

［163］［意］诺伯托·博比奥：《权利的时代》，沙志利译，西北大学出版社2016年版。

［164］［印］阿马蒂亚·森：《以自由看待发展》，任赜、于真译，中国人民大学出版社2013年版。

［165］［印］阿马蒂亚·森：《理性与自由》，李风华译，中国人民大学出版社2006年版。

［166］［印］阿马蒂亚·森：《正义的理念》，王磊、李航译，中国人民大学出版社2012年版。

［167］［英］T. R. S. 艾伦：《法律、自由与正义——英国宪政的法律基础》，成协中、江菁译，法律出版社2006年版。

［168］［英］奥诺拉·奥尼尔：《迈向正义与美德：实践推理的建构性解释》，应奇等译，东方出版社2009年版。

［169］［英］奥诺拉·奥尼尔：《理性的建构：康德实践哲学探究》，林晖、吴树博译，复旦大学出版社2013年版。

［170］［英］古纳尔·贝克：《费希特和康德论自由、权利和法律》，黄涛译，商务印书馆2015年版。

［171］［英］理查德·贝拉米：《重新思考自由主义》，王萍等译，江苏人民出版社2005年版。

［172］［英］理查德·贝拉米：《政治宪政主义：民主合宪性的一

种共和主义辩护》，田飞龙译，法律出版社2014年版。

[173]［英］杰里米·边沁：《立法理论》，李贵方等译，中国人民公安大学出版社2004年版。

[174]［英］丹宁勋爵：《法律的训诫》，杨百揆等译，法律出版社2011年版。

[175]［英］约翰·菲尼斯：《自然法与自然权利》，董娇娇等译，中国政法大学出版社2005年版。

[176]［英］约翰·菲尼斯：《人权与共同善》，娄曲亢译，中国政法大学出版社2020年版。

[177]［英］约翰·格雷：《自由主义的两张面孔》，顾爱彬、李瑞华译，江苏人民出版社2002年版。

[178]［英］安东尼·吉登斯：《政治学、社会学与社会理论：经典理论与当代思潮的碰撞》，何雪松、赵方杜译，格致出版社2014年版。

[179]［英］弗兰西斯·哈奇森：《论美与德性观念的根源》，高乐田等译，浙江大学出版社2009年版。

[180]［英］H. L. A. 哈特：《法理学与哲学论文集》，支振锋译，法律出版社2005年版。

[181]［英］霍布斯：《利维坦》，黎思复、黎廷弼译，商务印书馆1985年版。

[182]［英］柯林武德：《形而上学论》，宫睿译，北京大学出版社2007年版。

[183]［英］G. A. 科恩：《拯救正义与平等》，陈伟译，复旦大学出版社2014年版。

[184]［英］约瑟夫·拉兹：《自由的道德》，孙晓春等译，吉林人民出版社2011年版。

［185］［英］约瑟夫·拉兹：《公共领域中的伦理学》，葛四友译，江苏人民出版社2013年版。

［186］［英］史蒂文·卢克斯：《个人主义》，阎克文译，江苏人民出版社2001年版。

［187］［英］马丁·洛克林：《剑与天平：法律与政治关系的省察》，高秦伟译，北京大学出版社2011年版。

［188］［英］迈克尔·罗森：《尊严：历史与意义》，石可译，法律出版社2018年版。

［189］［英］尼尔·麦考密克：《法律制度：对法律理论的一种解说》，陈锐、王琳译，法律出版社2019年版。

［190］［英］罗杰·斯克鲁顿：《文化的政治及其他》，谷婷婷译，南京大学出版社2019年版。

［191］［英］R. H. 托尼：《贪婪的社会》，启蒙编译所，商务印书馆2021年版。

［192］［英］雷蒙·威廉斯：《关键词：文化与社会的词汇》，刘建基译，生活·读书·新知三联书店2016年版。

［193］［英］维特根斯坦：《哲学研究》，陈嘉映译，上海人民出版社2001年版。

［194］［英］拉里·西登托普：《发明个体：人在古典时代与中世纪的地位》，贺晴川译，广西师范大学出版社2021年版。

三、中文期刊

［195］北岳（张恒山）：《关于义务与权利的随想》（上、下），《法学论坛》1994年第8、9期。

［196］曹晟旻：《为权利与善的优先性之争正名——兼及对"中间道路"的批判性反思》，《浙江社会科学》2020年第3期。

［197］陈弘毅：《人权、启蒙与进步》，《法制现代化研究》1996年卷。

［198］陈金钊：《过度解释与权利的绝对化》，《法律科学》2010年第2期。

［199］陈金钊：《法律人思维中的规范隐退》，《中国法学》2012年第1期。

［200］陈景辉：《裁判可接受性概念之反省》，《法学研究》2009年第4期。

［201］陈景辉：《权利和义务是对应的吗？》，《法制与社会发展》2014年第3期。

［202］陈景辉：《法律权利的性质：它与道德权利必然相关吗？》，《浙江社会科学》2018年第10期。

［203］陈景辉：《权利的规范力：一个对利益论的批判》，《中外法学》2019年3期。

［204］陈林林：《反思中国法治进程中的权利泛化》，《法学研究》2014年第1期。

［205］程燎原：《权利理论研究的"再出发"》，《法学研究》2014年第1期。

［206］邓大才：《产权的政治逻辑：产权怎样、如何影响政治——从产权政治的功能视角考察》，《学习与探索》2014年第9期。

［207］邓大才：《通向权利的阶梯：产权过程与国家治理——中西方比较视角下的中国经验》，《中国社会科学》2018年第4期。

［208］邓振军：《个体性与共同善：格林的财产权话语》，《学术研究》2016年第12期。

［209］丁南：《权利意志论之于民法学的意义》，《当代法学》2013年第4期。

［210］董山民：《罗蒂对自由主义和社群主义之争的超越——以命题"权利优先于善"为分析焦点》，《中南大学学报》（社会科学版）2011年第5期。

［211］范进学：《权利概念论》，《中国法学》2003年第2期。

［212］范进学：《权利是否优先于善——论新自由主义与社群主义理论之争》，《政法论丛》2016年第3期。

［213］方新军：《权利客体的概念及层次》，《法学研究》2010年第2期。

［214］方新军：《为权利的意志说正名——一个类型化的视角》，《法制与社会发展》2010年第6期。

［215］方新军：《一项权利如何成为可能？——以隐私权的演进为中心》，《法学评论》2017年第6期。

［216］高鸿钧：《权利源于主体间商谈》，《清华法学》2008年第2期。

［217］郭春镇：《论法律父爱主义的正当性》，《浙江社会科学》2013年第6期。

［218］郭春镇：《权力的"助推"与权利的实现》，《法学研究》2014年第1期。

［219］郭道晖：《论权利推定》，《中国社会科学》1991年第4期。

［220］郭明瑞：《权利冲突的研究现状、基本类型与处理原则》，《法学论坛》2006年第1期。

［221］郝铁川：《权利实现的差序格局》，《中国社会科学》2002年第5期。

［222］郝铁川：《权利冲突：一个不成为问题的问题》，《法学》2004年第9期。

［223］韩升：《权利话语的道德本体论——查尔斯·泰勒对后权利

时代的"善"的构思》,《哲学动态》2010年第8期。

[224] 胡玉鸿:《论我国宪法中基本权利的"级差"与"殊相"》,《法律科学》2017年第4期。

[225] 胡玉鸿:《论社会权的性质》,《浙江社会科学》2021年第4期。

[226] 胡玉鸿:《个人的独特性与人的尊严之证成》,《法学评论》2021年第2期。

[227] 黄涛:《主体性时代的权利理论——改革开放以来中国权利理论的逻辑演进》,《法制与社会发展》2019年第1期。

[228] 黄文艺:《权利本位论新解——以中西比较为视角》,《法律科学》2014年第5期。

[229] 黄裕生:《一种基于权利原则之上的政治理论——论洛克的政治哲学》,《求是学刊》2018年第6期。

[230] 李步云、杨松才:《权利与义务的辩证统一》,《广东社会科学》2003年第4期。

[231] 李常青:《权利冲突之辨析》,《现代法学》2005年第3期。

[232] 李海平:《论基本权利私人间效力的范式转型》,《中国法学》2022年第2期。

[233] 李海青:《论权利的限度》,《哲学研究》2013年第11期。

[234] 李兰芬、李西杰:《"权利优先于善"的自由主义政治伦理观》,《道德与文明》2003年第6期。

[235] 李义天、朱慧玲:《自由、权利与美德——桑德尔公民共和主义的核心观念及其问题》,《吉林大学社会科学学报》2014年第4期。

[236] 李雨峰:《权利是如何实现的——纠纷解决过程中的行动策略、传媒与司法》,《中国法学》2007年第5期。

[237] 梁迎修:《权利冲突的司法化解》,《法学研究》2014年

第2期。

［238］林来梵：《权利概念的移植交流史》，《中外法学》2020年2期。

［239］林来梵、张卓明：《论权利冲突中的权利位阶——规范法学视角下的透析》，《浙江大学学报》（人文社会科学版）2003年第6期。

［240］凌斌：《界权成本问题：科斯定理及其推论的澄清与反思》，《中外法学》2010年第1期。

［241］刘科：《权利、德性与幸福生活》，《华东师范大学学报》（哲学社会科学版）2015年第2期。

［242］刘小平：《为何选择"利益论"？——反思"宜兴冷冻胚胎案"一、二审判决之权利论证路径》，《法学家》2019年第2期。

［243］刘作翔：《权利冲突的几个理论问题》，《中国法学》2002年第2期。

［244］刘作翔：《权利冲突：一个应该重视的法律现象》，《法学》2002年第3期。

［245］刘作翔：《权利平等的观念、制度与实现》，《中国社会科学》2015年第7期。

［246］陆幸福：《权利分析理论在司法中的应用——法理有用性的一个例证》，《法制与社会发展》2021年第5期。

［247］罗豪才、宋功德：《人权法的失衡与平衡》，《中国社会科学》2011年第3期。

［248］吕明：《刚性维权与动态维稳——"权利本位说"在维稳时代所遭遇的挑战》，《法律科学》2011年第4期。

［249］刘志强：《论人权法的三种法理》，《法制与社会发展》2019年第6期。

［250］莫志宏、黄春兴：《损害具有相互性本质？——论科斯思想

中潜藏的计划观点》，《制度经济学研究》2009年第2期。

　　［251］欧爱民：《权利与原则：撩开说话的法律面纱》，《河北法学》2006年第3期。

　　［252］欧爱民：《论基本权利保障的技术方案——基于数学思维的分析框架》，《法制与社会发展》2010年第2期。

　　［253］彭诚信、苏昊：《论权利冲突的规范本质及化解路径》，《法制与社会发展》2019年第2期。

　　［254］桑本谦：《疑案判决的经济学原则分析》，《中国社会科学》2008年第4期。

　　［255］苏力：《〈秋菊打官司〉案、邱氏鼠药案和言论自由》，《法学研究》1996年第3期。

　　［256］苏力：《"海瑞定理"的经济学解读》，《中国社会科学》2006年第6期。

　　［257］孙笑侠：《"权利本位说"的基点、方法与理念——兼评"法本位"论战三方观点与方法》，《中国法学》1991年第4期。

　　［258］童之伟：《对权利与义务关系的不同看法》，《法商研究》1998年第6期。

　　［259］童之伟：《论法理学的核心范畴、基本范畴》，《法学》1999年第6期。

　　［260］童之伟：《权利本位说再评议》，《中国法学》2000年第6期。

　　［261］童之伟：《"权"字向中文法学基础性范畴的跨越》，《法学》2021年第11期。

　　［262］屠凯：《论文化权利与表达自由的界分》，《法商研究》2020年第5期。

　　［263］文兵：《超越"市民社会"：重思权利与权力的关系》，《哲

学研究》2019年第3期。

　　［264］汪太贤：《权利泛化与现代人的权利生存》，《法学研究》2014年第1期。

　　［265］王克金：《权利冲突论：一个法律实证主义的分析》，《法制与社会发展》2004年第2期。

　　［266］吴易风：《产权理论：马克思和科斯的比较》，《中国社会科学》2007年第2期。

　　［267］夏勇：《权利哲学的基本问题》，《法学研究》2004年第3期。

　　［268］谢晖：《论新型权利生成的习惯基础》，《法商研究》2015年第1期。

　　［269］谢晖：《论新型权利的基础理念》，《法学论坛》2019年第3期。

　　［270］谢晖：《论新兴权利的一般理论》，《法学论坛》2022年第1期。

　　［271］严海良：《以利益为基础的权利本位观——拉兹的权利概念分析》，《法制与社会发展》2010年第5期。

　　［272］严海良：《迈向以人的尊严为基础的功能性人权理论——当代人权观流变及评析》，《环球法律评论》2015年第4期。

　　［273］姚大志：《桑德尔：权利与善》，《理论探讨》2012年第6期。

　　［274］应奇：《人类尊严、人权谱系学与普遍主义问题》，《道德与文明》2021年第5期。

　　［275］于柏华：《比例原则的权利内置论》，《法商研究》2020年4期。

　　［276］于柏华：《权利的证立论：超越意志论和利益论》，《法制与

社会发展》2021年第5期。

［277］詹世友：《"权利优先于善"的价值学理据》，《天津社会科学》2004年第5期。

［278］张恒山：《论权利之功能》，《法学研究》2020年第5期。

［279］张平华：《权利冲突辨》，《法律科学》2006年第6期。

［280］张巍：《对海瑞定理的法律经济学评论》，《法律与社会科学》2009年第5期。

［281］张文显：《从义务本位到权利本位是法的发展规律》，《社会科学战线》1990年第3期。

［282］张文显、于宁：《当代中国法哲学研究范式的转换——从阶级斗争范式到权利本位范式》，《中国法学》2001年第1期。

［283］张文显、姚建宗：《权利时代的理论景象》，《法制与社会发展》2005年第5期。

［284］张翔：《基本权利冲突的规范结构与解决模式》，《法商研究》2006年第4期。

［285］张永和：《权利的心理学分析——本能：一个考察的新视角》，《学习与探索》2006年第2期。

［286］郑成良：《权利本位论——兼与封日贤同志商榷》，《中国法学》1991年第1期。

［287］朱振：《共同善权利观的力度与限度》，《法学家》2018年第2期。

四、外文原著

［288］Matthew D. Adler, "Rights Against Rules: The Moral Structure of American Constitutional Law", 97 *Michigan Law Review* 1 (1998).

［289］Robert Alexy, "Law, Morality, and the Existence of Human Rights", 25 *Ratio Juris* 2 (2012).

［290］Akhil Reed Amar, "The Bill of Rights as a Constitution", 100 *Yale Law Journal* 1131 (1991).

［291］Derek W. Black, "The Fundamental Right to Education", 94 *Notre Dame Law Review* 1059 (2019).

［292］Joseph Blocher, "Rights as Trumps of What", 132 *Harvard Law Review Forum* 120 (2019).

［293］Guido Calabresi and A. Douglas Melamed, "Property Rules, Liability Rules, and Inalienability: One view of the Cathedral", 85 *Harvard Law Review* 1089 (1972).

［294］Steven G. Calabresi et.al., "Individual Rights Under State Constitutions in 2018: What Rights are Deeply Rooted in a Modern-Day Consensus of the States", 94 *Notre Dame Law Review* 49 (2018).

［295］Nathan S. Chapman & Michael W. McConnell, "Due Process as Separation of Powers", 121 *Yale Law Journal* 1672 (2012).

［296］R. H. Coase, "The Nature of the Firm", 4 *Economica* 389 (1937).

［297］R. H. Coase, "The Federal Communications Commission", 2 *Journal of Law and Economics* 1 (1959).

［298］R. H. Coase, "The Problem of Social Cost", 3 *Journal of Law and Economics* 1 (1960).

［299］Christine Chwaszcza, "The Concept of Rights in Contemporary Human discourse", 23 *Ratio Juris* 333 (2010).

［300］Drucilla Cornell, *The Philosophy of the Limit*, New York and London: Routledge, 1992.

［301］ Rowan Cruft, "Rights: Beyond Interest Theory and Will Theory", 23 *Law and Philosophy* 347 (2004).

［302］ F. D'Agostino and G. Gaus ed., *The Routledge Companion to Social and Political Philosophy*, New York and London: Routledge, 2013.

［303］ Ronald Dworkin, *Take Rights Seriously*, Cambridge, MA: Harvard University Press, 1971.

［304］ Ronald Dworkin, "Hart's Postscript and the Character of Political Philosophy", 24 *Oxford Journal of Legal Studies* 1 (2004).

［305］ John Edwards, "Rights: Foundations, Contents, Hierarchy", 12 *Res Publica* 337 (2006).

［306］ David Estlund, "Utopophobia", 42 *Philosophy & Public Affairs* 113 (2014).

［307］ Richard H. Fallon, Jr., "Strict Judicial Scrutiny", 54 *UCLA Law Review* 1267 (2007).

［308］ Joel Feinberg, *Rights, Justice, and the Bounds of Liberty*, Princeton, NJ: Princeton University Press, 1980.

［309］ John Finnis, *Natural Law and Natural Rights* (2d ed.), Oxford: Oxford University Press, 2011.

［310］ Rainer Forst, "The Justification of Human Rights and the Basic Right to Justification: A Reflexive Approach", 120 *Ethics* 711 (2010).

［311］ J. Fowkes, "Normal Rights, Just New Understanding the Judicial Enforcement of Socioeconomic Rights", 68 *American Journal of Comparative Law* 722 (2020).

［312］ David Frydrych, "Kramer's Delimiting Test for Legal

参考文献

Rights", 62 *American Journal of Jurisprudence* 197 (2017).

[313] David Frydrych, "The theories of rights debate", 9 *Jurisprudence: An International Journal of Legal and Political Thought* 566 (2018).

[314] Lon L. Fuller, *The Morality of Law* (revised edition), New Haven: Yale University Press, 1964.

[315] James A. Gardner, "Illiberalism and Authoritarianism in the American States", 70 *American University Law Review* 829 (2021).

[316] Brandon L. Garrett, "Misplaced Constitutional Rights", 100 *Boston Law Review* 2085 (2020).

[317] Jamal Greene, "The Supreme Court, 2017 Term — Foreword: Rights As Trumps?", 132 *Harvard Law Review* 28 (2018).

[318] James Griffin, *On Human Rights*, Oxford: Oxford University Press, 2008.

[319] P. M. S. Hacker & J. Raz (ed.), *Law, Morality and Society: Essays in Honour of H.L.A Hart*, Oxford: Clarendon Press, 1977.

[320] Hiba Hafiz, "Structural Labor Rights", 119 *Michigan Law Review* 651 (2021).

[321] Robin Hahnel and Kristen A.Sheeran, "Misinterpreting the Coase Theorem", 43 *Journal of Economic Issues* 215 (2009).

[322] Bobe Hale and Crispin Wright (ed.), *A Companion to the Philosophy of Language*, Oxford: Blackwell Publishing, 1997.

[323] Andrew Halpin, "No-Right and its Correlative", 65 *The American Journal of Jurisprudence* 147 (2020).

[324] Alon Harel, "What Demands are Rights? An Investigation into the Relation Between Rights and Reasons", 17 *Oxford Jour-*

nal of Legal Studies 16 (1997).

[325] H. L. A. Hart, "Are there any Natural Rights", 64 *The Philosophy Review* 175 (1955).

[326] H. L. A. Hart, *Essays on Bentham: Jurisprudence and Political Theory*, Oxford: Clarendon Press, 1982.

[327] H. L. A Hart, *The Concept of Law*, second Edition, Oxford: Oxford University Press, 1994.

[328] O. W. Holmes, "The Path of the Law", 10 *Harvard Law Review* 457 (1897).

[329] Tim Hayward, "On Prepositional Duties", 123 *Ethics* 264 (2010).

[330] Aziz Z. Huq, "Constitutional Rights in the Machine-Learning State", 105 *Cornell Law Review* 1875 (2020).

[331] F. M. Kamm, "A Note on Margaret Gilbert's Rights and Demands", 40 *Law and Philosophy* 89 (2021).

[332] Immanuel Kant, *The Metaphysics of Morals*, Mary Gregor Trans, Cambridge: Cambridge University Press, 1991.

[333] Chae-Han Kim, "Reciprocity in asymmetry: when does reciprocity work?", 31 *International Interactions* 1 (2005).

[334] Matthew Kramer, "Refining the Interest Theory of Rights", 55 *American Journal of Jurisprudence* 31 (2010).

[335] Matthew Kramer, "Some Doubts about Alternatives to the Interest Theory of Rights", 123 *Ethics* 245 (2013).

[336] Matthew Kramer, N. E. Simmonds & H. Steine (ed.), *A Debate over Rights*, Oxford: Oxford University Press, 1998.

[337] Matthew Kramer & Hillel Steiner, "Theories of Rights: Is

参考文献

There a Third Way?", 27 *Oxford Journal of Legal Studies* 289 (2007).

[338] W. Kymlicka, "Liberal Individualism and Liberal Neutrality", 99 *Ethics* 883 (1989).

[339] David Landau, "The Reality of Social Rights Enforcement", 53 *Harvard International Law Journal* 189 (2012).

[340] Daryl J. Levinson, "Rights and Votes", 121 *Yale Law Journal* 1286 (2012).

[341] Mark McBride ed., *New Essays on the Nature of Rights*, Oxford: Hart Publishing, 2017.

[342] Mark McBride, "The Unavoidability of Evaluation for Interest Theories of Rights", 33 *Canadian Journal of Law & Jurisprudence* 293 (2020).

[343] M. W. McCann, *Rights at Work: Pay Equity Reform and the Politics of Legal Mobilizations*, Chicago: University of Chicago Press, 2006.

[344] H. J. McCloskey, "Rights", 15 *Philosophical Quarterly* 115 (1965).

[345] John O. McGinnis, "The Democratic Limits of International Human Rights Law", 45 *Harvard Journal of Law & Public Policy* 55 (2022).

[346] James Morauta, "Rights and Participatory Goods", 22 *Oxford Journal of Legal Studies* 91 (2002).

[347] Robert Nozick, *Anarchy, State, and Utopia*, New York: Basic Books, 1974.

[348] Kieran Oberman, "Freedom and Viruses", 132 *Ethics* 817 (2022).

[349] George E. Panichas, "The Rights-Ascription Problem", 23 *Social Theory and Practice* 365 (1997).

[350] Prasnata K. Pattanik and Kotaro Suzumura, "Rights, Welfarism, and Social choice", 84 *American Economic Review* 435 (1994).

[351] Enrico Pattaro, *The Law and the Right: A Reappraisal of the Reality that Ought to be*, Dordrecht: Springer, 2005.

[352] J. E. Penner, "The Analysis of Rights", 10 *Ratio Juris* 300 (1997).

[353] Richard H. Pildes, "Why Rights Are Not Trumps: Social Meanings, Expressive Harms, and Constitutionalism", 27 *Journal of Legal Studies* 725 (1998).

[354] Thomas Pogge, *World Poverty and Human Rights*, Cambridge: Polity Press, 2002.

[355] Roscoe Pound, "Legal Rights", 26 *International Journal of Ethics* 92 (1915).

[356] Adina Preda, "Rights: Concept and Justification", 28 *Ratio Juris* 408 (2015).

[357] George Rainbolt, "Perfect and imperfect obligations", 98 *Philosophical Studies* 233 (2000).

[358] George Rainbolt, *The Concept of Rights*, Dordrecht: Springer, 2006.

[359] John Rawls, *A Theory of Justice*, Harvard University Press, 1971.

[360] Andrea Sangiovanni, "Justice and the Priority of Politics to Morality", 16 *Journal of Political Philosophy* 137 (2008).

[361] Frederich Schauer, "Rights, Constitutions and the Perils

参考文献

of Panglossianism", 38 *Oxford Journal of Legal Studies* 635 (2018).

[362] Eugene Schlossberger, *A Holistic Approach to Rights: Affirmative Action, Reproductive Rights, Censorship, and Future Generations*, Lanham, MD: University Press of America, 2008.

[363] James Sherman, "A New Instrumental Theory of Rights", 13 *Ethical Theory and Moral practice* 215 (2010).

[364] Henry Shue, *Basic Rights: Subsistence, Affluence, and U. S. Foreign Policy*. Princeton: Princeton University Press, 1996.

[365] S. M. Shugan, "It's the Findings, Stupid, not the Assumptions", 26 *Marketing Science* 449 (2007).

[366] N. E. Simmonds, "On the Centrality of Jurisprudence", 64 *American Journal of Jurisprudence* 1 (2019).

[367] N. E. Simmonds, "The Puzzle of Rights", 65 *The American Journal of Jurisprudence* 181 (2020).

[368] J. W. Singer, "Normative Methods for Lawyers", 56 *UCLA Law Review* 899 (2009).

[369] G. Sreenivasan, "A Hybrid Theory of Claim-Rights", 25 *Oxford Journal of Legal Studies* 257 (2005).

[370] Gopal Sreenivasan, "Duties and Their Direction", 120 *Ethics* 465 (2010).

[371] Hillel Steiner, *An Essay on Rights*, Oxford: Oxford University Press, 1994.

[372] Hamish Stewart, "The Definition of a Right", 3 *Jurisprudence* 319 (2012).

[373] Geoffrey Stone, "Content Regulation and the First Amendment", 25 *William and Mary Law Review* 189 (1983).

[374] Nicholas Southwood, "Does 'Ought' Imply 'Feasible'?", 44 *Philosophy & Public Affairs* 7 (2016).

[375] Cass R. Sunstein, "Constitutionalism After the New Deal", 101 *Harvard Law Review* 421 (1987).

[376] David A. Super, "Protecting Civil Rights in the Shadows", 123 *Yale Law Journal* 2806 (2014).

[377] Judith Jarvis Thomson, *The Realm of Rights*, Cambridge, MA: Harvard University Press, 1990.

[378] Sanne Taekema, "Methodologies of Rule of Law Research: Why Legal Philosophy Needs Empirical and Doctrinal Scholarship", 40 *Law and Philosophy* 33 (2021).

[379] Jean Thomas, "Thinking in three dimensions: theorizing rights as a normative concept", 11 *Jurisprudence* 552 (2020).

[380] Ioanna Tourkochoriti, "What Is the Best Way to Realise Rights?", 39 *Oxford Journal of Legal Studies* 209 (2019).

[381] Mark Tushnet, "An Essay on Rights", 62 *Texas Law Review* 1363 (1984).

[382] Ozan O. Varol, "Structural Rights", 105 *Georgetown Law Journal* 1001 (2017).

[383] Jeremy Waldron edited, *Theories of Right*, Oxford: Oxford University Press, 1984.

[384] Jeremy Waldron, *Liberal Rights*, Cambridge: Cambridge University Press, 1993.

[385] Jeremy Waldron, *Law and Disagreement*, Oxford: Oxford University Press, 1999.

[386] Carl Wellman, *A Theory of Rights*, Totowa, NJ: Rowman

参考文献

& Allanheld，1985.

［387］L. Wenar，"The Nature of Rights"，33 *Philosophy and Public Affairs* 223（2005）.

［388］Don R. Willett & Aaron Gordon，"Rights，Structure，and Remediation"，131 *Yale Law Review* 2126（2022）.